aurakitapları
2

JODI A. MINDELL

Jodi A. Mindell, Philadelphia'daki Allegheny Üniversitesi Sağlık Bilimleri Enstitüsü'nde Uyku Bozuklukları Merkezi'nin Pediatri Kliniği Müdürü olarak çalışmaktadır. St. Joseph Üniversitesi'nde psikoloji kürsüsünde profesör olarak dersler veren yazarın, çocuklarda uyku bozuklukları alanında çeşitli yazı ve makaleleri yayınlanmıştır.

AYŞE GÜNERİ

1977 yılında İzmir'de doğdu. Ege Üniversitesi İngiliz Dili ve Edebiyatı Bölümü'nü bitirdi. *Gece Boyunca Uyumak,* Güneri'nin ilk çevirisidir.

GECE BOYUNCA UYUMAK

Jodi A. Mindell

Anne Baba Çocuk Dizisi 1

Gece Boyunca Uyumak
Jodi A. Mindell

Kitabın özgün adı:
Sleeping Through The Night
HarperCollins Publishers, New York, 1997

İngilizce'den çeviren: Ayşe Güneri
Kapak tasarım: Mithat Çınar
Dizgi: Gül Dönmez

Yayın Yönetmeni: Recep Yener
Yayına Hazırlayan: Sanem Öge

© 1997, Jodi A. Mindell
© 2004; bu kitabın Türkçe yayın hakları
Akçalı Ajans aracılığıyla Aura Kitapları'na aittir.

Birinci Basım: Mayıs 2004
ISBN: 975 - 6261 - 00 - 5

Baskı ve Cilt: Yön Matbaacılık
Tel: (0212) 544 66 34

AURA KİTAPLARI
Gümüşsuyu Mahallesi Osmanlı Yokuşu,
Muhtar Kâmil Sokak No: 5/1 Taksim/İSTANBUL
Tel: (0212) 243 96 26-27 Fax: (0212) 243 96 28

Aura Kitapları, Agora Kitaplığı'nın tescilli markasıdır.

Eşim Scott'a...

BİRİNCİ BÖLÜM: GİRİŞ 1

"Yardım Edin Bebeğim Uyumuyor!": Uyku ve Uyku
Sorunlarına Giriş 3
Uyku Nedir?: Uykunun Ana Evreleri 14
"Lütfen Uslu Dur!": Davranış Yönetimi 33

**İKİNCİ BÖLÜM: İYİ UYKU ALIŞKANLIKLARI
OLUŞTURMAK** 55

"Uyumak Belki de Bir Rüya...": İlk Birkaç Ayı
Atlatmak 57
Yatak Odaları, Uyku Vakti ve Uyku Vakti Rutinleri ...75
Uyku Vakti Mücadeleleri ve Gece Uyanmaları 94
"Şimdi Ne Yapmalıyım?": Zor Durumlarla
Baş Etmek 130
"Doğru Olanı mı Yapıyorum?": Çocuğunuzla Başa
Çıkmanın Yolları 159
"Anneanneye Gidişimiz Ertelendi!": İyi Uykuyu
Sürdürmede Engeller 185

**ÜÇÜNCÜ BÖLÜM: DİĞER YAYGIN UYKU
PROBLEMLERİ** **213**
Horlamak ve Horuldamak: Uyku Apnesi 214
Geceleri Şaşkına Dönen Bebekler: Parasomniler 236
Mırıldanmak ve Homurdanmak: Çocuklarda Yaygın
Uyku Problemleri 257

**DÖRDÜNCÜ BÖLÜM: YETİŞKİN UYKUSU VE
UYKU PROBLEMLERİ** **273**

"Şimdi de Ben Uyuyamıyorum!": Yetişkin Uykusu ...275
"Çok Yorgunum!": Yetişkinlerde Sıkça Görülen Uyku
Bozuklukları 294

Teşekkürler

Deneyimlerini benimle paylaşan bütün ailelere ve dostlara, ayrıca ebeveynleri bu kitabı okuduktan sonra gece boyunca deliksiz uyumaya başlayan tüm bebeklere teşekkür etmek isterim.

Çocukların uyku sorunlarına ilgi duymamı sağlayan Dr V. Mark Durand'a, bana çok şey öğreten ve pediyatrik uyku bozuklukları çalışmalarım sırasında büyük destek veren Dr Mary A. Carskadon'a, Allegheny Sağlık Bilimleri Üniversitesi Uyku Bozuklukları Merkezi'nin tüm çalışanlarına ve özellikle uyku ve uyku bozuklukları konusundaki engin bilgilerini benimle paylaştıkları için Dr June M. Fry ve Dr Rochelle Goldberg'e özel teşekkürlerimi sunmak isterim.

Son olarak, bu çalışmaya en başından beri büyük destek veren insanlara teşekkür ederim. Bu kitabı yazmak üzere yola çıkmamı sağlayan Dr Irwin W. Mindell, bu kitap için canla başla çalışan menajerim Carol Mann ve editörüm Robert Kaplan'a gerçekten çok teşekkürler. Ama hepsinden önemlisi, geceler boyunca kitap için benimle birlikte çalışan, önerilerini, desteğini ve güleryüzünü hiç eksik etmeyen eşim ve en iyi dostum Dr Scott P. Mcrobert'a sonsuz teşekkür ederim. Eğer o olmasaydı, bu kitabı asla yazamazdım.

Bu kitapta, yetişkinlerin ve çocukların yaşadığı uyku bozukluklarını tedavi etmekte kullanılan bazı ilaçlara dair bilgiler ve öneriler bulunmaktadır. Bu ilaçlar, pediatristinizin ya da doktorunuzun bilgisi dışında kullanılamaz. Bu tür ilaçlar kullanmadan önce mutlaka bir doktora danışınız.

BİRİNCİ BÖLÜM
GİRİŞ

1. KISIM
"YARDIM EDİN, BEBEĞİM UYUMUYOR!"

Uyku ve Uyku Sorunlarına Giriş

Suzan'ın kızı Eliza hiç bir zaman gece boyunca uyumuyordu. Saat 19:30 ile 22:00 arasında bir süreliğine uykuya dalıyor, birkaç saat uyuduktan sonra da uyanıp ağlamaya başlıyordu. Tekrar uyuyabilmesi için Suzan'ın Eliza'yı sallaması gerekiyordu. Bu durum, on dokuz ay önce Eliza'nın hastaneden eve gelişinden itibaren, gecede en az iki kez olmak üzere her gece tekrarlandı. Birkaç hafta önce bir salı gecesi Eliza akşam 22:00'den sabah 5:30'a kadar deliksiz uyudu. Suzan'a göre bu bir mucizeydi. Bu arada hem Suzan'ın hem de eşinin sabrı tükenmişti. Bırakın ana baba olmanın tadını çıkarmayı, bu sorun yüzünden sürekli kavga etmekten her ikisi de yorgun düşmüştü.

Tecrübeli ana-babaların, "Kız mı erkek mi?" ve "İsmi nedir?"den hemen sonra sordukları ilk soru, "Geceleri uyuyor mu?" olur. Yukarıdaki senaryo pek çok yeni doğan ve yürümeye yeni başlayan bebeğin anne-babasının durumunu anlatmaktadır. Bu konuda yapılan tüm incelemeler küçük çocukların yaklaşık %25'inin uyku sorunları olduğunu göstermiştir ve bu sorunlar genellikle uykuya dalma ve gece boyunca deliksiz uyumayla ilgilidir.

Uyku ya da uykusuzluk çocuk büyütmenin en önemli yanlarından biridir. İyi bebekler hariç çoğu bebek uyumaz. Uykusunu alan ebeveynler günlük işleriyle de rahatlıkla başa çıkabilirler. Fakat sabahın dördünde bu saate kadar üç kere uyandırılmış bir halde ve feryat eden bir bebekle karşı karşıyayken tüm akıl sağlığı uçup gider. Böyle bir durum herkesin sabrını zorlar. Ana-babaların bu soruna karşı buldukları çözümler daha da inanılmazdır. Birçok ana-babanın sabah saat 3:30'da pijamalarıyla arabalarına binip, koltukta huzur içinde uyuyan bebekleriyle aynı sokakları durmadan dönüp dolaşırken düşündükleri tek şey, eğer polis tarafından durdurulurlarsa bu durumu nasıl açıklayacaklarıdır.

Uyku mu, o da ne?

Herkes uyur. İnsanlar uyur, kurbağalar uyur, maymunlar uyur, köpekler uyur ve hatta yunuslar bile uyur. Tüm canlılar genelde uyur. Buna rağmen, uyku hakkında çok az şey biliyor olmamız şaşırtıcıdır. Uyku araştırmacıları, uykunun mekanizmasını ve uyuduğumuzda beyne ve vücuda neler olduğunu çözmüş olsalar da, biz neden uyuduğumuzu hâlâ bilemiyoruz. Uykunun işlevi nedir? Hiç kimse bilmiyor. Bazıları uykunun güçlendirici bir fonksiyon olduğuna, bazıları da enerji depolanması için uyuduğumuza inanıyor. Hatta bazıları uykunun, hayatta kalmayı sağlayan bir uyarlanma olduğunu düşünüyor. Herkesin uyumak zorunda olduğunu biliyoruz. Kimse uyumadan yaşayamaz. Eğer uyumadan uzun zaman geçirilirse vücut uykudan vazgeçer. Böyle zamanlarda kişi kendisini yeteri kadar uyumuş gibi hisseder. Demek ki uykunun ne olduğunu kesin olarak bilmemekle birlikte, ona hepimizin ihtiyacı olduğunun bilincindeyiz.

Pek çok kişinin uyku bozukluğu yaşadığı bilinen bir gerçektir. Yetişkinlerde yaklaşık %25 ila 30 oranında uykusuzluk, uyurgezerlik ya da az uyuma gibi uyku problemleri görülmektedir. Aynı zamanda bebeklerde ve yürümeye yeni başlayan çocuklarda da uyku bozuklukları görülmektedir. Bunların bazıları uyku apnesi (uykuda nefes alamama) gibi oldukça ciddi, bazıları ise uyku vakti ya da gece uyanmaları gibi baş edilmesi zor başka problemlerdir.

Uyku doğal bir süreç olduğundan, hepimizin nasıl uyunacağını bilmesi gerekir. İyi uyuma alışkanlıkları edinilmelidir. Özellikle uykuya dalma süreci çeşitli alışkanlıklar içerir, bunlar bebekler ve yürümeye yeni başlayan çocuklar için özellikle sorun teşkil eden alışkanlıklardır. Bebekler uykuya dalmayı pışpışlanmak, kendi beşiğinde uyumak ya da bebek arabasında gezdirilmek gibi belirli durumlarla özdeşleştirirler. İşte bebeğin uyku problemi olması ya da olmaması bu alışkanlıklara bağlıdır. Çoğu bebek iyi uyku alışkanlığı geliştirirken, bazıları da kötü uyku alışkanlıkları edinir. İlerleyen sayfalarda daha ayrıntılı bir şekilde bu konulara değinilecektir.

Bebeğim Neden Uyumuyor?

Küçük çocuklarda uyku problemleri tahmin edilenden daha yaygındır. Yapılan araştırmalar bebeklerin ve yürümeye yeni başlayan çocukların %25 ila 30'unun uyku rahatsızlığı olduğunu göstermiştir. Bu oldukça büyük bir rakamdır. Bir odanın içindeki on bebekten üç ya da dördünün uyumakta güçlük çektiğini görürsünüz ki, bu da eğer bebeğinizin uyku problemi varsa, yalnız olmadığınız anlamına gelir.

Diğer altı ya da yedi bebek uyuyabiliyorken neden benim bebeğim uyumuyor, diye sorabilirsiniz elbette. Öncelikle, en önemli nokta uyku sorunlarına olan biyolojik yatkınlıktır. Bu da bazı bebeklerin uyku problemine daha yatkın olması demektir. Bazı bebekler hastaneden eve geldikten bir iki hafta sonra gece boyunca deliksiz uyumaya başlar ve hiç uyku problemi yaşamaz. Bazılarıysa hiçbir zaman iyi bir gece uykusu çekemez; yani, bazı bebekler uykucu, bazıları değildir. Bazı bebekler uykuya dalmayı öğrenmekte güçlük çeker, daha kolay uyanır ve uyku düzenlerindeki değişikliklere karşı daha hassastırlar. Bir keresinde bir anneden şöyle bir şaka duymuştum; "İkinci bebeğimi ısmarlarken uykucu kısımdan olmasına dikkat edeceğim." Çoğu ana-baba böyle hisseder.

Bazı ana-babalar çocuklarının uyku problemi yüzünden birbirlerini suçlarken, bazıları da doğduğunda uyuması için onu sallamasalardı bir problem olmayacağını, bir kısmı da bütün problemin çocuklarının onlarla beraber aynı yatakta uyumasına izin vermelerinden kaynaklandığını düşünür. Ne yazık ki ana-babaların, çocuklarının uyku problemlerinin oluşmasında önemli rol oynadıkları doğrudur. Bazen çocuklarının uyku problemlerine bilmeden katkıda bulunurlar, fakat bu tamamen ana-babanın hatası değildir, aynı zamanda bebeğin de bunda payı vardır. Çoğu bebek uyuması için sallanır ya da emzirilir, böylelikle kolayca uyurlar ve gece boyunca da uyanmazlar. Yani, aynı uyutma yöntemlerinin bazı bebeklerde uyku problemlerine sebep olurken, bazılarında ise bir problem yaratmadığı görülür. Öyleyse özellikle geceleri uyku problemi yaşayan bebeklerin ana-babaları davranışlarına dikkat etmelidir.

Uyku Problemlerinin Sebepleri

Bir çocukta, biyolojik yatkınlığa ek olarak, uyku problemleri açısından risk oluşturan başka etkenler de vardır. 'Risk altında olmaları', bu çocukların büyük bölümünün uyku problemi yaşayacakları anlamına gelir. Bebeğin uyku problemi yaşamasına neden olabilecek etkenler şunlardır:

İlk Bebek: İlk bebekler uyku problemleri açısından daha fazla risk altındadır. Çünkü ana-babalar ilk çocukta daha tedirgindirler. Bu onların ilk deneyimleridir ve doğru mu yoksa yanlış mı yapıyoruz diye çok fazla kaygılanırlar. Çocuklarının ağlamasına hiç dayanamazlar ve ilk bebeklerine daha çok zaman ayırırlar. Gecenin bir yarısı uyanıp, bebeği uyuması için sallamak onlara zor gelmez. Ancak aile büyümeye başlayınca belli bir uyku vakti alışkanlığı önem kazanır. Uyku vakti geldiğinde herkes yatağa gitmelidir, mazeret kabul edilmez. Siz diğer çocuklarınızın dişlerini fırçalayıp pijamalarını giymeleriyle uğraşırken, ikinci bebeklerin sallanarak ya da emzirilerek uyuma şansı gittikçe azalır.

Cinsiyet: Erkek çocuklar kızlara göre daha fazla uyku problemi yaşarlar. Bunun tam olarak nedenini bilmiyoruz, fakat erkek çocuklar her konuda daha fazla risk altındadır. Örneğin erkek çocukların, ani bebek ölümü sendromu, hiperaktivite ve benzeri bazı hastalıklara yakalanma ihtimali daha yüksektir. Ayrıca ana-babaların erkek çocuklara kız çocuklardan farklı davrandıkları söylenebilir. Araştırmalar ana-babaların erkek çocuğa yaklaşımlarının tutarsız olduğunu gözler önüne seriyor. Ana-babalar kız bebeğe hep aynı karşılığı verirken, erkek bebeğe karşı davranışları çeşitlilik gösterir. Örneğin Mark'ın bebeği Adam düştüğünde, babası onu bazen kaldırır bazen de önemsemez ve ayağa kalkması için kendi haline bırakır. Araştırmalara göre, Adam kız olsaydı, Mark onu ya her seferinde kaldıracak ya da hiçbir zaman önemsemeyecekti. Ana-babanın davranışlarındaki bu farklılığın nedeni bilinmiyor ama bilinen şu ki, bu tutarsızlıklar uyku problemlerine sebep olabiliyor.

Kolik ve kulak enfeksiyonları: Kolik şikâyeti veya kulak enfeksiyonu olan çocukların uyku problemi yaşaması olasılığı daha fazladır. Bu bebeklerin uyku problemi yaşamalarının nedeni, öncelikle, kendilerini kötü hissettikleri için geceleri sürekli uyanma alışkanlığı edinmeleridir. Bu alışkanlık daha sonra kendilerini iyi hissettikleri zaman bile geceleri uyanıp tekrar uyumakta zorluk çekmelerine yol açabilir. Bebekleri hâlâ kulak enfeksiyonundan dolayı acı mı çekiyor, yoksa sadece uyku problemi mi yaşıyor, buna karar vermek ana baba için gerçekten çok zordur.

Aynı yatakta veya odada uyumak: Araştırmalar ana-babasıyla aynı odada veya aynı yatakta uyuyan bebeklerin hemen hepsinin uyku problemi yaşadığını gösteriyor. Bu konu 5. kısımda açıklanacaktır.

Anne sütüyle beslenme: Anne sütüyle beslenen bebeklerin gece boyunca deliksiz uyuması daha geç başlar. Bir araştırmaya göre, anne sütüyle beslenen bebeklerin % 52'si, biberondan (mama ile) beslenen bebeklerin ise sadece % 20'si geceleri uyanıyor. Anne sütüyle beslenme ve uyku konusuna 7. kısımda daha detaylı değinilecektir.

Yiyecekler: Nadiren de olsa yiyeceklerin uyku problemleriyle ilgisi olabiliyor. Örneğin süt alerjisi kronik uykusuzlukla bağlantılı olabilir. Süt alerjisi olan bazı bebeklerde uyumada zorluk, az uyuma ve geceleri uyanma gibi problemler görülebilir. Süt alerjisine çok az bebekte rastlandığından, sadece tüm nedenler bertaraf edildiğinde şüphelenilebilecek bir durumdur. Pek çok kişi sıvı gıdaların bebeğin uykusunu etkilediğini düşünür, ama bu doğru değildir. Sıvı gıdayla beslenen bebekler, sıvı gıdayla beslenmeyen bebekler kadar iyi uyurlar. Uyku süresinin uzaması beslenmedeki değişikliklerle değil, büyümeyle ilgilidir.

Önemli değişiklikler: Seyahate çıkmak, aileden birinin ölümü, bir ebeveynin tekrar çalışmaya başlaması, hastalık ve hatta çocuğun gelişimsel aşamaları gibi önemli değişiklikler, her zaman iyi uyuyan bebeklerde bile uyku problemlerine yol açabilir.

Yatağına uyanıkken mi, yoksa uyurken mi yatırmalıyım?
Araştırmalar, gece uyanma olasılığının, yataklarında uykuya dalan bebeklerde, uyuduktan sonra yataklarına yatırılan bebeklere göre daha az olduğunu göstermiştir. Eğer bebeğiniz siz onu yatağına koymadan uyuyakalıyorsa, gece boyunca uyuma olasılığı daha azdır.

Uyku Sorunu mu, Yoksa Uykuyla İlgili Bir Hastalık mı?

Uyku sorunu olan bir bebekle karşı karşıya kalan ana-babaların kendilerine sordukları sorulardan biri de, problemin fizyolojik kökenlere dayalı ciddi bir uyku bozukluğunun göstergesi mi, yoksa sadece bir davranış bozukluğu mu olduğudur. Büyük olasılıkla başa çıkılabilecek basit bir uyku problemidir. Fakat, çocuğunuzun geceleri uyumamasının altında yatan neden, çok ender de olsa, gizli bir uyku hastalığı olabilir. Eğer çocuğunuzun gizli bir uyku hastalığı varsa, büyük ihtimalle buna eşlik eden davranışsal bir sorun da vardır. Örneğin çocuğunuz geceleri uyku apnesi sebebiyle uyanıyorsa bile, sizin yardımınız olmadan tekrar uyuyabilmesi gerekir. Gecenin yarısında tekrar uyumak için size ihtiyaç duyuyorsa, muhtemelen uyku apnesinin yanı sıra, başka bir uyku sorunu daha var demektir.

Çocuğunuzun Uyku Hastalığı Var mı?

Çocuğunuzun bir uyku hastalığı olup olmadığını nasıl anlayabilirsiniz?

Aşağıdaki cümlelere doğru ya da yanlış olarak cevap verin.

1) Çocuğum horluyor.
2) Çocuğumun nefes alışı fazla sesli.
3) Çocuğum uyurken ağzından nefes alıp veriyor.
4) Çocuğum geceleri tıkanıyor yada öksürüyor.
5) Çocuğum geceleri çok terliyor.
6) Çocuğum gece uyandığında çok şaşırmış görünüyor.
7) Çocuğum uyurken sallanıyor yada kafasını vuruyor.
8) Çocuğum geceleri uyandığında çok korkmuş görünüyor.
9) Çocuğum uyurken bacaklarıyla ritmik tekmeler atıyor.
10) Çocuğum çok huzursuz uyuyor.

Bu durumlardan herhangi birisi sizin için de geçerliyse, uyku hastalıklarını açıklayan 10., 11. ve 12. kısımları mutlaka okuyun. Eğer çocuğunuzda bu uyku hastalıklarından herhangi birinin belirtileri varsa mutlaka doktorunuza danışın.

Çevresel Bir Problem Yüzünden mi Uyuyamıyor?

Düşünmeniz gereken bir diğer faktör de uyku problemine çocuğunuzun çevresindeki herhangi bir şeyin sebep olup olmadığıdır. Gece süresince çocuğunuzun vücudu çok mu sıcak, yoksa çok mu soğuk? Uyurken yüksek sesler çocuğunuzu rahatsız ediyor mu? Gece lambası yüzünden duvarda korkutucu gölgeler oluşuyor mu? Bu etkenleri göz önüne alın ve çocuğunuzun odasını uyku problemi yaratan şeylerden arındırın. Uyku problemi devam ediyorsa, o zaman davranışsal problemler denen diğer olasılıkları araştırın.

Uyku Problemleri Devam Ediyorsa

Sıkça duyarız; "Geçiş dönemidir,", "Bunu da atlatacaktır," denir. Bu yorumlar genellikle uyku problemleri için geçerli değildir. Bebekler ve küçük çocuklar, uyku sorunlarının çoğunu kolayca atlatamazlar. Araştırmalar uyumayan bebeklerin ileride uyumayan çocuklara dönüştüğünü göstermiştir. Bir araştırmaya göre erken dönemde uyku sorunu çeken bebeklerin % 84'ünün şikâyetlerinin üç yıl sonra bile devam ettiğini göstermiştir. Uyku sorunları yalnızca devam etmekle kalmaz, kronik davranış bozukluklarına dönüşebilir. Davranış bozukluklarıyla ilgili çeşitli araştırmalar, uyku problemlerinin, huysuzluk veya yemek yeme sorunu gibi problemlere göre, kronikleşmeye daha yatkın olduğunu gösterir. Çocuğunuzun uyku problemi varsa bunu görmezlikten gelmemelisiniz. Sorunu ertelemek yerine, derhal bir şeyler yapın. Çocuğunuz daha bebekken, hâlâ beşiğindeyken ve henüz yatağından dışarı zıplayacak kadar büyümemişken bu problemle baş etmek daha kolaydır. Çocuğunuz ne kadar küçükse, ona geceleri deliksiz uyumayı öğretmeniz o kadar kolay olur, çünkü kötü uyku alışkanlıkları henüz tam olarak yerleşmemiştir. Ama çocuğunuz büyümüşse de umutsuzluğa kapılmayın; gece boyunca uyuması gerektiği ona da öğretilebilir, sadece biraz daha fazla çaba gerektirir.

Gece Boyunca Uyumanın Faydaları

Bebekler için geceleri deliksiz uyumak çok faydalıdır. Geceleri aralıksız uyuyan bebekler, uyumayan bebeklere göre gün içinde daha dinlenmiş, daha mutlu ve daha az huysuz olurlar. Bu sonuçları doğrulayan kesin araştırmalar yoktur, fakat geceleri uyumaya başlayan bebeklerin ana-babaları bu değişikliklerin farkına varırlar.

Geceleri deliksiz uyku aileler için de oldukça önemlidir. Pek çok araştırma çocukların uyku problemlerinin aileler üzerindeki etkisini ve çocuk uyumaya başladıktan sonraki gelişmeleri gözlemlemiştir. Bebeğin düzenli uyumaya başlamasıyla pek çok evlilik kurtarılmıştır. Çocuğun uykusu bir kez düzene girdiği zaman ana-babalar kendilerini daha iyi hissederler ve görevlerini daha iyi yerine getirebilirler. Ayrıca çocuklarıyla daha verimli vakit geçirirler; gece boyunca çocuğu uyutmak için harcanan çabalardan, kavgalardan ve yalvarmalardan sonra sabah olunca çocuğu sevgiyle kucaklamak oldukça zordur. Gece boyunca uyuyan bir çocuğa sahip olmak, daha mutlu ve daha uyumlu aileler yaratır.

Bu Kitapta Ele Alınan Konular

Bu kitap, yeni doğan ve yürümeye yeni başlayan bebeklerin gece boyunca uyumalarını sağlayacak pratik teknikler ve ipuçları verecektir. Kitap, yeni doğan bebekler ile üç buçuk yaş arası bebeklerin ana-babaları için hazırlanmıştır. Kitapta sıkça sorulan soruların cevaplarının yanı sıra, bebeklerin uykuya dalmaları ve geceleri deliksiz uyumaları için çeşitli tavsiyeler de yer almaktadır.

Bu kitap çocuklarının gece boyunca uyumasını sağlayacak faydalı bir metoda gerek duyan ana-babalar içindir ve pratik olarak uygulanabilecek yöntemler içermektedir. Bu yöntemler, uyku eğitimini bozacak hastalıklar, yolculuk, tuvalet eğitimi, anne sütü ve çocuk bakıcıları gibi gündelik problemlerle ebeveynin sorumluluklarını da hesaba katar. Bu kitap beklenmedik problemlerle başa çıkmada, uyum sağlamada ve bebeğinize gece boyunca uyumayı öğretmede size yardımcı olacaktır. Kitap dört bölümden oluşmaktadır.

Birinci bölüm (1-3. Kısım arası), bebeklerde uyku ve uyku problemlerine giriş, uykuya genel bir bakış ve bebeklerini eğitmek için ebeveynlerin kullanabilecekleri temel beceriler ve davranış yönetim stratejilerine genel bir bakış konularını içermektedir.

İkinci bölüm (4-9. Kısım arası), ana-babaya bebeğin ilk birkaç ayı için yardımcı olacak bilgilerle yeni doğan ve yürümeye yeni başlayan bebeklerin geceleri deliksiz uyumaları için önerilen yöntemleri içermektedir. Önerileri yerine getirdiğiniz takdirde problemlerin kolayca çözüldüğünü ve bebeğinizin gece boyunca uyumaya başladığını göreceksiniz. Ayrıca ana-babaların karşılaştığı genel problemlere ve bunlarla başa çıkmanın çarelerine de değinilecektir.

Üçüncü bölümde (10-12. Kısım arası), ana-babanın bilmesi gereken uyku apnesi, parasomni ve kâbuslar gibi diğer uyku problemlerinden bahsedilecektir.

Dördüncü bölümde (13-14. Kısım arası) ise, yetişkinlerde uyku sorunlarını ve ana-babanın daha iyi uyumasının yollarını içeren kısa bir açıklama bulunmaktadır.

2. KISIM
UYKU NEDİR?

Uykunun Ana Evreleri

"Bebeğim uykusunu alabiliyor mu?"
"Bir yaşındaki bebeğim sabah şekerlemelerini ne zaman bırakacak?"

Uyku evreleri hakkındaki bilgi, çocuğunuzun uykusunu anlamanıza yardım edecek ve sonraki kısımlarda açıklanacak olan, bebeğinizin geceleri deliksiz uyumasına yarayacak yöntemleri uygulamanızda faydalı olacaktır.

Uykunun Evreleri

Uyku temel olarak iki ana safhadan oluşur, REM uykusu ve non-REM uykusu. REM, hızlı göz hareketi anlamına gelir. Burada açıklanan uyku evreleri, yetişkinlerin uykusuna özgüdür. Uykunun küçük çocuklarda nasıl bir farklılık gösterdiği daha sonra açıklanacaktır.

Non-REM uykusu her biri kendi içinde farklılıklar gösteren dört evreye ayrılır.

Birinci evre: Birinci evre uykusu, siz uyumak üzereyken ve uykuya henüz daldığınızda ortaya çıkar. Telefon çalarsa ya da başka bir şey sizi uyandırırsa, uyuyor olduğunuzun farkına bile varmazsınız. Birinci evre, uykunun ilk otuz saniyesi ila beş dakikasını kapsar.

İkinci evre: İkinci evrede vücudunuz daha derin bir uyku durumuna geçer. Hâlâ kolayca uyandırılabilirsiniz, fakat kesinlikle uyuyorsunuzdur. Bu ikinci evre on ila yirmi beş dakika sürer.

İkinci evre sırasında kişi bazen ani bir irkilmeyle uyanabilir. Bu oldukça normaldir. Bu irkilme olayı REM uykusuna geçmekte zorlanmanın bir sonucudur, yani vücudunuz REM uykusuna yanlış zamanda girmiştir. REM uykusunun temel özellikleri olan ani adale kasılmaları ve ilk rüya atağı sanki düşüyormuşsunuz gibi hissetmenize sebep olur. Bu şekilde aniden uyanan kişiler, sonradan genellikle rüyalarında bir uçurumdan ya da uçaktan düşüyor olduklarını hatırlarlar.

Üçüncü ve dördüncü evreler: Üçüncü ve dördüncü evreler "derin uyku" olarak adlandırılır, uykunun en derin evreleridir ve bu süre zarfında vücudunuz uykunun en olumlu ve en sağlıklı etkilerini yaşar. Bu evrelerin her ikisinde de kişinin nefesi ve kalp atışları düzenli ve normaldir. Bu evrelerde bazı kişiler için terleme olağandır. Hatta bazen bebeğinizi terden sırılsıklam olmuş bir şekilde bulabilirsiniz. Bu normaldir. Ayrıca derin uykudan uyandırılmak oldukça zordur. Telefonu ya da size seslenen birini duymayabilirsiniz. İnsanlar depremler ve büyük fırtınalar sırasında uyanmayabilirler, bunun nedeni derin uykuda olmalarıdır. Derin uykudan uyandığınızda genelde sersemlemiş olursunuz ve düzelmeniz birkaç dakika alabilir. İlk derin uyku periyodundan sonra, birkaç dakika ila bir saatlik süre içinde, ilk REM periyoduna bir başlangıç olan ikinci evreye bir dönüş yaşanır.

REM Uykusu

REM uykusu belirgin bir şekilde non-REM uykusundan ayrılır. Rüyalar REM uykusunda görülür. REM uykusu aynı zamanda oldukça aktif bir uykudur. Terleme olmamasına rağmen hem nefes alışlarınız hem de kalp atışlarınız düzensizleşir. Yaşam fonksiyonunu sürdüren organlar haricinde vücudunuzun büyük bölümü felce uğrar ve bütün kaslarınız tamamen gevşer. Gözleriniz, göz kapaklarınızın altında ileri geri ani hareketler yaparlar, işte bu yüzden bu uykunun ismi, hızlı göz hareketi (REM) uykusudur. Ayrıca REM uykusu sırasında bazı kişilerde el, bacak ve yüzde seğirmeler gözlenir. (Bu bazen oldukça nettir, kedinizi ya da köpeğinizi REM uykusunda izleyerek gözlemleyebilirsiniz.) Ve erkekler REM uykusunda bazen erekte olurlar.

Uyku Devirleri

Yetişkinlerde uyku doksan dakikalık devirler şeklinde meydana gelir. İlk doksan dakikanın tümü non-REM uykusudur. REM uykusu periyodu doksan dakikadan sonra oluşur

---

*) REM: İngilizce'deki açılımı rapid-eye-movement/hızlı-göz-hareketi.(ç.n.)

ve bunu non-REM uykusuna dönüş izler. Bundan sonra her doksan dakikada bir REM periyodu meydana gelir. Gecenin ilk REM periyodu oldukça kısadır ve sadece birkaç dakika sürer. Gecenin ilerleyen zamanlarında REM periyotları uzar. Sabahın erken saatlerindeki uyku çoğunlukla REM uykusudur. Sabah uyandığınızda rüya görüyor olma ihtimaliniz bu nedenle yüksektir. Erkeğin ereksiyon halinde uyanmasının nedeni de budur. Eğer çok uykunuz varsa, ilk REM periyodu gece erken saatlerde, otuz ya da kırk dakika içinde oluşur ve uyku boyunca daha fazla REM periyodu yaşanır. Uzun bir uykusuzluktan sonra, iyi uyuduğunuz ilk gece gördüğünüz rüyaların daha canlı olmasının nedeni budur. Ayrıca uykuya çok ihtiyacı olanlar, uykularını aldıkları gecelerde üçüncü ve dördüncü evreleri daha fazla yaşayacaklardır.

Uykunun mantığa dayalı bir gelişim süreci olduğu ve uyku evrelerinin belli bir düzeni takip ettiği doğru değildir. Vücut uyku süresince bir evreden diğerine geçer ve bunun belli bir düzeni ya da mantıklı bir biçimi yoktur. Vücudunuz her zaman olmasa da genellikle uykunun bütün evrelerini sırasıyla yaşar. Bazı geceler üçüncü veya dördüncü evre uykularını hiç yaşamayabilirsiniz, fakat bazı geceler daha fazlasını yaşarsınız.

Bebeklerde ve Küçük Çocuklarda Uykunun Yapısı

Büyüdükçe herşey gibi uyku da değişir. Bebeklerde uyku, yetişkinlerdekinden oldukça farklıdır. Aslında bebeklerin uykusu çocukların ve ergenlerin uykusundan da tamamen farklıdır. Bebeklerin uyku alışkanlıkları daha doğmadan, ana rahminde şekillenmeye başlar. Altı yedi aylık bir cenin REM uykusunu ve hemen ardından da non-REM uykusunu yaşamaya başlar. Bebeğin uyku alışkanlığı, gebeliğin sekizinci ayının sonuna doğru tam olarak şekillenmiş olur.

İlk Aylar

Aktif uykuya karşı sakin uyku: Araştırmacılar yeni doğmuş bebeğin uykusunu, yetişkinlerde olduğu gibi REM ve non-REM uykusu olarak ayırmak yerine, aktif uyku ve sakin uyku olarak sınıflandırmışlardır. Aktif uyku (REM) süresince bebekler oldukça hareketlidir. Kollarını ya da bacaklarını oynatabilirler, ağlayıp inleyebilirler ve gözleri yarı açık uyuyabilirler. Nefesleri düzensizdir ve gözleri gözkapaklarının altında ileri geri hareket edebilir. Bebekler sakin uyku (non-REM) süresince durgundurlar. Nefes alışları düzenlidir ve hiç hareketsiz uyurlar. Fakat arada sırada korkma belirtileri gösterebilir ya da ağızlarıyla emme hareketi yapabilirler. Bebeklerde sakin uyku (non-REM) yetişkinlerde olduğu gibi dört evreye ayrılmaz. Bebeklerde non-REM uykusundaki dört evre, altıncı ayda gelişir.

Bir bebeğin uykusu yapısal olarak da yetişkinlerinkinden farklıdır. Örneğin yeni doğan bebeklerin uykularının yaklaşık %50'si aktif uyku (REM) iken, yetişkin uykusunun sadece % 20-25'i REM uykusundan oluşur. Bebeklerde aktif uyku (REM) yetişkinlerdeki gibi devirler halindedir, ancak yetişkinlerde doksan dakika olan devirler bebeklerde altmışar dakikadır. Ayrıca yeni doğanlar uyur uyumaz aktif periyoda (REM) girebilirken, yetişkinler için bu pek olağan değildir.

Bebeklerdeki sakin uyku (non-REM) yetişkinlerdeki non-REM uykusundan farklıdır. Öncelikle, yukarıda bahsettiğimiz gibi bebekler yetişkinlerin yaşadığı dört klasik evreyi yaşamazlar. Ayrıca sakin uyku (non-REM) süresi bebeklerde toplam uyku süresinin daha küçük bir kısmını kapsar, bu süre yeni doğanlarda %50 iken yetişkinlerde %75'tir. Yetişkinlerin ve bebeklerin uyku düzenleri arasındaki bu fark çabucak kapanır. Bebeklerin uyku evreleri üç ay içinde yetişkinlerinkine benzemeye başlar. Örneğin 'ikinci evre mil aktivitesi' olarak bilinen hızlı beyin aktivitesinin kısa patlamaları, bebek üç ya da dört aylıkken meydana gelir. Ayrıca uykunun bir başka yüzü olan, uyku sırasında yayılan geniş ve yavaş beyin dalgalarıyla tanımlanan 'doğal K kompleksleri' de altıncı ayda oluşur. REM uykusunda azalma ve non-REM uykusunda artış gibi diğer değişiklikler sonucu, altıncı ayda REM uykusu toplam uykunun %30'unu, non-REM uykuysa %70'ini oluşturur ve böylece yetişkin uykusuna oldukça yakın bir seviyeye ulaşır.

Bebekler sakin uyumazlar: Bir bebeği uyurken seyreden herkes, bebeklerin sakin uyumadıklarını bilir. Bebeklerin uykusu sandığınız kadar sakin değildir. Çoğu bebek uyurken iç geçirir. Bebekler uyurken gülümserler, iç geçirirler, diş gıcırdatırlar, inlerler. Yeni yürümeye başlayan bebekler ve küçük çocuklar da uyurken benzer şeyler yaparlar; iç çekerler, konuşurlar, mırıldanırlar, homurdanırlar. Bunların hepsi normaldir. Bu yüzden, çocuğunuz eğer uykusunda hareketliyse, onun iyi uyuyamadığını düşünerek endişelenmeyin.

Sonraki Aylar

Altıncı aya kadar non-REM ve REM uykusunun tam gelişimi tamamlanmış olur. Ancak tıpkı uyku devirlerinin süresi gibi, her bir uyku evresinde harcanan zamanın oranı da yetişkinlerinkinden hâlâ farklıdır. Çocuğunuzun uykusu, üç ya da dört yaşına girene kadar yetişkinlerinkine benzemeyecektir. Küçük çocuklar REM uykusunda daha fazla zaman geçirmeye devam ederler ve non-REM uykusu boyunca derin dördüncü evre uykusuna daha çabuk girerler. Mesela çocuğunuz arabada uyuyakalırsa on dakika içinde derin uykuya geçebilir. Hatta ruhu bile duymadan onu arabadan eve taşıyabilir, üstünü değiştirip yatağına yatırabilirsiniz.

Çocuğunuz bir saatlik derin uykudan sonra, kısa bir süreliğine uyanır gibi olur. Çoğu çocuk sadece kıpırdanır ya da yüzünü ekşitir. Bazı çocuklarda ise daha belirgin uyanışlar olur; hatta uyurgezerlik sergileyebilir ya da uyku terörü (ayrıntılı açıklama için 11. Kısım'a bakın) yaşayabilirler. Çocuğunuz bu kısa uyanıştan sonra derin uykuya geri döner. Böyle bir uyanma REM uykusu periyodundan sonra da olabilir, fakat bu uyanış çok daha farklıdır. Bu tür uyanışta, REM uykusundan her uyanmada yaşandığı gibi, çocuğunuz tamamen uyanık ve tetiktedir. Gece böyle bir durumda çocuğunuz sizi çağırabilir, çünkü tekrar uyumak için size ihtiyaç duyar. Bunlar normal gece uyanmalarıdır. Ancak bebeğiniz kendi başına tekrar uyuyamıyorsa sorun var demektir. O zaman tekrar uyuması için onu sallamanız ya da emzirmeniz gerekebilir. Buna benzer gece uyanmaları 6. Kısım'da ele alınacaktır.

Uyku Düzeni

Bebeklerin ve yetişkinlerin uykuları arasındaki bir diğer fark da uyku düzenleridir. Bebekler çok aşamalı uyku periyoduna sahiptir; yani gün boyunca pek çok uyku periyodu yaşarlar. Bu düzen yetişkinlerde günde bir kez yaşanan ve ortalama sekiz saat süren periyottan (gün içinde şekerleme yapan pek çok kişi olmasına rağmen) farklıdır. Bebeğiniz ilk başlarda günde iki-dört saatlik periyotlar halinde uyur. Altı aylık olunca daha net bir gece/gündüz uyku düzenine girer; yani geceleri, gündüz uyuduğundan daha fazla uyumaya başlar. Bebeğiniz büyüdükçe uykusu düzene girer, gün içinde az sayıda fakat daha uzun periyotlar halinde uyur.

Sonuçta, her bebeğin kendine özgü bir uyku düzeni olduğunu bilmek gerekir. Burada aktarılan bilgiler, yüzlerce bebeğin incelenmesinden sonra elde edilen genellemeleri içerir. Oysa sizin çocuğunuzun uyku düzeni çok farklı olabilir. Bazı bebeklerin uyku düzeninin oturması aylar sürerken, bazıları doğar doğmaz gece boyunca uyumaya başlar. Her durumda bebeklerin uyku düzeni, tıpkı yetişkinlerde görülen uyku alışkanlıkları gibi farklı ve değişkendir.

Gündüz Uykusu

Bütün bebekler gün içinde şekerleme yapar, fakat bebeğinizin bir gündüz uykusu programı oluşturması birkaç ay sürebilir. Dört aylık bebekler, günde iki ya da üç kez kestirirler. Çoğu bebek (bebeklerin yaklaşık %90'ı) altıncı aylarında gün içinde iki kere uyur; bunlar biri sabah biri öğleden sonra olmak üzere genellikle hep aynı saatlerdedir. Bazı bebekler on beş aylık olunca sabah şekerlemelerini bırakırlar ve hemen hemen bütün çocuklar iki yaşına geldiklerinde gün içinde sadece bir kere uyurlar. Yeni yürümeye başlayan bebeklerin çoğu üç yaşına kadar gündüz uykusuna devam eder, üç yaşından sonra ise bırakırlar. Çocuk üç-beş yaş arasında esas uykuyu artık günün bir tek zamanında alır ve bu da geceleridir. Tabii unutulmamalıdır ki, her çocuk birbirinden farklıdır. Bazı çocuklar gündüz uykusunu iki yaşında bırakırken, bazıları altı yaşına kadar buna devam eder.

Şaşırtıcı bir şekilde, gündüz uykusunun gerçekleştiği zaman dilimi, o uykunun şeklini belirler. Sabah erken saatlerde gerçekleşen şekerlemeler daha fazla aktif uyku (REM) içerirken, öğleden sonrakilerde daha fazla sakin uyku (non-REM) yaşanır. Bu yüzden günün değişik saatlerindeki uykular birbirinden oldukça farklıdır. Dahası, gündüz uykusu çok yararlıdır. Gündüz uyuyan çocukların dikkat süresi, uyumayan akranlarına göre daha uzundur ve bu çocuklar daha az huysuz olurlar. Çocuklarına gece uyuma alışkanlığı kazandırmak isteyen bazı ana-babalar, çocuklarının gündüz uykusunu engellemenin iyi bir yol olduğunu düşünürler. Bu pek etkili bir yöntem değildir ve ayrıca çocukların şekerlemeye ihtiyacı olduğundan zararlı bile olabilir. Gerçek şu ki, çocukları gündüz uyanık tutmak, gece daha fazla uyumalarını sağlamaz. Gündüz uykusuyla gece uykusunun birbiriyle ilgisi yoktur ve gündüz şekerlemelerini kısıtlamak daha iyi bir gece uykusu sağlamaz. Küçük çocuklarda gündüz uykusunun engellenmesi geri teper, çünkü çocuk ne kadar yorgun olursa, gece uyuması da o kadar zor olur.

Ayrıca araştırmalar gündüzleri iyi uyuyan çocukların, geceleri de iyi uyuduklarını gösteriyor. Her iki uyku da bebekler için çok önemlidir. Belki beş yaşından sonra çocuğunuzun öğleden sonra uyumasına engel olmak, onu akşamları yatağa daha erken göndermenize yardımcı olabilir.

Çocuğunuzun gün içinde geceleri uyuduğu yerde uyuması en iyisidir; bu da gündüz şekerlemesini evde yapacağı anlamına gelir. Böylelikle bebeğiniz uykuyu yatak ya da beşikle güçlü bir şekilde ilişkilendirilecektir. Bu ilişkilendirme çocuğunuzun gece boyunca uyuması için önemlidir. Çocuğunuzun arabada ya da kanepede uyuması da şekerlemenin süresini kısaltabilir, çünkü çocuğunuz araba durduğunda ya da etraftaki hareketlilik yüzünden uyanacaktır. Belirli bir yer ve belirli bir şekerleme süresi, çocuğunuzun ihtiyacı olan uykuyu almasını sağlayacaktır. Gündüz uykusu için en iyi zamanlar, sabah şekerlemeleri için sabahın geç saatleri, öğle uykusu için öğleyin erken saatlerdir. Çocuğunuzun öğleden sonra saat 15:00 ve 16:00'dan sonra uyumasına izin vermeyin, yoksa uyku zamanı geldiğinde uyumakta güçlük çekecektir. Öğleden sonra yapılan şekerlemeyle gece uyku vakti arasında en az dört saat olmalıdır.

Eğer gündüz çocuğunuza başka biri bakıyorsa, ister evde ister başka bir yerde olsun, şekerleme zamanlarının düzenli olmasını sağlayın. Kim bakarsa baksın, çocuğunuzun her gün aynı saatte şekerleme yapmasını sağlayın. Çocuğunuzun en son hangi saate kadar uyuması gerektiğini bakıcısıyla konuşun, böylelikle çocuğunuz gece en uygun saatte kolayca uyuyacaktır.

Çocuğunuzun gündüz uykusunu bırakmaya hazır olduğunu nasıl anlarsınız? Sabahları kalkmakta zorlanıyor, gün içinde yorgun görünüyor ve öğleden sonra huysuzluk yapıyorsa, çocuğunuzun şekerleme yapmaya hâlâ ihtiyacı var demektir. Eğer şekerleme zamanında uyumuyor ve gece uyku vakti geldiğinde uyumakta zorlanmıyorsa, çocuğunuz şekerleme yapmayı bırakmaya hazırdır. Çocuğunuz, gündüzleri uyumadığı günlerde yorgun görünmüyor ve huysuz ya da kızgın olmuyorsa, muhtemelen gündüz uykusunu bırakmaya hazırdır.

Eğer evde berabersiniz, çocuğunuzun şekerleme yapması sadece çocuğunuza değil, size de iyi gelecektir. Böyle molalar zihinsel sağlığınızı korumak için iyi bir fırsattır; size diğer çocuğunuzla oynayabileceğiniz, ev işlerini yapabileceğiniz, arkadaşınızı arayabileceğiniz, en sevdiğiniz diziyi seyredebileceğiniz ya da şekerleme yapabileceğiniz sakin ve huzurlu birkaç dakika sağlar. Çocuğunuz şekerleme yapmayı bırakmaya hazır olduğunda, uykunun yerini video seyretmek, sakin bir oyun oynamak gibi 'sakin vakit'ler alabilir. Katie'nin annesi bu değişiklikle başa çıkmanın çaresini, onu yatağına yatırmak yerine salondaki oyun bahçesinde sessizce oynamasına izin vermekte bulmuş. Katie'nin pek çok oyuncağı varmış ve oyuncaklarıyla oynamanın sakin ve sessiz bir süreç olması gerektiğini öğrenmiş. Katie'nin bu sakin sürece geçişine yardımcı olmak için oyun bahçesinde kaldığı saatler beş dakikayla başlayıp kırk beş dakikaya kadar kademeli olarak arttırılmış. Böylece Katie'nin annesi huzurun ve sakinliğin tadını çıkarırken, Katie de kendi kendine oynamayı öğrenmiş. Kendi başına oynamayı öğrenme kavramı, çocuğunuzun edinmesi gereken önemli bir beceridir. Çocuğunuzun kendini nasıl eğlendireceğini ve kendi başına kalmayı öğrenmesi gerekir. Çocuğunuz büyüdükçe, özellikle okula başlayıp kendi başına çalışması gerektiğinde, bu kavram daha da önem kazanacaktır.

Geceleri Uyanmak

Uykunun önemli bir yönü de geceleri uyanmaktır. Bebekler, çocuklar, gençler, yetişkinler, kısacası herkes geceleri uyanır. Bilinmesi gereken şey, geceleri uyanmanın uykunun normal bir parçası olduğudur ve bu her zaman yaşanır. Çoğu kişi geceleri uyandıklarının farkına bile varmazlar. Birkaç saniye ya da birkaç dakikalığına uyanıp, daha sonra hemen uyurlar. İnsan vücudu bunu yapmaya programlanmıştır. Aslında araştırmalar bir insanın gece uyandığının farkına varabilmesi için en az beş dakika uyanık kalması gerektiğini göstermiştir. Yani, eğer dün gece uyandığınızı hatırlıyorsanız, en az beş dakika uyanık kalmışsınız demektir.

Soruna yol açan şey, geceleri uyandığınızda tekrar uyuyamamanızdır. Çoğu yeni doğan bebek için bu durum bir sorun teşkil etmez. Gece uyandıklarında kendi kendilerine tekrar uyurlar. Bu bebekler 'kendi kendini sakinleştirenler' kategorisinde tanımlanırlar. Bu bebeklerin ana-babaları onların geceleri uyandıklarının farkına bile varmazlar. Öte yandan 'sinyal verenler' diye gruplandırılan bebekler, gece uyandıklarında kendi başlarına tekrar uyuyamazlar. Sinyal veren bebeklerin ana-babaları bebeklerinin uyandıklarının farkına varırlar. Bu bebeklerin tekrar uyuyabilmek için yardıma ihtiyaçları vardır ve bu ihtiyaçlarını ağlayarak gösterirler.

Bir aylık bebeklerin yaklaşık üçte ikisi geceleri birden fazla kez uyanır ve ana-babalarını bu konuda uyarırlar. Çoğu bebeğin uykusu altı aylık olunca bir düzene girer, yani çoğu gece sabaha kadar deliksiz uyurlar (bu birçok ana-baba için büyük bir rahatlamadır), geceleri normal uyanışlar yaşarlar, ama kendi kendilerine tekrar uykuya dalarlar. Bebeklerin sadece %15'lik bir bölümü geceleri birden fazla uyanır. Fakat şu anda bilinmeyen bazı sebeplerden dolayı, bu problem altı aylıktan dokuz aylığa kadar olan bebeklerde daha yaygındır (%40 civarında).

Çocukların Uyuması Gereken Saatler

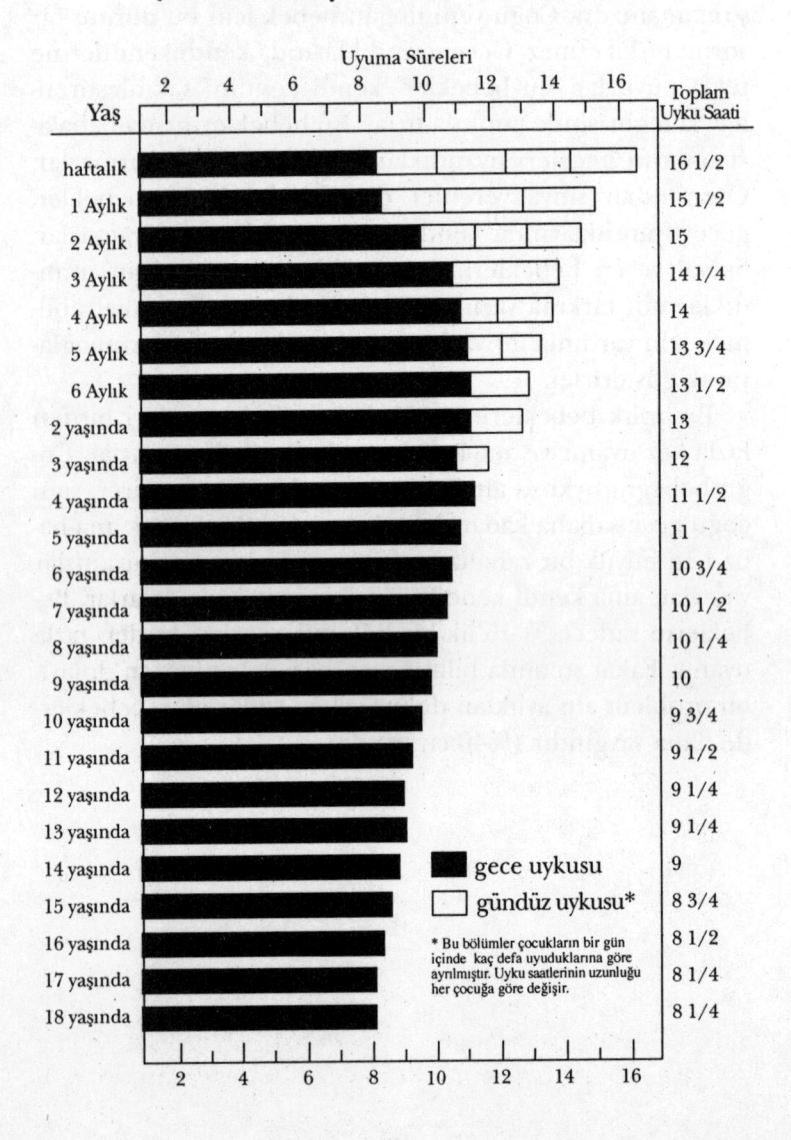

Yaş	Uyuma Süreleri	Toplam Uyku Saati
haftalık		16 1/2
1 Aylık		15 1/2
2 Aylık		15
3 Aylık		14 1/4
4 Aylık		14
5 Aylık		13 3/4
6 Aylık		13 1/2
2 yaşında		13
3 yaşında		12
4 yaşında		11 1/2
5 yaşında		11
6 yaşında		10 3/4
7 yaşında		10 1/2
8 yaşında		10 1/4
9 yaşında		10
10 yaşında		9 3/4
11 yaşında		9 1/2
12 yaşında		9 1/4
13 yaşında		9 1/4
14 yaşında		9
15 yaşında		8 3/4
16 yaşında		8 1/2
17 yaşında		8 1/4
18 yaşında		8 1/4

■ gece uykusu
□ gündüz uykusu*

* Bu bölümler çocukların bir gün içinde kaç defa uyuduklarına göre ayrılmıştır. Uyku saatlerinin uzunluğu her çocuğa göre değişir.

Yaşa Göre Uyku Düzeni

Bir aylıktan iki aylığa kadar: Yeni doğmuş bir bebek üç ya da dört saatte bir ve sadece beslenmek için uyanır. Bu da, günde yaklaşık yedi uyuma ve uyanma periyodu şeklinde olur. Ayrıca uyku, gece veya gündüz farkı gözetmeksizin, gün boyunca eşit bir şekilde dağılım gösterir. Altı ila on saat arası uyumaya alışmış bir ana-baba için birdenbire bebeklerinin programına geçmek oldukça zor olabilir. Bebeğiniz fazlasıyla uyur ama sizin için durum böyle değildir.

Altı ila sekizinci hafta arasında bebeğiniz yaklaşık iki saatlik bir uyanık kalma sürecinden sonra tekrar uykuya dalacaktır. Bu yaşta bir bebeğin mutlu ve canlı bir şekilde uyanık kalabileceği süre bu kadardır. Eğer onu iki saatten fazla bir süre uyanık tutarsanız, aşırı yorgun olur ve uyumakta güçlük çekebilir. Bu nedenle onu huysuzlanmadan uyutmaya çalışın. Bebeğinizin yorulduğunu gösteren, gözlerini ovuşturmak, kulağını çekiştirmek ya da göz çevresinde hafif kızarıklıklar oluşması gibi belirtileri gözden kaçırmayın. Bu belirtileri gördüğünüz an onu uyutun. Çok fazla beklemeyin, fırsatı kaçırırsanız onu uyutmak bir işkenceye dönüşebilir.

İki aylıktan altı aylığa kadar: Bebekler büyüdükçe, uyku saatleri birleşir ve daha az uyumaya başlarlar. Bebekler yaklaşık altı haftalık olduklarında gece boyunca uyumaya başlarlar. Bu bazı bebeklerde daha erken, bazılarında daha geç olabilir. Yeni doğan bebekler genellikle günde on yedi-on sekiz saat arası uyurlarken, bir aylık bebekler on altı-on yedi saat arası ve üç-dört aylık bebekler de günde yaklaşık on beş saat uyurlar. Bu yaşlardaki bebeklerin uykuları dört ya da beş periyot halindedir. Bu dönemde bebeklerin üçte ikisi geceleri uyuyacaktır. Bu yaştaki bebeklerin gündüz uykuları çoktan bir düzene girmiştir, gündüzleri uyanık kalıp, geceleri uyumaya başlamışlardır. Fakat bilinenlere göre altı aylık bütün bebekler gece boyunca uyumaya fiziksel olarak yatkındırlar, hatta daha erken yaşta bile bunu yapabilirler.

Altı aylıktan dokuz aylığa kadar: Altı aylık bebekler gündüzleri daha az, geceleri daha fazla uyurlar. Yeni doğmuş bebekler günün dörtte üçünü uykuda geçirirken, altı aylık olanlar günün yarısını; yani, yaklaşık on dört saati uykuda geçirirler. Bu yaştaki en uzun günlük uyku periyodu yedi saattir. Bu çocukların çoğu geceleri kısa bir süreliğine uyanırlar, fakat kendi kendilerine tekrar uykuya dalarlar. Bu yüzden çocuğunun on-on iki saat aralıksız uyuduğunu sanan ana-babalar yanlış kanıda olabilirler. Çocukları muhtemelen hiç kimseyi rahatsız etmeden kısa aralıklarla uyanıyordur.

Daha önce hiç yaşamamış olsa bile, bebeğiniz altı-dokuz aylık olduğunda uyku sorunu yaşamaya başlayabilir. Bu sorunları, büyüme atağı ile değil, genellikle bilişsel ve motor gelişimle ilgilidir. Bebeklerinin büyüme dönemine girdiğini düşünen ana-babalar, genellikle bebeklerinin acıktığı için gece kalktığına inanırlar. Bu doğru değildir. Geceleri onu beslemeye başlamamalısınız. Bu şekilde sadece uyku problemini pekiştirir ve daha da kötüleşmesine neden olursunuz. Bebeğiniz bütün beslenme gereksinimlerini gün içinde karşılayabilir. Bebeğiniz geceleri yatağa 20:00-21:00 saatleri arasında giriyorsa ve aniden gece uyanmaları başlarsa, uyku saatini yarım saat önceye alın, şaşırtıcı bir şekilde gece boyunca uyuduğunu göreceksiniz. Bunu deneyin, gerçekten işe yarıyor.

On aylıktan on iki aylığa kadar: Bebeğiniz şimdiye kadar geceleri on-on iki saat uyuyor ve günde iki kere şekerleme yapıyordu. Gündüz uykusu saatlerinin düzenli olmasına dikkat edin. Gündüz uykularının azalmasıyla, bu yaştaki çocuklarda gece uykuları problemli hale gelebilir. Gece bebeğinizi uyutmakta daha fazla problem yaşamaya başlayabilirsiniz ve bebeğiniz yeniden uyanmaya başlayabilir. Düzenli bir gündüz uykusu takvimi oluşturulduğunda, gece uykusu problemleri genellikle ortadan kalkar. Bu yaştaki bebeklerin gün içinde kesinlikle iki kez uyumaya ihtiyacı vardır.

On iki aylıktan on sekiz aylığa kadar: Bebeğiniz bir yaşına geldiğinde muhtemelen gün içinde hâlâ iki kez uyuyordur. Fakat çoğu bebek on sekiz aylık olunca sabah şekerlemesini bırakır ve gün içinde yalnızca bir kere, 1,5 saatle 2 saat arası bir şekerleme yapar. Bazı bebekler ise iki yaşına kadar sabah şekerlemelerine devam eder, bu nedenle bebeğinizin yeterince büyüdüğünü düşünerek onu günde bir şekerleme yapmaya zorlamayın. Bir şekerlemenin çok az, iki şekerlemenin ise çok fazla olduğu zamanlar muhakkak olacaktır. Bu geçiş dönemiyle baş etmenin farklı yolları vardır. Bir önceki gece ne kadar uyuduğuna bakarak günde kaç kez şekerleme yapacağına karar vermek seçeneklerden biridir. Diğer bir yol, gün içinde şekerleme yaptığı günlerin gecesinde çocuğunuzu daha erken uykuya yatırmaktır.

On sekiz aylıktan iki yaşına kadar: On sekiz aylık bebeklerin çoğu geceleri on-on iki saat uyur ve günde sadece bir kez öğle uykusuna yatarlar. Bazıları ise günde iki kez şekerleme yapmaya devam eder, çocuğunuz bunlardan biriyse üzülmeyin. Sessiz ve sakin geçen günlerin tadını çıkarmaya bakın.

İki yaşından üç yaşına kadar: Yeni yürümeye başlayan bebeklerin günlük uyku periyotları, iki yaşına geldiklerinde öğle uykusu da dahil olmak üzere günde toplam on iki saate düşer. Yeni yürüyen bebeklerin çoğu, akşam saat 19:00-21:00 arasında uykuya yatar ve sabah saat 6:30-8:00 arasında uyanır. Bu yaş aralığında çoğu çocuk beşikten yatağa geçer. İki-üç yaş arası bebekler genelde başka uyku sorunları geliştirmeye başlar. Çoğu çocuk karanlıktan, canavarlardan ya da sizden ayrı kalmaktan korkmaya başlar. Bu korkular sıradandır ve normal gelişimin bir parçasıdır. Bu yaygın korkularla başa çıkmanın çareleri 12. Kısım'da ele alınacaktır. Ayrıca bu yaşlarda bazı çocuklar, gece yataklarından ya da beşiklerinden aşağı kendi başlarına inerlerken, bazıları da uyku vaktine direnmeye başlarlar. Bu konular 5. ve 6. kısımlarda incelenecektir.

> ### Yastıklar
>
> "Bebeğim ne zaman bir yastık kullanabilir? Benim yatağımdayken ya da koltuktayken yastık kullanmak hoşuna gidiyor. Karyolasına yastık koymalı mıyım, yoksa koymamalı mıyım bilemiyorum."
>
> Bebeğinize ne zaman yastık vereceğinize ilişkin katı ve kesin kurallar yoktur. Yastık iki yaşın altındaki çocuklar için pek önerilmez, çünkü kolaylıkla boğulabilirler. Bebeğiniz daha beşikteyken ona bir yastık verecekseniz, bu yastık uçaklarda kullanılanlar gibi küçük olmalıdır. Çok yumuşak olmaması gerekir. Yine boğulma tehlikesinden dolayı kuş tüyü yastıklar da önerilmez. Çoğu ana-baba ilk yastığı çocukları beşikten yatağa geçtiğinde verir. Fakat çocuğunuzun bu dönemde yastığa ihtiyacı olmadığını bilmelisiniz. Kendi kararınızı kendiniz verin ve her ikiniz de hazır olduğunuzda ona bir yastık verin.

Üç yaşından altı yaşına kadar: Bu yaşlardaki çocuklar bu kitabın konusu olmamasına rağmen, neler olacağını bilmeniz açısından burada kısaca değinilecektir. Bu yaşlardaki çocukların çoğu hâlâ akşam saat 19:00-21:00 arasında uykuya yatıp, sabah saat 6:30-8:00 arasında uyanıyor olacaktır. Bu çocuklar, büyük bölümü gece olmak üzere, günde on-on iki saat uyurlar. Üç ila dört yaşları arasındaki bazı çocuklar öğle uykusuna yatmayı sürdürürken, çoğu çocuk beş yaşında gündüz uykusunu bırakır. Kreş programları ya da diğer planlı aktiviteler yüzünden çocuğunuzu gündüz uykusunu çok erken bırakması için zorlamayın. Bazı çocukların gündüz uyumaya ihtiyacı vardır ve eğer bu ihtiyacı göz ardı ederseniz sonuçlarına katlanmanız gerekir. Eğer çocuğunuz bebekken iyi bir uykucu ise, bundan sonra da öyle olacaktır ve üç yaşından sonra yeni uyku problemleri geliştirmesi olasılığı çok azdır. Bu yaşlardaki çocuklar uyku vaktini geciktirmede çok yeteneklidirler ve bir bardak daha su istemeyi, sizi sevdiklerini bir kere daha hatırlatmayı ya da tuvalet bahanesini öne sürmeyi ne yazık ki çoktan öğrenmişlerdir.

Yeteri Kadar Uyumak

Bebeğinizin uykusunu çok iyi aldığından emin olun! Uyku sizin için olmasa bile bebeğiniz için önceliklidir. Uykunun kesin işlevini bilmememize rağmen hayatımızda çok önemli bir rol oynadığından kesinlikle eminiz. Bebekler içinse uyku hayati bir önem taşımaktadır. Gelişim uykuya bağlıdır. Bebeğiniz uyku olmadan gerekli gelişimi gösteremez.

Bebeğinizin yeterli uykuyu almasını sağlamak için onu makul bir saatte uykuya yatırmanız çok önemlidir. Altı aylıktan on yaşına kadar olan bebek ve çocukların çoğunun geceleri on-on iki saat kesintisiz uykuya ihtiyacı vardır. Öyleyse çocuğunuzun akşam saat 20:00-20:30 gibi yatakta olması gerekir. Bazı çocuklar 19:30'da bile uyuyabilir. Çalıştığınız için çocuğunuzu gece geç vakitlere kadar uyanık bırakıyor ve günlük bakımı için erken uyandırıyorsanız, yeterli uykuyu almasını sağlayamazsınız. Kendi gereksinimlerinize ve programınıza göre davranıp, bebeğinizin ihtiyaçlarını göz ardı etmeyin. İyi anababa olmanın bir şartı da çocuğunun iyiliğini düşünmektir. İyi bir uyku uyumasını sağlamak da bunun bir parçasıdır.

Hatırlatmalar

- Uyku, REM ve non-REM olmak üzere iki ana bölümden oluşur.
- Bebeklerin, yetişkinlerinkinden farklı olan uyku düzenleri, doğum öncesinde gelişmeye başlar.
- Altı aylık bebeklerin çoğunun uzun bir gece uykusunun yanı sıra, sabah ve öğle şekerlemelerini de kapsayan belirli bir uyku düzeni varken, yeni doğanlar gün içinde daha fazla uyurlar.
- Gündüz uykusu çok önemlidir ve gece uykusunu etkilemez.
- Bütün bebekler geceleri uyanır. Altı aylık olana kadar bebeklerin bir kısmı yeniden uyumak için yardıma ihtiyaç duyarken, bir kısmı da kendi başına uyumaya devam edebilir.
- Düzenli bir gelişim için bebeklerin çok fazla uykuya ihtiyacı vardır.

3. KISIM
"LÜTFEN USLU DUR!"

Davranış Yönetimi

Teresa'nın, oğlu Andrew ile başı dertteydi. Herkes bunun 'belalı iki yaş' sendromu olduğunu söylüyor, fakat yine de kendini iyi hissetmesini sağlayamıyorlardı. Andrew hiç rahat durmuyordu, durmadan diğer çocukları dövüyor, ısırıyordu ve Teresa onu bir dakika bile yalnız bırakamıyordu, çünkü her an bir şeyleri kırıp dökebilirdi. Teresa neredeyse bütün gününü, oğluna uslu olması için yalvararak geçiriyordu.

Bu kitaptaki önerileri uygulamaya başlamadan önce, davranış yönetiminin başlıca prensiplerini bilmeniz gerekir. Bu bölümde tartışılan kavramlar, çocuğunuzun altı değiştirilirken huysuzlanması, ağzındakileri tükürmesi, bakkalda gördüğü şekerden tutturup ağlama krizine girmesi gibi bütün davranış problemleri için geçerlidir. Bu kavramlar aynı zamanda uyku sorunlarına da uygulanabilir. Uyku sorunları ve uykuyla ilgili davranışlar, ailelerin başa çıkması gereken diğer davranış bozukluklarından hiç de farklı değildir. Uyku problemleri sadece biraz daha karmaşıktır. Bu bölümde yeni doğan ve yürümeye yeni başlayan bebeklere istediğiniz şeyleri yaptırmanın ve istemediğiniz şeyleri yapmasına engel olmanın yolları aktarılacaktır.

Çocuğunuzun davranışını değiştirmeyi düşündüğünüzde, iyi davranışı arttırmaya, kötü olanı ise azaltmaya odaklanırsınız. Eğer bu şekilde düşünürseniz, asıl hedefinizi, yani iyi huylu bir çocuk sahibi olmayı aklınızdan çıkarmazsınız. Sizin rolünüz iyi birer ana-baba olmaktır, disiplin sağlayan bir hakim ya da jüri olmak değil. Ebeveyn olmak demek, çocuğunuza iyiyi kötüden ayırmayı, nasıl iyi olunacağını ve nasıl kötü olunmayacağını öğretmek demektir.

Çocuğunuzun İstediğiniz Şeyi Yapmasını Sağlamak

Çocuğunuzun istediğiniz şeyi yapmasını sağlamanın pek çok yolu vardır. Burada denenmiş ve doğru birkaç yöntem anlatılacaktır:

Pekiştireç

Pekiştireç (buna ödül de diyebiliriz), çocuğunuzun istediğiniz şeyi yapmasını sağlayacak en iyi yoldur. Pekiştireç iyi davranışı çoğaltır. Çocuğunuzu doğru yaptığı şeyler için ödüllendirin. Bu iyi davranış, yemeğini kaşıkla düzgün bir şekilde yemek ya da kütüphanede sessiz durmak olabilir.

Herkesin içinde bile olsa, onu ödüllendirmekten çekinmeyin. Teşvik çocuğunuzun iyiyle kötüyü ayırmasına yardımcı olur ve her zaman işe yarar.

Çocuğunuz nelerden hoşlanıyor? Çocuğunuzu ödüllendirmek kolay gibi görünebilir, ancak her çocuk farklı şeylerden hoşlanır. Onun nelerden hoşlandığını ve nelerden hoşlanmadığını belirlemeniz gerekir. Bir çocuk için eğlenceli ve ilginç olan bir şey, başka bir çocuk için kötü ya da korkutucu olabilir. Çocuğunuz gıdıklanmaktan mı hoşlanıyor, yoksa saklambaç oynamayı mı tercih ediyor? Belki çocuğunuzun çok sevdiği bir oyuncağı ya da sizin çıkardığınız ve onu hep güldüren çok sevdiği bir ses vardır. Bazı çocuklar mıncıklanmaktan ve havaya fırlatılmaktan hoşlanır. Bazıları bunlardan korkar ve ağlamaya başlar. Bazı çocuklar da kucak sever. Çocuğunuz nelerden hoşlanır? Onu ne heyecanlandırır? Bunları öğrenmek için sadece gözlemlemeye biraz vakit ayırmanız gerekecek.

Bebeklerin çok küçük yaşlardan itibaren farklılaşmaya başladığını göreceksiniz. Bazı ana-babalar bir salıncağın kendileri için en iyi kurtarıcı olduğunu fark ederler. Çocukları salıncağa bindirildiği zaman kendilerinden geçerler. Bazı ana-babalar için de salıncak boşa para harcamaktan başka bir şey değildir. Çocukları salıncağa biner binmez ağlamaya başlar. Çocuğunuz daha küçükken, onun nelerden hoşlanıp nelerden hoşlanmadığını fark etmek daha kolay olabilir. Yeni doğanların iki temel ifade şekli vardır. Bir şeyden hoşlanmadıkları zaman ağlar, hoşlandıklarındaysa sakinleşirler.

Çocuğunuz büyüdükçe tepkileri daha karmaşık hale gelir, neden hoşlanıp neden hoşlanmadığını ayırt etmek zorlaşır. Neden hoşlanıp neden hoşlanmadığını anlamak için daha fazla zaman harcamanız gerekir.

Övgü: Övgü hakkında söylenecek çok şey vardır. Övgü oldukça etkili bir davranış yönetim aracıdır. Övgüye pek fazla zaman harcamayız, oysa birisi size güzel göründüğünüzü söylediğinde ya da yaptığınız bir şeyi takdir ettiğinde ne kadar hoşunuza gider. İnsanlar genellikle eşlerinin ya da sevgililerinin kendilerine çok az güzel şey söylediklerinden yakınırlar. Çocuğunuzu da bundan mahrum etmeyin. Ona, iyi olduğunu söylemek için fırsatlar yaratın. İyi yönlerinden söz edin. Çocuğunuza onunla ne kadar gurur duyduğunuzu söyleyin.

Bazıları çocuğu çok övmenin, şımarmasına neden olacağını iddia eder. Onu odasını temizlemek ya da yemek masasında uslu durmak gibi zaten yapması gereken herhangi bir şey için ne övün ne de ödüllendirin, derler. Oysa çok fazla övmenin ya da çok fazla sevmenin hiçbir sakıncası yoktur. Çocuğunuz doğru şeyi yapması için cesaretlendirildiğinde daha başarılı olacaktır.

Zaman ayırmak: Çocuğunuza nasıl davranması gerektiğini öğretmenin mükemmel yollarından biri de, doğru davranışı göstermesi için ona zaman ayırmaktır. Örneğin beraber boyama yapmak uygun davranışı sergilemesi için ona fırsat sağlayacaktır. Ayrıca birlikte geçirdiğiniz zaman süresince yaptığı şey hakkında yorum yapın. Beraber legolarla oynarken; "Harika! Mavi legoyu sarı legonun üstüne ne güzel koydun," deyin. Bu da onun yaptığı şeyi onayladığınızı göstermenin bir yoludur.

Ödüllendirme (bir başka deyişle rüşvet): Rüşvet pek hoş bir etki bırakmaz. Fakat yine de çocuğunuzun ödüllendirilmesi işe yarayabilir. "Oyuncaklarını toplarsan, dışarıda oynayabiliriz." "Markette uslu durursan, pizza yemeye gidebiliriz." Rüşveti yararınıza kullanmak için önemli olan, çoçuğunuza sadece istediğiniz davranışı net bir şekilde gerçekleştirdiğinde bir ödül vermenizdir. Markette kötü davranış sergilediği halde onu yine de pizzacıya götürmek, ona ne yaptığının önemli olmadığını, her şekilde istediği şeyi elde edebileceğini öğretecektir. Bu yöntem yetişkinlerin dünyasında işe yaramadığı gibi, çocuğunuz için de bir yarar sağlamayacaktır.

Olumlu davranış şeklini öğretirken, çocuğunuzun göstermesini istediğiniz davranışı ona net bir şekilde söylemelisiniz. "Uslu ol" demek çocuğa pek bir şey ifade etmez. "Babanın yanından ayrılma", "sessiz ol" ya da "hiçbir şeye dokunma" gibi ifadeler daha açıktır. "Okula gitmek için hazırlan" çok net değildir. "Üstünü giy", "kahvaltını yap", "çantanı al" ya da "kabanını giy" gibi komutlar vererek yapılması gereken şeyleri net bir şekilde ifade etmek daha iyi olur.

Ödüller davranışa uygun olmalıdır. İş hayatında mektupları postalamak üzere koridorun sonundaki posta kutusuna kadar yürüdüğünüz için hiçbir zaman size 10.000 dolar ödenmez. Diğer taraftan kırk saat çalıştığınız zaman karşılığında 5 dolar almazsınız. Aynı kural çocuğunuz için de geçerlidir. Küçük davranışlar küçük, büyük davranışlar ise büyük ödüller gerektirir. Ayrıca kısa süreli ve uzun süreli hedefler oluşturabilirsiniz. Genel kural çocuğunuz ne kadar küçükse, hedefin o kadar kısa olmasıdır; yani küçük çocuklar için, iyi davranış ile ödüllendirme arasında geçen zaman kısa olmalıdır. Çocuğunuz tuvaleti her kullandığında ona bir ödül verin. Bir hafta boyunca tuvaletini her haber verdiğinde ona en çok istediği oyuncağı alın. Aynı şeyi diğer davranışlar için de uygulayın. Günlük ve haftalık hedefler belirleyin.

Makul Seçenekler Sunun

Küçük çocuklar hayatları üzerinde çok az kontrole sahiptirler. Yemesi söylendiği zaman yer, uyuması söylendiği zaman uyur, arabaya binmesi söylendiğinde binerler. Oysa çocuklar, çoğu yetişkin gibi, kontrol sahibi olmayı severler. Bu nedenle çocuğunuza her fırsatta seçenekler sunun. Tabii ki bu seçenekler sizin açınızdan da makul olmalıdır. "Uyumak istiyor musun?" yerine, "Şimdi mi, yoksa beş dakika sonra mı yatmak istersin?" diye sorun. Böylece çocuğunuz hem biraz kontrol sahibi olduğunu hissetmiş olur, hem de onu yatmaya kolayca ikna etmiş olursunuz. "Havuç mu yoksa bezelye mi yemek istersin?" seçeneği, çocuğunuzun her halükarda sebze yemesini sağlayacaktır.

Cevabını Bildiğiniz Soruları Sormayın

Gerçekten bir karar vermesini istemediğiniz zaman ona soru sormayın. Sorular çocuğunuza hayır deme fırsatı verir. "Oyuncaklarını toplamak ister misin?", "Uyumak ister misin?". Bir düşünün; eğer siz çocuk olsaydınız bu sorulara cevabınız kesinlikle hayır olacaktı. O zaman çocuğunuzun cevabına uymaktan ya da bir emir vermekten başka çareniz kalmayacaktır. Eğer çocuğunuzun bir seçim hakkı yoksa, ona böyle bir hak vermeyin. İsteklerinizi soru olarak değil, istek olarak belirtin.

Mantıklı Kurallar ve Mantıklı Talepler

Ana-babalar için diğer bir sorun da saçma kurallar koymalarıdır. Mantıksız kuralları uygulamak ya zor ya da imkânsızdır. Mantıklı kuralları oturtmak zaman alır ama yapılabilir. Bir yaşındaki çocuktan oyuncak ayısını sandalyeye koymasını istemek mantıklıdır. Biraz zaman alır, ama bu yaştaki bir çocuk tarafından yapılabilir. İki buçuk yaşında bir çocuktan da ayakkabılarını getirmesini istemek mantıklıdır. Fakat iki yaşındaki bir çocuktan, üst kata çıkarak giysilerini bulup giyinmesini ve dişlerini fırçalamasını beklemek mantıksız bir taleptir. Bu istek bu yaşta bir çocuğun kapasitesini aşar. Ve oldukça fazla şeyi kapsamaktadır. Çocuğunuz daha üst kata çıkarken yapması gereken diğer şeyleri unutabilir. Bunun sonucunda pes edip oyun oynamaya başlayacaktır. On dakika sonra onu neşeli bir şekilde oyuncaklarıyla oynarken bulduğunuzda sinirleneceksiniz. Bu onun itaatsiz oluşundan değil, istediğiniz şeyin onun için çok fazla olmasından kaynaklanır.

Daha önce de bahsedildiği gibi, kurallarınız da çok net olmalıdır. "Odanı temizle", açık bir ifade değildir. Bu bütün oyuncakları toplamak anlamına mı, yoksa mobilyaların tozunu almak anlamına mı gelir? Sizin temizlikten anladığınız şeyle çocuğun temizlikten anladığı şey oldukça farklıdır. En iyisi, "bütün oyuncaklarını oyuncak kutusuna koy," demektir. Açık bir ifadedir ve yapılıp yapılmadığı herkes tarafından görülebilir. Bir dükkânı dolaşırken "uslu ol," demek yetmez. 'Uslu olmanın' onun için bir anlamı olmayabilir. Bunun yerine, "Markette sessiz ol, elimi bırakma ve hiçbir şeye dokunma," denmelidir. Çocuğunuz artık ondan ne beklediğinizi biliyordur, herşey açık ve nettir.

Çok Kural Koymayın

Çocuğunuzun sizi deneyeceğinden hiç şüpheniz olmasın. Çocuklar onlar için konulan kuralların çoğunu test edeceklerdir. Çünkü üzerinde ısrar ettiğiniz kuralın, gerçek bir kural olduğundan emin olmak isteyeceklerdir. Çocukların kuralı test etmek için kullandıkları birçok yöntem vardır. Kuralı ya da en azından bir bölümünü çiğneyecek, eleştirecek, direnecek, ağlayacak, bağıracak, hatta sinir krizi geçireceklerdir. Bunu savaşmak için yapmazlar. Kuralın kesin olduğundan emin olmak için yaparlar. Çocuğun sizi test edeceğini bilirseniz, teste daha iyi hazırlanır ve bunun kişisel bir saldırı olmadığını anlarsınız.

Bu yüzden en iyisi az kural koymaktır. Çocuğunuza gün içinde kaç tane emir verdiğinizi aklınızda tutmaya çalışırsanız yandınız. Bir yanda çocuğunuz kuralları test ederken, öte yanda siz verdiğiniz her emrin akıbetini takip etmeye çalışırsanız, çocuğunuzun kurallara uyması muhtemelen olanaksız hale gelir. Sonuç olarak çözüm, mümkün olduğunca az kural koymaktır. İşe kendiniz için bir kural koymakla başlayın: Her problem için bir kural koymayın. Bu işe yaramayacaktır.

Çocuğunuzun İstemediğiniz Şeyleri Yapmasını Engelleyin

Konu ister arabasından inmesi, ister başka bir çocuğa vurması olsun, çoğu zaman çocuğunuzun hoşunuza gitmeyen şeyleri yapmasını nasıl engelleyeceğinize odaklanırsınız. Bu bölümde çocuğunuzu iyi huylu olması için kötü davranışlardan nasıl alıkoyacağınızdan bahsedilmektedir. Bu yüzden öncelikle cezalandırma üzerine bir açıklama yararlı olacaktır, çünkü yaramaz bir çocukla başa çıkmak için ailelerin ilk başvurduğu çare budur.

Ceza

Çocukları yanlış bir şey yaptığında, çoğu ana babanın ilk tepkisi onu cezalandırmak olur. Bu ceza; azarlamak, haklarını elinden almak, tokat atmak ya da odasına göndermek olabilir. Kızgınlık anında ceza doğru çözüm gibi görünebilir, fakat uzun vadede pek işe yaramaz.

Ceza nadiren işe yarar: Ceza, çocukların ya da aslında herhangi birinin davranışlarını değiştirmede pek etkili olmaz. Cezayla kendi aranızdaki ilişkiyi bir düşünün. Ana caddede arabanızla gittiğinizi hayal edin. Hız limiti saatte elli beş kilometre. Ama etrafınızdaki bütün arabalar saatte altmış beş kilometre hızla, hatta daha da süratli gidiyor. Bunu neden yapıyorlar? Muhtemelen herkes ceza alabileceğinin ve çok yüksek bir bedel ödemek zorunda kalacağının bilincinde. Ama bu bilinç hızı engelliyor gibi görünmüyor. Şimdi kendinizin saatte altmış beş kilometre hızla gittiğinizi hayal edin. Tam caddeyi dönerken polise yakalanıp 120 dolarlık bir ceza yediniz. Biraz homurdandıktan sonra cezayı mecburen ödediniz. Yine sürat yapar mısınız? Eminim yapacaksınız, ama asla yakalandığınız caddede değil. İnsanların davranış şekli budur. Ceza sayesinde davranışlarını değiştirseler bile, bu sadece derslerini aldıkları durumlara özel bir değişim olacaktır.

Ceza uygun davranışı öğretmez: Çocuğunuzun hiçbir şey bilmediği ve ona herşeyi öğretmesi gereken kişinin siz olduğunuz gerçeğini farkına vardığınız bir an gelecektir. Ona kendi kendine giyinmeyi, telefonda nasıl konuşacağını, kütüphanede nasıl davranacağını ve benzeri pek çok şey öğretmek zorundasınız. Bu oldukça korkutucu görünebilir. Ama ceza ona ne yapması gerektiğini değil, sadece ne yapmaması gerektiğini öğretir. Randy bunu mobilyaları boyayan kızı Melissa ile uğraşırken fark etmiş. Onu ilk defa masayı boyarken yakaladığında azarlamış. Bir dahaki sefer Melissa mutfak tezgâhını boyamış. Bu kez Randy boya kalemlerini elinden almış. Daha sonra Melissa duvarı boyadığında, onu 'yaramazlık sandalyesine' oturtmuş. Bu durumda Melissa'nın mesajı almadığı ortada, ceza işe yaramıyor. Oysa Melissa'ya, boyamanın sadece kâğıt üzerine yapılabileceğinin öğretilmesi gerekiyordu. Bir yetişkin için gayet açık olan şey, üç yaşında bir çocuk için o kadar anlaşılır olmayabilir. Doğru şeyin gerçekten ne olduğunun Melissa'ya öğretilmesi gerekliydi.

Pataklamak genellikle işe yaramaz: Çocuğunuzu tokat atarak ya da pataklayarak cezalandırmak en basit cezadan bile daha az etkilidir. Tokat atmak ya da dövmek, genellikle çocuğunuzun gösterdiği ısırmak ya da vurmak gibi gerçekten kötü bir davranışa karşılık olarak yapılır. Bu davranışından dolayı çocuğunuza tokat atarak, ona, vurmanın bazen doğal olduğunu ve birinin istemediğimiz bir şeyi yapmasını engellemede etkili olduğunu öğretirsiniz. Çocuğunuzun yapmasını istemediğiniz bir davranışına istemeden örnek olursunuz. Çocuğunuza tokat atarak başkalarına vurmaması gerektiğini söylüyorsunuz; oluşan karmaşayı hayal edin. Çocuğunuz söylediklerinizden çok yaptıklarınızla öğrenecektir.

Cezanın etkisi kısa sürer: Cezanın diğer bir kötü yönü de ancak kısa vadede işe yaramasıdır. Uzun vadeli bir çözüm değildir. Birkaç dakikalığına ya da bir öğle vakti boyunca işe yarayabilir, ama çocuğunuzun bir sonraki gün ya da haftaki davranışında değişiklik yaratmayacaktır. Bunun nedeni cezanın çocuğunuza doğru bir davranış değişikliği öğretmemesidir.

Çocuğunuzun beşiğini, yatağını ya da odasını ceza için kullanmayın: Kötü davranış yüzünden çocuğu beşiğine yatırmak ya da odasına kapamak pek çok ana-babanın düştüğü bir hatadır. Bu iyi bir tutum değildir, çünkü çocuğunuzun beşiğini ya da yatağını ceza ile ilişkilendirmesini herhalde istemezsiniz. Çocuğunuz hatalı davrandığında, onu koyabileceğiniz en basit yer beşiğidir. Bu ceza ondan zaman çalar, onu sizden uzak tutar ve güvende olmasını sağlar. Ama ne yazık ki bu yöntem uyku problemlerine yol açabilir. Çünkü onu gece yatağına koyduğunuzda, cezalandırıldığını düşünecektir.

Beşik yerine 'yaramazlık sandalyesi' ya da belli bir odayı kullanmak daha iyidir. Bazı ana-babalar oyun bahçesini başka bir odaya koymanın daha yararlı olduğunu keşfetmişlerdir. Bu şekilde, kötü davranış sergileyen çocuğu koyacakları güvenli bir yer de elde ederler.

"Hayır" Demek

Ana-babalar için hayır demek çok zor olabilir, fakat bu sıkça yapılması gereken bir şeydir. Bazı durumlarda hayır demek en iyisidir. Öncelikle hayır dediğinizde, gerçekten hayır deyin. Sert bir ses tonuyla söyleyin ve tavrınızı sürdürün. İkinci olarak, sakin olun. Siz ne kadar sakin olursanız çocuğunuz da ciddiyetinizi o kadar iyi anlayacaktır. Kontrolünüzü kaybederseniz çocuğunuz da kaybedecektir. Son olarak, daha önce de pek çok kez bahsedildiği gibi, tutarlı olun. İlk ve ikinci seferde hayır dediğiniz bir şeye, dokuzuncu seferde de hayır demelisiniz.

Çocuğunuza yanlış bir şey yaptığını söylediğinizde, çocuğunuzun karakteriyle ilgili değil, davranışı ile ilgili yorum yapmaya dikkat edin. Çocuğunuza kötü birisi olduğu için değil, bardağı fırlattığı için üzgün olduğunuzu açıkça belirtin. Ona "sen kötü bir çocuksun," yerine, "bardağını yere atma," deyin. Çocuğunuza kendisinin değil, yaptığı şeyin kötü olduğunu söyleyin. Ona kötü, tembel, işe yaramaz ya da aptal gibi şeyler söylemeniz olumsuz sonuçlar doğuracaktır. Bu tür bir davranış herşeyden önce çocuğunuzun öz güvenini zedeler. Çocuk kendi değerini büyük ölçüde anababasının düşüncelerine göre oluşturur: Eğer, annem ya da babam benim kötü olduğumu düşünüyorsa, o zaman ben kötüyüm (aptalım ya da tembelim), diye düşünecektir. Hayatla başa çıkabilmek için çocukların mümkün olduğunca fazla güvene ihtiyacı vardır. Bu taktiğin işe yaramamasının bir diğer nedeni de çocukta bir şartlanma oluşturmasıdır. Eğer çocuğunuza tembel olduğunu söylüyorsanız, neden oyuncaklarını toplama zahmetine katlansın ki? Çocuğunuza göre, ne yaparsa yapsın onun hakkındaki düşünceniz değişmeyecektir. Çocuk kişiliğini değiştiremeyeceğinin ama davranışlarını değiştirebileceğinin farkındadır. Bu yüzden, çocuğunuza yavaş olduğu için değil, yavaş giyindiği için kızdığınızı mutlaka anlatın.

Umursamamak

Kötü davranışı görmezden gelmek çok güçlü bir araçtır. Yaramazlıkların çoğu sizin ilginizi çekmek için yapılır. Eğer amaçlanan sonuç sizin dikkatinizin çekilmesi ise, sonuçları değiştirin. Kötü davranışı umursamayın.

Bir ebeveyn telefonla konuşurken genellikle ne olduğunu bir düşünün. Telefonla konuşuyor ve çocuğunuza ilgi göstermiyorsunuz. İşte bu an çocukların harekete geçtiği andır. Neden bu anlarda hareketleniyorlar? Ana-babanın ilgisini çekmek için. Kendinizi bu durumda hayal edin. Telefon çalıyor. Çocuğunuzu sakince legolarıyla oynarken bırakıp, telefona gidiyorsunuz. Telefondaki günlerdir konuşmadığınız yakın bir arkadaşınız. Tam onun son macerasını dinlemeye dalmışken, yan odadan büyük bir gürültü yükseliyor. Arkadaşınıza beklemesini söyleyip ne olduğuna bakmaya gidiyorsunuz. Kızınız raftaki bütün video kasetleri yere indirmiş. Onu legoların yanına geri götürüp telefonla konuştuğunuzu ve orada sessizce oynamasını söylüyorsunuz. Telefona geri dönüyorsunuz ve arkadaşınız hikâyesine devam ediyor. Daha birkaç dakika geçmeden başka bir gürültü kopuyor. Arkadaşınıza şimdi telefonu kapatıp eşyaları kurtarmanız gerektiğini ve onu daha sonra arayacağınızı söylüyorsunuz. Oturma odasına girdiğinizde kızınızın bu kez raftaki bütün kitapları devirdiğini görüyorsunuz. Onu azarlayıp kasetleri ve kitapları toplamaya başlıyorsunuz.

Çocuğunuz bu olaydan ne öğrendi? Eğer yaramazlık yaparsa sizin telefonu kapatacağınızı öğrendi. Sessizce oturup legolarıyla oynamaya devam etseydi, onu umursamayıp telefonla konuşmayı sürdürecektiniz. İstediği şeyi, yani ilginizi elde etti. Yaptığınız işi bırakmak zorunda kaldınız.

Çoğu durumda doğru yaklaşım, çocuğunuzun yaramazlığını görmezden gelmektir. Kötü davranışı umursamamak onun yok olmasını sağlayacaktır. Psikolojik terimlerle bu 'kökünü kurutmak' olarak adlandırılır. İşe yarar. Çocuğunuz kendine zarar vermek ya da eşyaları mahvetmek üzereyse, çocuğunuzun davranışını görmezden gelemezsiniz elbette. Bu durumlarda onu ya da eşyanızı kurtarmalısınız, daha sonra onu umursamamaya devam edebilirsiniz. Mesajı alacaktır.

Bir davranışı umursamamaya başladığınızda, davranışın düzelmeden önce genellikle daha da kötüye gideceğini bilmelisiniz. Bu davranış, çocuğunuz için "bu konuda ciddiyim," "bana ilgi gösterin!" demenin bir yoludur. İstikrarlı davranırsanız, çabalarınız ödüllendirilecektir. Öyleyse, siz başkasıyla konuşurken çocuğunuz bağıra çağıra şarkı söylüyorsa, onu umursamayacaksınız. Bunu yapmazsa mutlu olacağınızı söylemek için bir saniyenizi ayırabilirsiniz, fakat daha sonra hemen konuşmanıza devam edin. Şarkı söylemek işe yaramayınca, bunu yapmaktan vazgeçecektir. Ama telefonu kapatınca şarkı söylemeyi kestiği için onu övün. Kötü davranışı umursamamak zor olabilir, fakat uzun vadede buna değecektir.

Cezaya Bırakmak

Cezaya bırakmak çocuğunuzun davranışıyla başa çıkmakta oldukça etkili bir yöntemdir. Cezaya bırakmak, yaramazlık yapınca, çocuğunuzu birkaç dakikalığına sessizce durması gereken bir yerde bırakmak anlamına gelir. Bir yandan sizin sakinleşmenizi sağlayan bu yöntem, çocuğunuzun kötü davranışıyla başa çıkmak için iyi bir çare olabilir. Bir çocuğun odaya gönderilmesi, merdivenlerde oturtulması ya da bir sandalyede oturmak zorunda bırakılması, cezaya bırakmanın çeşitli biçimleridir. Bir çeşit cezalandırma gibi görünmesine rağmen, azarlamak ya da tokat atmakla aynı şey değildir. Ayrıca her yerde uygulanabilir.

Cezaya bırakmak olduğundan çok daha basitmiş gibi görünebilir ama öyle değildir. Yine de biraz çalışarak başarılı olabilirsiniz. Cezaya bırakmakla ilgili, işe yaramasını sağlayacak faydalı ipuçları veriyoruz:

Ne kadar süreliğine? Genel kural her yaş için bir dakika cezaya bırakmaktır. Yani iki yaşında bir çocuk iki dakika, üç yaşındaki ise üç dakika cezaya bırakılmalıdır.

Nerede? Ana-babalar için en büyük problemlerden biri de çocuklarını cezaya bırakacak yere karar vermektir. En iyi yer, hiç de eğlenceli olmayan bir cezaya bırakma sandalyesi ya da 'yaramazlık sandalyesi'dir. Bu sandalye televizyonun önünde ya da çocuğunuzun oyuncaklarla oynayabileceği bir yerde olmamalıdır. Cezaya bırakmak için çocuğunuzu kendi odasına göndermeyin. Orada eğlenceli pek çok şey vardır ve ayrıca çocuğunuzun cezalandırılmayı odasıyla ilişkilendirmesini tercih etmezsiniz. Çocuğunuzu merdivenlere oturtmak da bir yol olabilir, tabii orada duracaksa. Bazı ana-babalar çocuklarını banyoya kapatır. Bu kötü bir fikirdir. Banyoya kapatıldığında tuvalet deliğini tıkayan ya da lavabonun taşmasına neden olan çocuklarla ilgili korku hikâyeleri duymuştum. Çocukların çoğu zaten kasıtlı olarak ya da yanlışlıkla kendilerini banyoya kilitlerler. Ayrıca çocuğunuzu büyük kazalara sebep olabilecekleri, mesela raflardaki bütün kitapları yere indirebilecekleri bir kütüphanenin yanına bırakmayın. Çocuğunuzu kendisi için tehlikeli olabilecek hiçbir yere göndermeyin. Örneğin çocuğunuzu yakıcı sıvıların bulunduğu yerlere bırakmayın, onları içme tehlikesi oluşabilir. En iyisi çocuğunuzu, gözünüzün önünde olacağı bir yerde sandalyeye oturtmanızdır.

Alarm kurun. Ana-babaların yaptığı diğer bir hata da çocuklarını cezalı oldukları yerde unutmalarıdır. Bunun için alarm kurun. Bu hem çocuğunuzun cezanın bittiğini anlamasını, hem de sizin hatırlamanızı sağlar. Alarm çaldığında oturduğu yerden kalkabileceğini bilir. Dijital bir saat kullanmak çok daha iyi olur, böylelikle çocuğunuz geri sayımı da öğrenebilir.

Hedef belirleyin. Çocuğunuzu yaptığı her bir hata için cezaya bırakmaya kalkarsanız delirebilirsiniz. Çocuğunuzdan mükemmel olmasını bekleyemezsiniz. Hiç kimse mükemmel değildir. Bütün kuralları bilip uymasına imkân yok. Bu yüzden, hedefinizi belirleyin ve sizin için neyin en önemli olduğuna karar verin. Listeniz sadece çok önemli birkaç maddeden oluşmalı. Bu listedekileri takibe almalı, onun dışındakileri kafanıza fazla takmamalısınız. Listenize, çocuğunuzun kendine, başkalarına ya da eşyalara zarar vereceği tehlikeli davranışlardan hangisini isterseniz onu koyabilirsiniz. Cezaya bırakmayı gerektirecek davranışları belirlediğinizde, tutarlı olun ve peşini hiç bırakmayın.

Cezada kalma: Cezaya bırakmanın en zor taraflarından biri de çocuğunuzun bıraktığınız yerde kalmasını sağlamaktır. Çocuğunuzun ceza süresince yerinde durması önemlidir. Çocuğunuz zorlandığında vazgeçmek ve çocuğun cezalı olduğu yeri terk etmesine göz yummak bütün çabalarınızın boşa gitmesine sebep olur ve tekrar cezaya bırakıldığında sizi ciddiye almaz. Bu davranış fayda sağlamaz. Peki çocuğunuzu orada nasıl tutacaksınız? Cezanın yaramazlık sandalyesinde olması kolaylık sağlayacaktır. Kalkarsa onu tekrar yerine oturtursunuz. Israrcı olun ve soğuk kanlılığınızı koruyun. Siz ne kadar sakin olursanız, çocuğunuzun sakinleşmesi de o kadar kolay olacaktır. Kontrolünüzü kaybettiğinizi görürse daha tedirgin olacaktır. Çocuğunuz inat ediyorsa, oturmasını sağlayacak iki basit yöntem vardır. Birinci yöntem, arkasında durup kalkmaması için omuzlarından bastırmaktır. Bu yönteme sadece kalkmaya çalıştığında ihtiyacınız olacaktır. Sakince oturuyorsa, ellerinizi yumuşak bir şekilde omuzlarında tutun. Diğer yöntem ise yine arkasında durup, kollarını göğsünde çapraz yapıp ellerini nazikçe tutmaktır. Böylelikle sandalyesinden kalkamayacaktır.

Tartışmayı sürdürmeyin. Ana-babaların çoğu, çocuklarına davranışlarının niçin yanlış olduğunu açıklamak için çok fazla zaman harcarlar. Çocuklar için bu çok zorlayıcı olabilir ve sizin dikkatinizi çekmek için kötü davranışlarda bulunabilirler. Bu yüzden bir şeyi yanlış yaptığı için, çocuğunuza uzun konferanslar vermekten kaçının.

Ceza eğlenceye dönüşmesin. Çocuklar hemen her yerde oyun ve eğlence yaratabilirler. Cezaya bırakma eğlenceye dönüşmemeli. Çocuğunuzun ceza süresince oyuncaklarla oynamasına ya da televizyon seyretmesine izin vermeyin. Bir ebeveyn çocuğunu cezaya bıraktığında, çocuğunuzun ayakkabılarını ve çoraplarını çıkardığından bahsetmişti. Çünkü kızı ceza sırasında çoraplarını çıkarıp sallayarak kendine eğlence yaratıyormuş. Ayakkabı ve çorapları birkaç kez elinden alınınca, oynamayı bırakıp sessizce oturmaya başlamış.

Bağırıp ağlamaya devam ediyor. Çocuğunuz ağlıyor ya da bağırıyor diye cezadan vazgeçmeyin. Cezayı sadece çocuğunuz sakin durduğunda ve zaman dolunca sonlandırın. Çocuğunuz bağırıyorsa, sakin bir ses tonuyla, sadece sakince oturduğu zaman kalkabileceğini ona hatırlatın. Bağırırken kalkmasına izin verirseniz, çocuğunuzu bağırmaya cesaretlendirmiş olursunuz.

Saati sıfırlamayın; sadece sessiz durduğu an kalkabileceğini bilsin. Ama bu eğer baştan beri sakinse hemen kalkabileceği anlamına da gelmez. Öncelikle zamanın dolmasını beklemek zorundadır.

Çocuğunuz talepleri mutlaka yerine getirmeli. Eğer çocuğunuz oyuncaklarını toplamak ya da üstünü giyinmek gibi bir talebi yerine getirmediği için cezalıysa, ceza sona erdiğinde bu isteğiniz hâlâ geçerlidir ve yerine getirilmelidir. Böylelikle cezanın bir kaçış olmadığını anlar. Eğer hiçbir zaman isteklerinizi yerine getirmek zorunda kalmıyorsa, "Oyuncaklarımı toplamak istemiyorum, öyleyse üç dakika cezaya kalırım daha iyi," diye düşünecektir. Cezaya bırakılmak, hiçbir zaman çocuğunuz için bir kaçış olmamalıdır.

Davranış Yönetiminin Diğer Esasları

İstikrarlı Olmak

Davranış değiştirmenin kilit noktası istikrarlı olmaktır. Değiştirmek istediğiniz bir davranış üzerine yoğunlaştığınızda, onu sürekli takip etmeniz gerekir. İstikrarlı olmanın gerekliliği iki psikolojik terimle açıklanabilir: İstikrarlı pekiştireç ve kısmi pekiştireç. Psikolojik terminolojiye göre istikrarlı pekiştireçte, belirli bir davranışı her gösterdiğinizde bir şey elde edersiniz. Oysa kısmi pekiştireçte sadece bazı zamanlarda karşılık görürsünüz. İlginçtir ki, kısmi pekiştireç kötü davranışın daha uzun sürede düzelmesine sebep olur. Jetonla çalışan bir kumar makinesinde oyun oynadığınızı düşünelim. Jetonu attığınız her sefer kazanırsanız, oyunu oynamaya devam edersiniz. Şimdi üst üste beş kere kazandığınızı hayal edin. Fakat altıncı, yedinci ve sekizinci denemede hiçbir şey kazanamadınız. Oynadıkça makinenin para vermediğini fark ettiniz. Ya oynamayı bırakır ya da başka bir makineye geçersiniz. Şimdi kısmi teşvik düzenine sahip bir kumar makinesi düşünün. İlk seferinde hiçbir şey kazanamadınız. İkinci denemede iki çeyreklik kazandınız. Üçüncü, dördüncü, beşinci denemelerde bir şey kazanamadınız. Yedinci denemede yedi çeyreklik kazandınız. Sekizinci denemede bir şey yok. Dokuzuncu denemede yirmi çeyreklik kazandınız. Onuncuda yine hiçbir şey yok. Oynamaya devam eder misiniz? Kesinlikle evet. Bunun nedeni devam ederseniz tekrar kazanacağınıza dair bir umudunuz olmasıdır. Bu makinede her seferinde kazanmak önemli değildir. Önemli olan her zaman bir şansın olmasıdır. Birinci makinede hiç umudunuz yoktu, çünkü hiçbir şey kazanamama ihtimaliniz vardı. (Gazinoların bu yöntemleri bilmediğini ve kullanmadığını düşünüyorsanız yanılıyorsunuz! Ne yazık ki uzun vadede kumar makinelerinde mutlaka kaybedeceksiniz, fakat kumarhaneler kısmi pekiştireç yöntemini kullanarak daha uzun süre oynamanızı sağlayacaklardır.)

Aynı kurallar ana-babalık için de geçerlidir. İstikrarlı bir kumar makinesi olmak da, kısmi pekiştireçli bir kumar makinesi olmak da sizin elinizde. Kısmi pekiştireç ya da kısmi ceza yöntemini kullanan ana-babanın davranış problemi olan bir çocuğa sahip olma ihtimali daha yüksektir. Çocuk, ana-babasının istikrarlı olup olamayacağının farkındadır. Çocuk için mızmızlanmak ya da öfke nöbeti geçirmek denemeye değer, çünkü işe yarayabilir. İstikrarlı teşvik ya da ceza yöntemini kullanan ana-baba daha uslu bir çocuğa sahip olacaktır. Bu durumda çocuk davranışının neye sebebiyet vereceğini ve ana-babasının bu konunun üzerine gideceğini bilir. Bu nedenle istikrarlı olmak çok önemlidir. İstikrarlı olmanız çocuğunuzun hiçbir zaman umulmadık bir davranışta bulunmayacağı, ya da arada bir kurallara uymayacağı anlamına gelmez elbette. Bu yöntem sadece kuralların ve kurallara uyulmadığı takdirde sonuçlarının ne olacağının herkes tarafından anlaşılmasını sağlayacaktır.

Market sendromu, ana-babaların kısmi pekiştireç tuzağına düşerek kötü davranışın düzelmesini sağlayamamalarına dair en iyi örnektir. Aşağıdaki senaryoyu gözünüzün önüne getirin. Bu hepimize tanıdık gelen ve hepimizi dehşete düşüren bir senaryodur.

Bir anne üç yaşındaki çocuğunu market arabasının önüne oturtmuş, markette dolanıyor. Bir aksilik olmadan marketteki işini bitirebilmeyi umuyor. Yüzüne yapışmış zoraki bir gülümsemeyle çocuğuyla şakalaşarak onun dikkatini raflardaki abur cuburlardan uzaklaştırmaya çalışıyor. Bunu market çıkışına kadar başarıyla uygulamış ve kasada sıraya girmiş. Çocuğu kasiyerin yanında duran şekerlemeleri fark ediyor. (Bunları buraya ana-babaya işkence etmek için mi koyarlar?) Çocuk şekerlemeleri işaret ederek tutturuyor. Anne olmaz diyor. Çocuk tekrar işaret ediyor. Anne hayır diyor. Çocuk mızmızlanmaya başlıyor. Anne olmaz diyor. Çocuk ağlamaya başlıyor. Anne hayır diyor. Çocuk sanki hayatı bu şekerlemelere bağlıymışçasına ağlamaya başlıyor. Anne etrafta herkesin onlara baktığını görüyor ve sonunda şekeri alıyor. Çocuk gülümseyip gözlerini silerek şekerini iştahla yemeye başlıyor.

Senaryoda ne oldu ve neden gözümüzde canlandırırken hiç zorlanmadık. Çünkü herkes bu senaryoyu tekrar tekrar izlemiş ve belki de kendi çocuklarıyla yaşamıştır. Büyük ihtimalle bu senaryo aynı anne ve çocuk tarafından pek çok kez yaşanmıştır. Bu olay kısmi pekiştirecin gücüne sadece başka bir örnektir. Tam kontrolden çıktığı anda şekeri ona vererek, anne, çocuğa çığlık atarak istediği herşeyi elde edebileceğini öğretmiş oldu. Artık ne kadar çok ısrarcı olursa, çocuğun o şekeri elde etme ihtimali o kadar fazladır.

Aynı şey uyku için de geçerlidir. Uyku vakti geldiğinde, çocuğunuzu beşiğine yatırmaya karar verip yarım saat sonra ağladığı için tekrar yerinden kaldırırsanız, onu ağlamaya teşvik edersiniz. Bir dahaki sefer daha çok ağlayacaktır. Buradan çıkarılması gereken ders, ısrarcı ve istikrarlı olma gereğidir. Kısmi pekiştirgecin etkisini ve kötü davranışın devamlılığına sebep olduğunu aklınızdan çıkarmayın.

Islak Patates Cipsi Teorisi

Islak patates cipsi teorisi lâkaplı başka bir teori daha vardır. Bu teorinin açıklaması şöyledir: Islak patates cipsi, hiç patates cipsi olmamasından iyidir. Peki çocuğunuzun davranışını düzeltmekle bu teorinin ilgisi nedir? Bu teoriden yola çıkarsak, çocuğa kötü ilgi göstermek, hiç ilgi göstermemekten iyidir. Çocuğunuz için sizden ilgi görmek muhtemelen dünyadaki en önemli şeydir. En iyisi tabii ki iyi ilgidir (onu övmek, onunla vakit geçirmek ve gezmeye gitmek), fakat bir diğer en iyi şey de kötü ilgidir. Çocuğunuz açısından kötü ilgi, azarlanmak ya da bir şeyi yapmaması için tembihlenmesidir. Çocuğunuz bir saattir sessizce oynuyor ve umursanmıyorsa, yaramazlık yapmayı seçecektir. Neden? Çünkü sakin bir şekilde oturması demek, onu umursamamaya devam etmeniz anlamına gelir. Oysa meyve suyunu dökmesi muhtemelen dikkatinizi çekecektir. Azarlanmak ve temizlenmek zorunda kalacaktır, fakat en azından dikkatinizi çekmiş olacaktır.

Çocuğunuzu "Kötü bir şey yaparak mı ilgisini çeksem, yoksa hiç ilgi çekmesem mi?" ikilemine düşürmemek için tersini yapın, yani 'onları iyiyken kazanın'. Onları iyiyken kazanmak, iyi davrandıkları zaman onlara ilgi göstermek anlamına gelir. Sessizce oynadığı, oyuncaklarını topladığı ya da döküp saçmadan yemek yediği zaman dikkatinizi çekiyorsa, çocuğunuzun kötü davranması için bir sebep kalmayacaktır. Uslu durduğu zamanlar ona pozitif bir karşılık veriyorsanız, neden kötü davranıp negatif bir karşılık almak istesin ki!

Bazı ana-babalar bu tavsiyeye şöyle karşılık veriyor: "Fakat sakince oynarken ona karşılık verince, anında yaramazlık yapmaya başlıyor." Patricia bunu, oğlu Joseph kendi kendine oyuncak arabalarıyla oynarken fark etmiş. Ona ne kadar güzel oynadığını söylemek için içeri girdiğinde, Joseph onun farkına varıp birlikte oynamayı istiyormuş. Patricia onu rahatsız etmediği sürece, Joseph kendi başına sakince oynamaya devam ediyormuş ve Patricia da ev işleriyle ilgilenebiliyormuş. Böylece Joseph'i rahatsız etmesinin, onu daha talepkâr hale getireceği kararına varmış.

Başlarda, çocuğunuzun size giderek daha fazla düşkün olması, bir sorun yaratabilir. Bununla başa çıkmak için sakin ve güçlü olun. Ona başka bir işiniz olduğunu söyleyin, fakat uslu olduğu için onu övmekten de geri durmayın. Zaman içinde övgünüzün her zaman onunla kalıp oynamanız anlamına gelmediğinin farkına varacaktır. Kendi kendine oynamaya devam edecektir, övgü ise iyi davranışını pekiştirecektir.

Hatırlatmalar

- İyi davranışı arttırmayı, kötü davranışı ise azaltmayı hedefleyin.
- Pekiştireç, çocuğunuzun istediğiniz şeyi yapmasını sağlamakta en iyi yöntemdir.
- Makul seçenekler sunun.
- Emir vermeyi tasarladığınızda soru sormayın.
- Mantıklı kurallar koyun.
- Cezalandırmak, çocuğunuzun davranışını değiştirmede hiç de etkili bir yöntem değildir.
- Kötü davranışı görmezden gelmek ve cezaya bırakmak, çocuğunuzun sizin istemediniz şeyleri yapmasını engellemede kullanılacak en iyi yöntemlerdir.
- Davranış değiştirmenin kilit noktası ısrarcı olmaktır.
- Uyku diğer davranışlarla aynıdır; diğer davranışlarında olduğu gibi onun da üstesinden gelebilirsiniz.

İKİNCİ BÖLÜM
İYİ UYKU ALIŞKANLIKLARI OLUŞTURMAK

4. KISIM
"UYUMAK, BELKİ DE BİR RÜYA..."

İlk Birkaç Ayı Atlatmak

Jill ve David, bebekleri Craig'i altı günlükken eve getirdiler. Jill hastaneden taburcu edildikten sonra, Craig sarılık olduğu için hastanede kalmıştı. Jill ve David bebekleri eve geldiği için çok heyecanlıydı. Craig hastanedeki diğer bebeklerden daha az ağlayan, uslu bir bebek gibi görünüyordu. Evdeki ilk birkaç gün iyi geçti. Jill'e gündüzleri annesi, akşamları David yardımcı oldu. Fakat daha sonra herşey değişti. Craig sürekli ağlıyordu ve Jill ne yapacağını bilemiyordu. Craig sadece uyuduğu zamanlar ağlamıyordu. Öğlenleri uzun uyuyordu ve bu Jill için büyük bir rahatlıktı, fakat daha sonra uyanıp David'in eve gelmesinden, saat 23:00'de herkesin gücü tükenene kadar geçen zaman boyunca ağlıyordu. Sabah saat 2:00'de herşey yeniden tekrarlanıyor, Craig uyanıp ağlamaya baş-

lıyordu. *Jill'in ve David'in sabırları tükenmişti.* Ana-baba olmak hep böyle bir şey mi olacaktı?

Yeni doğmuş bebekle evde geçirilen ilk günler ve haftalar gerçekten de boğucu olabilir. Bütün bebekler ağlar ve bu her zaman, sabahın erken saatleri ya da geceyarısı gibi en kötü zamanlara rastlar. Herkes yeni doğan bebeklerin günde on altı ila on sekiz saat kadar uyuduğunu iddia etse de, işin iç yüzü öyle görünmez. Peki bu neden oluyor? Çünkü bebeğiniz çok uyumasına rağmen, bu uyku sadece iki ila dört saatlik zaman dilimleri halinde olur. Bu yüzden sizin ihtiyacınız olan o altı ila sekiz saatlik kesintisiz uyku asla yaşanmaz. Ama siz yine de biraz uyuyun ve unutmayın: "Bu da geçer."

İlk Altı Haftayı Atlatmak

Yeni doğmuş bir bebekle geçirilen ilk altı hafta inanılmaz derecede zor olabilir. Bu, ilk bebek için kesinlikle böyledir, çünkü herşey yeni ve farklıdır. Bu nedenle bebek bakımının inceliklerini öğrenmek için büyük çaba sarf etmemiz gerekecektir. Bu zorluk ikinci bebek için de geçerlidir, çünkü hem yeni doğmuş bebeğinizin, hem de diğer çocuğunuzun ihtiyaçlarını karşılamakla uğraşacaksınız. Bunların hepsi koşullara göre değişir. Ana-babaların çoğu yeni doğan bebeğin ihtiyaçlarından dolayı bitkin düşerler. Diğer yandan, birden fazla çocuğa sahip ana-babalar, tek bir çocuğa sahip olmanın ne kadar kolay olduğunu niye zamanında fark edemediklerini düşünürler.

Ana-babanın uykusuzluğu da eklenince, yeni doğan bebekle uğraşmanın zorluğu ikiye katlanır. Anneler, yeni doğan bebeğin ihtiyaç saatleriyle karşılaştırıldığında, hamileliklerinin son haftalarındaki, saat başı uyanarak az miktarda uyudukları zamanların cennet gibi göründüğünü sık sık söylerler.

Yapabileceğiniz en iyi şey, mümkünse gün içinde bebeğinizin uyuduğu saatlerde sizin de kestirmeniz olacaktır. Eğer bebeğiniz sabah 11:00'de bir saatlik şekerleme yapıyorsa, siz de yapmalısınız. Başka bir fikir de diğer çocuklarınız için bir bakıcı tutmaktır. Ya da çocuğunuzu bir günlüğüne sevdiği birinin yanına gönderebilir, ve çalan bütün telefonları unutursunuz. Uyumanız gerekiyor. Uyku sizi daha mutlu bir insan ve daha iyi bir ebeveyn yapacaktır. Çatkapı gelen misafirleri engellemek için telefonu telesekretere bağlamak da iyi bir fikir olabilir. Arkadaşlarınızın ve akrabalarınızın bebekle geçirecek bol vakitleri olacak. Yardım almak için planlar yapın. Rahat bir nefes alacağınız yarım saat bile sizde büyük bir fark yaratacaktır.

Her ne kadar yeni doğmuş bir bebekle bu birkaç haftayı kolayca atlatmak önemliyse de, bu anların tadını çıkarmaya bakın. Bebekler çok hızlı büyürler ve bebeğiniz bir daha hiçbir zaman bu yaşa dönmeyecek. Zaman çabuk geçer ve bilmeniz gereken ikinci şey, yeni doğan bebeğinizin yürümeye başladığı andan itibaren, artık küçük, sevimli bir bebek olmaktan çıkacağıdır. Kucağınızda ağlamakta olan bebeğinizle evinizin koridorunu arşınlarken, bu ilk birkaç haftanın ne kadar da yavaş geçtiğini düşünürsünüz, daha sonra şöyle bir dönüp geriye baktığınızda, zamanın ne kadar hızlı akıp gittiğini göreceksiniz.

Gececi Bebeklerle Başa Çıkmak

Bazı bebekler gece kuşudur. Gündüzleri hareketli, geceleri ise sakin olmaları gerektiğini bir türlü anlamak istemezler. Aslında gün boyunca herşey kolay görünür. Bebeğiniz zamanın çoğunu uyuyarak geçirir, beslenmek için uyanır, biraz oynar ve tekrar uyur. Fakat geceleri adeta bir canavara dönüşür. Cin gibi olur ve hiçbir şey onu sakinleştirmeye yetmez.

Peki ne yapabilirsiniz? Öncelikle, yeni doğdukları dönemlerde yapabileceğiniz fazla bir şey yoktur. Zamanla herşeyin düzeleceğini aklınızdan çıkarmadan siz de bir gece kuşuna dönüşmek zorundasınız. Bebeğiniz birkaç haftalık olduğunda, uyku saatlerini düzene sokmak için yapabileceğiniz birkaç şey var. Gün içinde onunla oynayabileceğiniz kadar çok oynayın. Horul horul uyuyor olsa bile doyurmak için onu uyandırın. Odasındaki perdeleri açık tutun ve sürekli sessiz olacağım diye uğraşmayın. Her zaman nasılsanız, öyle davranın. Telefonun sesini kapatmayın ve bulaşık makinesini çalıştırmaktan kaçınmayın. Bunlar aynı zamanda bebeğinizin uykusunun hafif olmasını ve hayatınızın gelecek on yılını bebeğiniz uyurken parmak uçlarınızda dolaşarak geçirmenizi de önleyecektir. Geceleri onunla çok az oynayın. Odasını karanlık tutun. Emzirmek ve altını değiştirmek için sadece bir gece lambası ya da kısık bir ışık açın. Zamanla gündüzün eğlence, geceninse uyku zamanı olduğunu öğrenecektir.

Maria'nın bebeği tam da böyle bir gece kuşuydu. Miguel, hastaneden eve geldikten sonraki ilk dört gün çok yaygaracıydı. Beşinci gün, günün çoğunu uyuyarak geçirdi ve sadece üç kere beslenmek için uyandı. Her uyanışında Maria onu besledi ve altını değiştirdi. Uyandıktan on dakika sonra tekrar üç ila dört saatlik uykusuna dönüyordu. Bunun kolay bir iş olacağını düşünen Maria oldukça mutluydu. Altıncı gün, uyanıp bağırmaya başlamadan önce, doğumdan sonraki ilk akşam yemeğini yemek üzereydi. Ondan sonraki dokuz saat Maria için bir kabustu, Miguel uyanık ve çoğu zaman huysuzdu. Tek iyi şey, Miguel'in her uyanıştan sonra yirmi dakikalık bir uykuya dalmasıydı, bu düzen daha sonraki dokuz gün boyunca devam etti. Maria bir şeyler yapması gerektiğini fark etti, yoksa aklını kaçıracaktı. Ertesi gün Maria, Miguel'i salonda bütün gün bir ana kucağında tuttu. Radyoyu açtı ve şarkılara eşlik etti. Kendine yiyecek bir şeyler almak ya da Miguel'e mama hazırlamak için mutfağa gittiğinde, onu da yanında götürdü. Altını değiştirdikten sonra onu bir kenara yatırmaktansa, kucağına alıp şarkılar söyledi. Eve bir arkadaşını davet ederek, ondan Miguel'i oyunlarla oyalamasını istedi. O gece Miguel'i beşiğine koydu. Perdeleri çekti, ışıkları da kapattı. Gece uyandığında kısık bir ışık yaktı ve onu odasından çıkarmadı. Birlikteliklerini en az düzeye indirdi. Üç gün bu düzeni uygulayınca, Miguel gündüzleri daha uzun süre uyanık kalıp geceleri daha fazla uyumaya başladı. Geceleri hâlâ huysuzdu, ama en azından daha uzun süre uyuyordu.

Hamileliğiniz sırasında bebeğinizin bir gece kuşu olup olmayacağını tahmin edebilirsiniz. Bebeğiniz rahimdeyken geceleri hareketliyse, doğumdan sonra da böyle olacaktır. Eğer hamileliğiniz süresince gündüzleri hareketliyse, doğumdan sonra da gündüzleri hareketli olacaktır. Bu her bebek için geçerli olmayabilir, fakat çoğu için geçerlidir. Hem sizin hem de bebeğinizin uyku düzeni doğum sırasında değişebilir. Bu değişim özellikle doğum sancınız gece tutarsa ya da çok uzun sürerse olur.

Anne sütüyle beslenme ve uyku

Daha önce duymadığınız şeyler kategorisine giren bilgilerden biri de, anne sütüyle beslenen bebeklerin daha kısa periyotlar halinde uyumaları ve geceleri deliksiz uyumaya daha geç başlamalarıdır.

Anne sütüyle beslenen bebekler neden daha kısa periyotlar halinde uyur? Çünkü bebek için anne sütünü sindirmek hazır mamaya göre daha kolaydır, o nedenle de daha kısa aralıklarla beslenmeleri gerekir. Öyleyse anne sütüyle beslenen bir bebek gece boyunca her iki-üç saatte bir beslenmek zorundayken, biberondan beslenen bir bebek gece yedi saat boyunca uyuyabilir. Bu tabii ki bütün bebekler için geçerli değildir. Sizin bebeğiniz tam tersini yapabilir. Fakat bunlar, memeden beslenme ve biberonla beslenmenin bebeğinizin uyku düzeni üzerindeki muhtemel sonuçlarıdır.

Ayrıca anne sütüyle beslenen bebeklerin beslenirken uyuyakalmaları daha olasıdır, bu yüzden uykuyla emzirilme arasında bir ilişki kurarlar. Bu da gece uyandıklarında tekrar uyumak için emzirilmeye ihtiyaç duyacakları anlamına gelir. Bu alışkanlığı yıkmak oldukça zordur, çünkü anne ile emzirme çok sıkı bir şekilde bağdaştırılmıştır. Anne geceleri bebeği gördüğünde bir refleks olarak sütü geliyor olabilir ve ayrıca süt kokuyordur. Sütün kokusunu alan bir bebeğe beslenmenin yasak olduğunu anlatmak oldukça zordur. Bu problemlerle baş etmenin yolları 7. Kısım'da ele alınacaktır.

Ağlamak

Bebekler ağlar, bunu kabul edin. Ağlamak onlar için bir iletişim şeklidir. Bu, onların aç olduklarını, altlarının ıslak olduğunu, kucaklanmak istediklerini ya da sadece huysuz olduklarını anlatma şekilleridir. Bebekler sadece "ciğerlerini çalıştırmak" için ağlamazlar. Mutlaka bir sebepleri vardır.

Bebekler günde ortalama üç saat ağlarlar. Bu süre yetişkinler için çok fazladır. Fakat bebeğinizin ağlamasını gözlemleyip, eğer günde üç saatten daha az ağladığını görürseniz kendinizi şanslı hissedin. Daha fazla ağlıyorsa, onu konuşkan bir bebek olarak düşünün. Bu düşünce bebeğinizin ağlamasıyla başa çıkmanıza yardımcı olacaktır.

Bebeğinizi tanımaya başladıkça, ağlamalarının anlamını çözmeyi başarabilirsiniz. Bir çığlık, canının yandığı anlamına gelebilirken, iniltili bir ağlama, size sıkıldığını anlatma şekli olabilir. Değişik ağlamaların, farklı kelimeler olduğunu düşünün. Her ağlamanın başka bir anlamı ya da belli bir ağlamanın birden çok anlamı olabilir. Sizin göreviniz olasılıkları anlamaya çalışmaktır, bebeğinizi iyice tanıyınca bu görev zamanla kolaylaşacaktır.

Bebekler Çeşitli Nedenlerden Ağlar

Bahsettiklerimize ilave olarak, bebeklerin ağlamasının pek çok başka nedeni vardır ve aşağıda bu nedenlere birkaç örnek verilmiştir.

Acı: Bebekler acı çektikleri zaman ağlarlar. Hiçbir şey işe yaramıyorsa, acıya sebep olan bir şey var mı diye bir bakın. Soymak iyi bir yöntemdir: Bebeğinizi soyun ve canını yakan bir şey olup olmadığını kontrol edin. Acının yaygın olarak görülen bir sebebi, parmaklara ya da vücudun diğer hassas bir yerine dolanan saç kılıdır.

Aşırı Uyarım: Bebekler aşırı uyarıldıklarında ağlarlar. Bebeğinizi sadece gıdıklıyor ya da hoplatıyordunuz. Bebeğiniz gülüyorken aniden ağlamaya başladı. Bunun nedeni aşırı uyarım olabilir. Bu oyunlar ona çok fazla gelmiştir. Yüksek sesler, parlak ışıklar ya da sadece çok sıkı sarılmak bile, yeni doğmuş bir bebek için çok fazla olabilir. Kalabalık misafirler ve yabancı tarafından kucaklanmak da bebeğiniz için can sıkıcı hale gelebilir.

Çıplak olmak: Bazı bebekler çıplak olmaktan nefret eder. Soyulmaya başladıklarında, ağlamaya ve inlemeye başlarlar.

Bu, üşüdüklerinden ya da altını değiştirmeyi beceremediğinizden kaynaklanmayabilir. Onlar sadece vücutlarına değen bir şey olmamasından nefret ederler. Tek çare, çocuğunuzun altını değiştirirken, olabildiğince hızlı davranmaya çalışmaktır. Bazıları bebeği soyarken, göğsüyle karnı arasına bir bez ya da havlu koymanın faydalı olduğunu keşfetmiştir. Bu onu sakinleştirmek için faydalı olabilir.

Çok üşümek ya da çok ısınmak: Evet, bunların her ikisi de bebeğinizin ağlamasına sebep olabilir. Bebekler genellikle ilk sokağa çıkarıldıklarında ağlarlar. Bu, sıcaktan ya da soğuktan kaynaklanmayabilir, onu ağlatan sadece ısıdaki değişikliktir. Sıcaklık mükemmel olsa da, ufacık bir esinti bile bebeği mutsuz edebilir.

Ağlayan Bebeği Sakinleştirmenin Yolları

Burada, bebeğinizin ağlayışlarına cevap vermekle ilgili sadece birkaç örnek verilecektir.

Beslemek: Bebekler acıktıkları zaman ağlarlar. Bebeğiniz bir süredir yemek yemediyse, o zaman onu emzirmeyi ya da mama vermeyi deneyin. Yeni yemek yediyse, başka bir taktik bulmanız gerekecektir.

Altını değiştirmek: Bebekler altlarını kirlettiklerinde ya da bezleri çok ıslak olduğunda da ağlarlar. Bebeğiniz ağladığında yapacağınız ilk şeylerden biri bebeğinizin altını kontrol etmek ve gerekiyorsa değiştirmektir.

Emmek: Bebeklerin bazıları emmek ister, öyleyse ona bir emzik vermeyi ya da kendi parmağını emmesini öğretmeyi deneyin ve bunun onu sakinleştirip sakinleştirmediğini takip edin. Bebeğiniz ağlamaya başladığı an emziğe baş vurmayın, fakat diğer bütün yolları denediyseniz ve işe yaramadıysa, bir emzik gerçekten de faydalı olabilir.

Kucağa almak: Bebeklerin çoğu kucağa alınmaktan hoşlanır. Fiziksel temas onları sakinleştirir. Bebeğinizi çok fazla kucaklayarak onu şımartacağınız endişesine kapılmayın. Kucaklanmayı istemek doğal bir davranıştır. Bir çok kültürde bebekler sürekli kucakta tutulurlar. Annelerinin sırtlarına bağlanırlar ya da ana-baba müsait değilse, kardeşler ve diğer büyükler tarafından kucaklanırlar. Ayrıca araştırmalar, günde üç saatten fazla kucaklanan bebeklerin çok daha az ağladıklarını göstermiştir. Bu yüzden, bir ana kucağı ya da bir kanguru edinin ve bebeğinizi yanınızda taşıyın. Bebeğiniz mutlu ve güvende olacağından, bu hem sizin için hem de bebeğiniz için iyi olacaktır.

Sallamak: Bazı bebekler yavaşça sallanmayı rahatlatıcı bulurlar, bu nedenle ağladığında onu sallamayı, kucağınızda dolaştırmayı ya da salıncağa koymayı deneyin. Bazı ana-babalar sallanan beşikleri pek faydalı bulmazken, bazıları hayat kurtardığını düşünür. Bebekler sallanmayı sevebilir ya da nefret edebilir. Eğer bebeğiniz sallanmayı seven bir bebekse, şansınız var demektir.

Yerini değiştirmek: Tıpkı yetişkinler gibi bebekler de aynı pozisyonda kalmayı ve uzun süre aynı şeye bakmayı sevmezler. Fakat yetişkinlerin aksine bebekler malesef ilk birkaç ay kendi kendilerine hareket edemezler. Bu yüzden, eğer bebeğiniz bir süredir aynı yerdeyse, pozisyonunu değiştirmeyi ya da başka bir yere koymayı deneyin, böylece yeni şeylere bakabilecektir.

Sıcaklık: Bebekler karınlarının üzerinde sıcaklık hissetmeyi genellikle rahatlatıcı bulurlar. Isıtılmış bir battaniye ya da sıcak su torbası hoşlarına gidebilir.

Sakinleştirici sesler: Klasik müzik parçası gibi sakin bir melodi ya da elektrik süpürgesinin sesi ağlayan bir bebeği sakinleştirebilir. Ayrıca kalp atışı sesi de faydalı olabilir.

Titreşim: Bazı bebekler titreşim hissini severler. Onu bebek arabasıyla gezdirin ya da beşiğine bir titreşim makinesi takın.

Yeni biri: Avaz avaz bağıran bir bebekle bir saat ya da on beş dakika dahi uğraşmak en dayanıklı olanlarımızın bile sinirlerini bozabilir. Bebeğiniz sinirinizin bozulduğunu ve yorgun olduğunuzu hissedebilir, bu da onun daha mutsuz olmasına sebep olur. Böyle bir durumda bebeğinizi başka birinin kucağına verin. Bu basit işlem işe yarayabilir.

Üzülmeyin. Bebeğinizle zaman geçirdikçe, onun ne istediğini ve nelere üzüldüğünü öğrenmeye başlayacaksınız. Ağlayan bebeğinizi teskin edecek hiçbir çare bulamadığınız ve sabrınızın tükendiği anlar da olacaktır elbette. Ama laf olsun diye ağlamadığını, size bir şeyler anlatmaya çalıştığını hiç unutmayın. Ağlamak, sizin için olduğu kadar onun için de sinir bozucudur.

Kolik

Kolik her ana-babanın duyduğu ya da yaşamaktan korktuğu bir sorundur. Kolik, yeni doğan bir bebeğin, herhangi bir sağlık sorunu olmamasına rağmen, ilk üç ayı boyunca aşırı ağlaması olarak tanımlanır. Kolikli bir bebek diğer bebeklerden iki buçuk kat daha fazla ağlar. Kolikli bir bebeğin ağlaması genellikle sürekli ve güçlüdür. Bunlar genelde dizlerini karınlarına çeker, kollarını sallar ve tutulduklarında mücadele ederler. Yeni doğanların %10 ila %25'i koliğe yakalanır.

Pediatristler, kolik teşhisi için 'üçler' kuralını kullanırlar. Üç hafta boyunca, haftanın üç günü, üç saat süreyle ağlayan bebekler kolikli olarak adlandırılır. Bu ağlayışların, bütün o normal yaygaracı ağlayışlardan pek farkı olmayabilir. Altı haftalık bir bebeğin günde ortalama üç saat ağladığını hatırlayın, bu da oldukça fazladır. Kolikli bir bebeği farklı kılan, ağlamanın hepsinin bir seferde gerçekleşmesidir. Diğer bebekler günde toplam üç saat ağlayabilir fakat bu ağlamalar, gün içinde parçalar halinde olur.

Bebek üç ya da dört haftalık olana kadar teşhis konulmayan kolik, altıncı haftada doruğa ulaşır. Daha sonra, kolikli bebekler üç aylık olunca mucizevi bir şekilde iyileşirler.

Calvin, on dokuz günlük olana kadar "harika bir bebekti." Ağlar, uyur ve beslenirdi, belirli bir düzeni vardı. Sıradan bir gün olarak başlayan on dokuzuncu güne kadar, ana-babası onun şimdiye kadar dünyaya gelmiş en iyi bebek olduğunu düşünüyorlardı. O gün Calvin sabah erken saatlerde beslenmek için iki kere uyandı. Gün boyunca beslenmek için uyandı ve beşiğinde bir süre uyumadan durdu, acıkınca ya da altının değişmesi gerektiğinde ağladı. Öğleden sonra saat 16:00'da herşey değişti. Calvin bağırmaya başladı ve ondan sonra sakinleşmesi hiç mümkün olmadı. Annesi onu besledi, altını değiştirdi, salladı, en sevdiği oyuncağıyla onu yatıştırmaya çalıştı ve dolaştırdı. Calvin'in bu davranışı çok alışılmadık olduğu için, doktorunu bile aradı. Saat 18:00'de kocası eve geldiğinde çılgına dönmüştü. Calvin'i arabayla gezdirdiler.

Elektrik süpürgesini açtılar. Yapılabilecek herşeyi yaptılar. Hiçbir şey işe yaramadı. Calvin dört buçuk saat kontrolsüz ve aralıksız biçimde ağladıktan sonra, saat 20:30'da bitkinlikten uyuyakaldı. Bu haftalarca böyle devam etti. Calvin hiç şaşmaksızın, her gün saat 16:00'da kontrolsüzce, çığlık çığlığa ağlamaya başlıyordu.

Koliğe neyin sebep olduğu kesin olarak bilinmiyor. Kolik, Yunanca kökenli *kolon* kelimesinin sıfatı olan *kolikos* kelimesinden gelir ve kalın bağırsak anlamındadır. Bu terim koliğe, gaz ya da karın ağrısının sebep olduğu inancını doğurmuştur. Koliğin sebebi kesin olmamakla beraber, her bebekte farklılık gösterebilir. Çoğu kimse koliğe aşırı gazın sebep olduğunu iddia eder. Gerçekten de kolikli bebeklerin çoğunun gazı varmış gibidir, fakat gaz mı koliğe sebep olur, yoksa sürekli ağlamak mı gaza neden olur, belli değildir. Hiçbirinin yeterli dayanağı olmasa da, başka nedenler de öne sürülmüştür. Koliğe süt alerjisinin (çok nadir görülür), henüz gelişmemiş bağırsak sisteminin (o zaman neden bütün bebeklerde değil de sadece bazı bebeklerde görülüyor?), aşırı beslenme ya da yetersiz beslenmenin (zor bir ihtimal), anababanın bebeğe bakmakta deneyimsiz oluşlarının (fakat kolik birinci, ikinci ve hatta beşinci bebekte bile eşit oranlarda görülüyor, öyleyse tecrübeyle bir alakası olamaz), ya da kalıtımsal nedenlerin (oysa ailelerde görülmeyebilir) sebep olduğu yolunda çeşitli söylentiler vardır. Büyük olasılıkla kesin bir sebebi yok. Aşırı ağlama, normal ağlamanın sadece aşırı bir ucudur. Eğer bir bebek günde ortalama üç saat ağlıyorsa, bu, günde bir saat ağlayan bebekler olduğu gibi altı saat ağlayan bebekler de olabilir, demektir.

Kolik sadece çok fazla ağlamayı içermez aynı zamanda uykuyu da etkiler. Bütün gün ağlayan bir bebekle uğraştığınız yetmezmiş gibi, kolikli bebekler geceleri de daha az uyur ve daha sık uyanır. Kolikli bebekler uyurken daha hareketlidirler. Uykuları daha dağınıktır ve daha kolay uyanabilirler. Gün içinde ne zaman ve ne kadar şekerleme yapacaklarını tahmin etmek zordur. Bu nedenle kolikli bebeklerin ana-babaları sadece uykusuz kalmazlar, aynı zamanda bebeklerinin davranışını tahmin etmek zor olduğundan, o uyurken diğer işleri yapmaları da oldukça zordur.

Koliğin sebebi bilinmediği gibi, bilinen bir tedavisi de yoktur. Ancak ebeveynler her yolu denerler. Bebeklerinin beslenme alışkanlıklarını değiştirirler. Eğer bebek anne sütüyle besleniyorsa, kendi diyetlerini değiştirirler (örneğin kafein, çikolata ve süt ürünlerini çıkarırlar). Bebek hazır mamayla besleniyorsa, mamanın sıcaklığını değiştirirler. Bazı doktorlar sakinleştirici ilaçlar yazar ya da salıncakta sallamak ve arabayla gezdirmek gibi ritmik hareketler önerirler. Herşeyi deneyin! Çabanız sonuç vermeyebilir ya da sadece bazı zamanlar işe yarayabilir, ancak hiçbir şey yapmamak daha stresli olabilir.

Kolik süresince düşüneceğiniz en önemli kişi kendinizsiniz. Bu olayı ruhsal sağlığınızı koruyarak atlatmaya çalışın. Bunu yapmak için de yardıma ihtiyacınız var. Durumdan uzaklaşmanız gerekiyor. Yürüyüşe çıkın. Mola verin. Bebeğe yarım saat bakmaları için tüm arkadaşlarınıza yalvarın. Kulaklık takın.

Ne yazık ki, kolik sona erdiğinde bile, uyku problemleri devam eder. Küçükken uykuları düzenli olmayan bebeklerin uyku problemleri genelde daha sonra da devam eder. Bunun pek çok sebebi vardır. Kolik süresince uykularını düzene sokamayan bebekler, sıkça uyanmaya alışmış olabilirler. Bu bebekler, kolik sebebiyle, tekrar uyumak için kendi kendilerini sakinleştirme yöntemleri oluşturamayabilirler ve sizin yardımınıza ihtiyaç duyabilirler. Ayrıca bebeğinizin kolik problemi devam mı ediyor, yoksa sadece uyku problemi mi yaşıyor olduğunu ayırt etmeniz de oldukça zordur. Buna, bebeğinizin aşırı gündüz ağlamalarının geçip geçmediğine bakarak karar verebilirsiniz. Gün boyunca iyi görünüyorsa, gece yaşanan kolik problemi de muhtemelen çözülmüş demektir.

Altı Haftalıktan Üç Aylığa Kadar

Bebeğiniz altı haftalık oldu ve artık yeni doğan bir bebek değil. Bir uyku düzeni oluşturmanın zamanı geldi. Altı haftayla üç ay arası dönem, bebeğinizin iyi uyku alışkanlıkları oluşturması için en uygun dönemdir. Bebeğiniz, psikolojik olarak uzun süreli uyumaya hazırdır. Bu dönem ayrıca en sorunsuz zamanlardan biridir, çünkü bebeğiniz henüz ayaklanmamıştır. Yatağa geçmemiştir ve beşiğinden dışarı çıkamaz. Siz de kesintisiz olarak dört saatten fazla uyumaya muhtemelen hazırsınızdır.

Bir bebeğin gece boyunca uyumasını sağlamanın en önemli yanı, bebeğinizin uyumak için kendisini sakinleştirmeyi öğrenmesini sağlamaktır (detaylı bilgi için bir sonraki kısma bakın). Bebeklerin, sizin yardımınız olmaksızın uyuyabilmeleri gerekir. Bunun nedeni, bütün yetişkinler gibi, bütün bebeklerin de geceleri uyanmasıdır. Bu normaldir. Sorun geceleri uyanması değil, tekrar uyumayı başaramamasıdır. Bebeğiniz kendi başına uyumayı öğrenmelidir, böylelikle gecenin bir yarısında uyandığında, kendi kendine tekrar uykuya dalabilir.

Altı hafta ile sekiz hafta arasında, bebeğinizi henüz uyumadan yatağına bırakmaya başlayın. Tamamen uyanık olması gerekmez; uyukluyor olabilir, fakat derin uykuya geçmiş olmamalı. Onu beşiğine ya da gece nerede uyumasını planlıyorsanız oraya bırakın. Eline oynayacağı bir şeyler verin. Bazı ebeveynler, en sevdiği oyuncağı uyku vaktine saklamanın faydalı olduğunu keşfetmişlerdir. Bu, uyku öncesinde ona heyecan duyacağı bir şeyler vermektir. Hemen hemen herşey en sevdiği oyuncak olabilir.

Lisa, oğlu Jason'ın, bir arkadaşlarının verdiği, komik görünüşlü, içi doldurulmuş oyuncak bir hayvana bakmaktan hoşlandığını fark etti. Hayvan hem bir böceği hem de bir kurbağayı andırıyordu. Ne olduğu önemli değildi, ancak Jason ona bakmaktan hoşlanmıştı. Ve bu kurbağamsı böcek, Jason'ın uykuya geçişinde çok etkili oldu. Lisa, Jason ile oyuncağı beşiğe bırakıyordu. Jason, hayvanı ayırt edene kadar birkaç dakika telaşlanıyordu. Hayvanın yanında olduğunun ayırdına vardıktan sonra sadece ona bakıyor, birkaç dakika içinde ona odaklanıyor, sonunda parmağını emmeye başlayıp uykuya dalıyordu. Jason bir kez, bu kadar küçük yaşta kendi başına uykuya dalmayı başardıktan sonra bunu hep sürdürdü. Diğer pek çok ana-baba, akşam saat 20:00'den sabah 7:00'ye kadar hiç sesi çıkmadan uyuyan Jason'ı hayretle karşılıyordu.

Jason gibi tüm bebekleri gece boyunca deliksiz uyutmanın yolu, onları yataklarına uyanıkken koymaktan geçer!

Bebeklerin uykuya kolay geçmesine yardımcı olacak diğer bir seçenek ise, beşiğin kenarına bir ayna asmaktır; böylece kendini seyredebilir. Hareketli bir süs eşyası da işe yarayabilir, ancak bebeğiniz gece uyandığında da kurulmasını, dönmesini ve müzik çalmasını isteyeceğinden sizin için iyi olmaz. Oyuncağı kurmak için kalkmak ve tekrar uyumaya gitmek, bebeğinizle bir saat uyanık kalmaktan daha basitmiş gibi görünebilir, fakat zamanla bu da sorun olacaktır ve sizin için daha uzun süre ve kesintisiz uyumak değer kazanacaktır. Yani, bebeğiniz için başka bir kötü alışkanlık yarattığınızı düşünüyorsanız, başka bir seçenek deneyin.

Gece ve gündüz uykularında bebeğinizi, yatağına uyumadan yatırın. Bebeğiniz kendi kendine uyumak için ne kadar çok alıştırma yaparsa, o kadar çabuk ilerleme kaydedecektir. O kendi başına uyumayı öğrenecek, siz de uykunuzu alabileceksiniz. Bununla beraber, anne sütüyle beslenen bebeklerin, gece boyunca uyumalarının ve kendi başlarına uykuya dalmalarının uzun zaman aldığı herkesçe bilinen bir gerçektir. Eğitime erken başlayabilirsiniz, fakat bebeğiniz sekiz-on aylık olana kadar başlamak istemeyebilirsiniz de. Yine de, çok fazla beklemeyin. Ne kadar erken alışırsa o kadar iyidir. Bebeğiniz büyüdüğünde, yani beş-altı aylık olduğunda, çocuğunuzu bir uyku düzenine sokmak ve gece boyunca uyumasını sağlamak çok daha zor olur.

Sakinleştirme Yöntemleri

Yukarıda bahsedildiği gibi, ilk aylarda yapabileceğiniz şeylerden biri çocuğunuza, kendi kendisini sakinleştirmeyi öğretmektir. Bu, ilerleyen aylarda, uyumayı çok daha kolaylaştıracaktır. Bebeklerin çoğu kendilerini yatıştırmakta çok yeteneklidir. Sizin payınıza düşen, onu buna cesaretlendirmek için sadece biraz çaba göstermektir. Çocuğunuzun gereksinimlerini karşılamak ve ona, kendisini sakinleştirmesi için bir şans vermek arasında çok ince bir çizgi olduğunu fark etmek önemlidir. Her ikisi de önemli. Bu onu, ne zaman müdahale edip ne zaman kendi haline bırakacağınızın ayrımına varmanıza bağlıdır. Hem çocuğunuzun ihtiyaçlarını göz ardı etmemek istiyorsunuz, hem de onu sıkmak ve kendini sakinleştirme yolları geliştirmesini engellemek istemiyorsunuz.

Burada bebeğinizin kendini sakinleştirmeyi öğrenmesine yardımcı olacak bazı öneriler verilmiştir.

Emmek: Bazı bebekler için parmaklarını, yumruklarını ya da bileklerini emmek sakinleştirici olabilir. Bebeğiniz ağladığında, onu yatıştırıp yatıştırmadığını görmek için, elini nazikçe ağzına götürmeyi deneyin. Eğer bebeğinizi parmağını emmeye teşvik etmek istemiyorsanız, o zaman başka bir yöntem bulun.

Odaklanmak: Çoğu zaman, ağlayan bebeğin dikkatini dağıtmak için bir oyuncak kullanır ya da komik mimikler yaparız. Bunu yaptığınızda, çocuğunuz başka tarafa dönüyor ya da gözlerini kapatıyorsa, bunu, 'odaklanmaya ihtiyacım var' mesajı olarak algılayabilirsiniz. Ona izin verin. Huzura ve sessizliğe ihtiyacı olabilir. Oyuncakları alın ve onu tavandaki bir lekeye ya da duvara bakması için kendi kendisiyle baş başa bırakın.

En sevdiği pozisyon: Bazı bebeklerin, sırt üstü yatmak, yan tarafa doğru ya da beşiğin kenarına yaslanarak durmak gibi çok sevdikleri duruş şekilleri vardır. Bebeğinizin hangi pozisyonu sevdiğini keşfettikten sonra, mutsuz göründüğünde onu bu pozisyonda bırakın ve sakinleşip sakinleşmediğine bakın. Ayrıca bazı bebekler, kundaklanınca sakinleşirken, bazıları hareket özgürlüklerinin kısıtlanmasından nefret eder.

Yalnız bırakmak: Bebeğiniz sizi itiyor ya da başka yöne dönüyorsa, size onu yalnız bırakmanız gerektiği mesajını veriyordur. Bundan alınmayın. Daha çok, bebeğinizin kendi kendisini sakinleştirebileceği anlamına gelen pozitif bir işaret olarak algılayın. Onu, sizden başka bir yöne çevirin ya da yere bir battaniye serip üzerine koyun.

Sessizlik lütfen: Bazı bebekler sessizlikten hoşlanır. Müziği ya da televizyonu kapatmayı deneyin. Gürültülü bir şekilde oyun oynayan diğer çocuklarınızı uzaklaştırın. Kendinizi çok gürültülü, sizi sinirlendiren bir restoranda ya da markette hayal edin. Bebeğiniz de bazı zamanlar böyle hissedebilir. Bu, her zaman sessiz olun anlamına gelmez, fakat bebeğiniz huysuzsa, gürültüyü biraz azaltmayı deneyin.

Hatırlatmalar

- Yeni doğmuş bir bebekle geçirilen ilk altı hafta zor olabilir. Uyumak için her anı değerlendirin.
- Bebekler ağlar ve bunun pek çok nedeni olabilir. Bebeğin iletişim kurma yolu ağlamaktır. Bebeğinizin ağlamalarının ne anlama geldiğini ve onun ihtiyaçlarına nasıl cevap vereceğinizi öğrenin.
- Kolikli bir bebekle baş etmek zordur fakat imkânsız değildir.
- Altı haftalıktan üç aylığa kadar olan dönem, iyi uyku alışkanlıkları geliştirmek ve bebeğinize gece boyunca uyumayı öğretmek için en iyi dönemdir.

5. KISIM
YATAK ODALARI, UYKU VAKTİ VE UYKU VAKTİ RUTİNLERİ

Uyku Vaktini Belirlemek

Her akşam saat 20:00 sularında, Zachary sakince oyun oynarken, ben uyku vakti için endişelenmeye başlıyorum. Saat 21:30 olduğunda Zachary bitap düşüyor ve onu didişmeden yatırabilmek imkânsız hale geliyor. Sonunda uyuması 22:30'u buluyor, bense sinirli ve bitkin oluyorum. Oysa benim hayal ettiğim hayat bu değildi.

Önceden de bahsedildiği gibi, bebeğiniz için yapabileceğiniz en önemli şeylerden biri (tabii ki düzenli besleme ve bol bol sevgiden sonra) uyku vaktini belirlemektir. Bebeğiniz her gece aşağı yukarı aynı saatte yatmalıdır. Bebek için en uygun yatma zamanı, gece 19:00 ile 20:30 arasıdır.

Bebeğinizi saat 20:30'dan sonra ayakta tutmak iyi bir fikir olmayabilir. Bebeklerin uykuya, hem de çok uykuya ihtiyacı vardır. Buna rağmen ana-babaların çoğu bebeklerini gereğinden fazla alıkoyar. Bebeğinizi uyutmakta güçlük çekiyorsanız, muhtemelen bebeğinizin uyku vaktini geçirmişsinizdir. Bu, uyku diretmesine katlanamıyor olmanızdan, ya da eğer bebeğiniz iyice yorulana kadar beklerseniz onun daha kolay ve çabuk uyuyacağını düşünmenizden kaynaklanıyor olabilir. Ama ne yazık ki tam tersi olur. Bir bebek ne kadar çok yorulursa, o kadar çok gerginleşir ve uyuması o kadar zorlaşır. Ana-babaların, "Gecenin saat onu onlu ve çocuğum hâlâ salonda at gibi koşturuyor," dediğini çok duymuşsunuzdur. Aslında bu, onun aşırı derecede yorgun olduğunun bir göstergesidir. Araştırmalar, ne kadar yorgun olurlarsa, hareketliliğin küçük çocuklarda o kadar arttığını göstermektedir. Bu yüzden, bebeğinizin uyku vaktini ertelemeyin.

Bazı bebeklerin geç yatmasının bir nedeni de, ebeveynlerin geç vakte kadar çalışması ve çocuklarıyla birlikte vakit geçirebilecekleri tek zamanın akşam saatleri olduğunu düşünmeleridir. İki yaşındaki Kevin'ın annesi Debbie, Kevin'ı her gece saat 22:00'ye kadar uyutmuyordu. Debbie, kocası Tony'nin eve nadiren 20:00'den önce geldiğini ve Kevin'ı erkenden yatırırsa, Tony'nin onu hiç göremeyeceğini söylüyordu. Ebeveyn-çocuk ilişkisi açısından iyi bir fikir gibi görünmesine rağmen, çocuğunuzun uykusunu feda etmek, iyi bir çare değildir. Bebeklerin uykuya ihtiyacı vardır ve bu, onların gelişimi için oldukça önemlidir.

Pek çok nedenden ötürü, belirli bir vakitte uyumak oldukça önemlidir. Bu, uyku vakti rutinlerine zamanında başlanmasına ve uyku vaktinin ertelenmesi olasılığının azalmasına yardımcı olur. Bazen, iki buçuk yaşındaki çocuğunuz, bütün gün boyunca ilk kez, saat 19:30'da oturmuş sessizce oyun oynarken, kendinize, uyku vaktinin gediğini ve büyük mücadeleye başlamanız gerektiğini hatırlatmanız oldukça zor olur. Fakat bunu ertelemek, işi daha da zorlaştırır. O zaman siz de dahil, herkesin sinirleri bozulur.

Belirli bir uyku vakti rutini oluşturmanın önemli sebeplerinden biri de, bunun, bebeğinizin içsel saatini sıfırlayacak olmasıdır. Herkesin yirmi beş saatlik bir "günlük ritmi" (içsel saati) vardır. Oysa biz, bir günün sadece yirmi dört saat olduğu bir dünyada yaşıyoruz. Bu, içsel işaretler olmazsa, vücudunuzun size, haftanın her gecesi bir saat daha geç yatmanızı söyleyeceği anlamına gelir. Şimdi, çocuğumun vücut saati sürekli değişiyorsa, her uyku vakti geldiğinde nasıl hep yorgun olacak, diye merak ediyorsunuz. Cevap şu; içsel saatini eğitmesi için ona yardımcı olmalısınız.

Yetişkinler olarak bizim, içsel saatimizi ayarlı tutacak içsel işaretlerimiz vardır. Saate bakar, aynı saatte yemek yer, aynı saatte işe gider ve her gece aynı saatte yayınlanan televizyon programlarını seyrederiz. Bu yüzden kendimizi hep aynı vakitte yorgun hissederiz ve çoğu kişi de uykuya dalmakta bir sorun yaşamaz. Bebekler saati bilemediklerinden, gün boyunca saatlerinin ayarlanmasına ihtiyaç duyarlar. Zamanın ne olduğu hakkında bir fikirleri yoktur ve bunu, günlük aktivitelerimiz vasıtasıyla, bizim onlara anlatmamız gerekir. Her gün ortalama aynı saatlerde yemek yemeleri ve aynı saatlerde yatmaları gerekir. Bu, onların içsel saatlerinin sıfırlanmasına ve sizinkiyle uyumlu hale gelmesine yardımcı olacaktır.

Ayrıca, ana-babanın, geceleri kendilerine ayıracakları zamanları olması da önemlidir. İyi birer ebeveyn olmak için, ister eşinizle geçirin ister televizyon karşısında ya da aile ve arkadaşlarla, kendinize ayıracak zamana ihtiyacınız vardır. Bu, erken uyku vaktinin hem sizin için hem de bebeğiniz için iyi oluşunun diğer bir nedenidir.

Rutinler

Bebekler ve çocuklar rutinleri severler ve düzenli planlardan hoşlanırlar. Daha sonra ne olacağını bilmek hoşlarına gider. Olaylar aynı ve belli bir düzende olduğu zaman, daha iyi huylu olurlar. İlk haftalarda çocuğunuzun düzenine uymak zorunda olacaksınız, fakat en fazla üç aylık olduğunda, bebeğinizin gününü mümkün olduğunca düzenli hale getirin. Yemek vakitleri, oyun vakitleri ve uyku vakitleri belirli olsun. Sizin de tahmin edebileceğiniz gibi, diğer faaliyetlerin vakitleri sürekli değiştiği sürece, uyku vakitleri de düzensiz olacaktır. Düzenli rutinlerin pek çok avantajı vardır. Rutinler çocuğunuzda güven duygusu ve yetişkinlerin talepleri tarafından yönlendirilen bir dünyada, hakimiyet hissi yaratacaktır. Rutinler ayrıca, yeni beceriler edinmede bir şablon vazifesi görecektir.

Rutinler ana-babalar için de faydalıdır. Gün içinde ne zaman ne olacağı konusunda tahminde bulunmanızı sağlar ve kontrol hissi uyandırırlar. Çocuğunuzun ne zaman yemek yiyeceğini ve ne zaman uyuyacağını bilirsiniz. Saat 13:00'de çocuğunuzun öğle uykusu süresince boş vaktiniz olacağını bilerek, sabah yapamadığınız işlerinizi halledebilirsiniz. Ayrıca bir molanın yaklaştığını bilmek, daha sabırlı olmanızı sağlayacaktır. Dahası rutinler, bundan sonra ne olacağı konusundaki anlaşmazlıkları da ortadan kaldırır. Çocuklarınız her akşam yemeğinden sonra video seyrediyorsa, çocuklarınızla, bulaşıkları yıkayıp mutfağı temizlemek yerine, dışarıda onlarla oynayıp oynamayacağınız konusunda tartışmanıza gerek kalmayacaktır.

Çocuğunuzun, günlük rutinler oluşturmanızda size yardımcı olmasına izin vermelisiniz. Çocuğunuzun yaptığı sıradan şeyleri, onun günlük rutinine dahil edin.

On altı aylık Joanna, yemekten sonra bardağını lavaboya koymaktan hoşlanıyor. Joanna'nın annesi Jennifer da bunu destekliyor. Bu rutin, Joanna'nın, yemek vaktinin sona erdiğini ve başka bir şeyler yapma zamanının geldiğini anlamasına yardımcı oluyor.

Üç yaşındaki Sam, yatağına gitmeden önce, etrafı dolaşıp evdeki hayvanlara iyi geceler diliyor. Köpeği ve üç kediyi bulmak zaman alabilir fakat bu rutin, uyku vakti geçiş döneminde Sam'e yardımcı oluyor.

Daha büyük olan çocuğunuz rutinler oluşturmanıza yardımcı olabilir. Paul, diğer kardeşinden önce giyinmek ya da kahvaltı etmek isteyip istemediği konusunda seçimi üç yaşındaki oğlu Teddy'e bırakıyor.

Evdeki işleriniz karmakarışık bir haldeyse, günün başına ve sonuna rutinler eklemekle işe başlayın. Uyanma vakti ya da uyku vaktiyle başlangıç yapın. Yapılması gereken işlerin bir listesini çıkartın, iyi bir plan yapın ve işe buradan başlayın. Kendinize bol zaman verin. Kısa zamana çok fazla şey sıkıştırmaya çalışmak, sadece çocuğunuzun ve sizin sinirlerinizi yıpratacaktır. Örneğin yeni yürüyen bir çocuğun giyinmesi ve kahvaltı etmesi sizin tahmininizden iki kat daha uzun sürebilir. Onu acele ettirmek yerine, daha fazla zaman verin, böylece devamlı "acele et" diye hatırlatmak zorunda kalmayacak ve daha rahat bir sabah geçirebileceksiniz. Akşamları aynı şey, uyku vaktinden önce de geçerlidir. Çocuğunuzun daha sonra ne olacağını bilmesini sağlamak için hatırlatmalara baş vurun. "Dişlerini fırçaladıktan sonra bir hikâye okuyacağız," ya da "Bu son hikâyeden sonra gidip anneye iyi geceler öpücüğü vereceğiz," gibi. Sabahları ve akşamları kontrol altına aldıktan sonra, gün boyunca uygulanacak rutinler eklemeye başlayın. Her gün aynı vakitte yemek yiyin. Belirli uyku vakitleri ve oyun vakitleri oluşturun. Gününüz sıkı disiplin altında olmak zorunda değil, fakat gün içinde yapılacak şeylerin aşağı yukarı bilinmesi, gününüzün daha güzel geçmesini, sizin ve çocuğunuzun daha mutlu olmasını sağlayacaktır.

Uyku Vakti Rutinleri

Uyku vakti rutinleri, bebeğinizin gece boyunca uyumaya hazırlanmasına yardımcı olur. Bu alıştırmalara çok küçük yaşlarda, hatta ilk altı ayla sekiz ay arasında başlamak, bebeğinizin uyuması ve ileriki yaşlarda uyku problemi yaşamaması açısından yararlı olacaktır. Uyku vakti rutini, bebeğinizle yapmak isteyeceğiniz herhangi bir şey olabilir. Temel olarak bilinmesi gereken sadece bir iki etken vardır. Birinci etken, rutinin sonunun sakin olmasıdır. Diğer bir önemli etken ise, rutinin son bölümünün çocuğunuzun odasında gerçekleşmesidir. Çocuğun odası, birçok aile tarafından sadece çocuklarının uyuyacağı zaman gidilecek bir yer olarak kullanılır. Oda, çocuk açısından, sürgün edildiği bir yer gibi algılanabilir. Bu nedenle, çocuğunuzun uyku vakti rutininin en az son on dakikasını onun odasında geçirmeye dikkat edin. Bu, iyi vakit geçirdiği ve kucaklandığı yer olan yatak odası ile güzel duyguları bağdaştırmasına olanak sağlar.

Uyku vakti rutinleri, çocukların uyku vaktinde uykularının gelmesine yardımcı olur. Ayrıca çocuklar için, uyku ve uyanma zamanlarının oldukça farklı ve ayırt edilebilir olmasını sağlar. Pijama gibi farklı giysilerin giyilmesi ve banyo yapmak ya da dişleri fırçalamak gibi belli alışkanlıkların oluşturulması, çocuğunuzun gündüz ile gecenin ayrımına varmasına yardımcı olur.

Uyku vakti rutiniyle bağdaştırabileceğiniz pek çok şey vardır. Örneğin, çocuğunuzu yıkayıp, pijama giydirebilirsiniz. Çocuğunuz banyo yapmaktan nefret ediyor ya da yıkanmak onu canlandırıyorsa, o zaman bu işleri günün daha erken saatlerinde yapın. Diş fırçalamak, her zaman erken yaşta başlanacak iyi bir alışkanlık olmuştur (Küçük bebeklerde dişlerin nasıl fırçalanacağı konusunda mutlaka doktora danışın). Bir hikâye okuyun, şarkı söyleyin, en sevdiği oyunu oynayın, güzel hayaller kurun ya da dua edin. Harfleri söyleyin ya da yirmiye kadar sayın. Bugün neler yaptığınızdan ve yarın neler yapacağınızdan bahsedin. Büyük çocuklarla, sıkıntılardan ve düşüncelerden de konuşabilirsiniz. O gün olan en güzel ve en kötü şey hakkında sohbet edin. Kucaklaşın. Takvim üzerinde o günü karalayın. Bir hikâye uydurun. Komik şiirler okuyun.

Rutininiz ne olursa olsun onu, özel ve size ait kılın ve hep aynı olsun. Küçük yaşlarda uyku vakti rutinine başlamak, ileriki yıllarda da devam edecek bir gelenek başlatmakta yardımcı olacaktır. Bu saatlerin, özel bir zaman olduğunu ve bu zamanlarda baş başa eğlenceli vakit geçirileceğini hem siz hem de çocuğunuz bilir. Bu, aynı zamanda çocuğunuzun hayatında neler olduğunu size anlatacağı, güvenli bir zaman dilimi oluşturmanıza da yardımcı olur.

Uyku vakti rutini korkutucu hiçbir şey içermemelidir. Uyumadan hemen önce canavar ya da "öcü seni yakalayacak" oyunları oynamayın. Böyle bir durumda, çocuğunuzun karanlıktan korkacağına ve kâbuslar göreceğine şüphe yoktur.

Çocuğunuzun rutininin hep aynı olması da önemli bir noktadır. Daha sonra ne olacağını bilmek, çocuğunuzun daha rahat olmasını sağlayacaktır. Çocuğunuz ne kadar rahat olursa, uyuması bir o kadar kolay ve çabuk olacaktır. İki farklı çocuk için uygulanan aşağıdaki iki farklı rutini karşılaştırın.

Stacey

1. gün
banyo, pijama, dişler, öykü
2. gün
öykü, banyo, dişler, pijama
3. gün
öykü, pijama, dişler, iyi geceler öpücüğü
4. gün
pijama, dişler, şarkı, bir bardak su

Rebecca

1. gün
banyo, pijama, öykü, iyi geceler öpücüğü
2. gün
banyo, pijama, öykü, iyi geceler öpücüğü
3. gün
banyo, pijama, öykü, iyi geceler öpücüğü
4. gün
banyo, pijama, öykü, iyi geceler öpücüğü

Rebecca'nın daha kolay uykuya dalacağı açıktır, çünkü onun uyku rutini önceden bilinebilecek bir düzen izliyor. Rebecca daha sonra ne olacağını tahmin edebiliyor. Her gece rutininin aynı olmasının yanı sıra, Rebecca'ya uyku vaktinde anlatılan öyküler de aynı. En gözde öykü, her gece yeni bir öyküden daha iyidir, çünkü rahatlatıcıdır. Yeni öyküleri gündüz saatlerine saklayın.

Ayrıca rutininize önemli ve gerekli olan herşeyi dahil edin. Çocuğunuz tuvalet eğitimi dönemindeyse, o zaman tuvalete gitmek rutinin bir parçası olmalıdır. İyi geceler demeden önce son suyunu içirin. Herkesin öpüşüp sarıldığından emin olun; böylece gece geç vakitte babaya sarılmak ya da köpeğe iyi geceler dilemek gibi bir taleple karşılaşmazsınız. Yatmadan önce bütün ihtiyaçlar giderilirse, çocuğunuzun daha sonraki taleplerinin önemli olmadığını bilirsiniz ve onlara aldırmamak daha kolay olur.

Her ailenin kendine özgü uyku rutinleri ve ritüelleri vardır, ama bunlar çocuk büyüdükçe değişebilir. Herkes açısından eğlenceli ve rahatlatıcı olan, kendinize özgü bir rutin geliştirmeniz zaman alacaktır.

Steven, sabahları çocukları henüz uyanmadan evden çıkar ve bütün gün çalışır. Onun için uyku vakti, çocukları dört yaşındaki John ve on beş aylık Karen ile geçirdiği, günün stresini atmak için en iyi zamandır. Geç saatlere kadar çalıştığı için genellikle çocukların yemek vaktini kaçırır, fakat uyku vaktinde her zaman evde olmaya çalışır. Eşi çocuklardan birine banyo yaptırırken, Steven diğeri ile konuşur ve oyun oynar. John bir şeyler kurmaktan hoşlanır, bu yüzden Steven ona her gece legolardan 'daha büyük ve daha iyi' bir kule yapması için ona yardım eder. Kuleyi yaparken bir yandan da o gün neler olduğundan bahsederler ve bu şekilde iletişim kurarlar. Karen tam bir kucakçıdır. Steven, Karen'i kucaklamak için bolca vakit ayırır ve ona en sevdiği kitap olan İyi Geceler Ay Dede'yi okur. Her ikisi de pijamalarını giydiğinde onlara komik şarkılar söyler. Daha sonra öpüşmeler, sarılmalar ve "Eskimo öpücükleri" gelir.

Bir buçuk yaşındaki Joey, uyku vaktinden önce yapılacak son şeyin alfabeyi okumak ve ona kadar saymak olduğunu bilir. Jo-

ey'nin annesi, bir yandan duvarda asılı olan harfleri ve rakamları söylerken, bir yandan da onları gösterir. Joey bu oyunu her zaman iple çeker ve annesinden tekrar yapmasını ister. Son sarılmalar ve son öpücüklerden sonra Joey beşiğine gider.

Dişler fırçalandıktan ve pijamalar giyildikten sonra, Suzan iki yaşındaki ikizleri Max ve Alex'e Kaldırımın Bittiği Yer *adlı kitaptan şiirler olur. Susan, her gece en azından bir yeni şiir okumak ister, fakat Max ve Alex her zaman en sevdiklerini okuması için ısrar ederler. Bütün şiirler okunduktan sonra Suzan odalarındaki sandalyede onlara sarılarak, 'Sihirli Pufuduk Ejderha' şarkısını söyler. Suzan, bebekliklerinden beri uyku vaktinde onlara bu şarkıyı söylüyor.*

Tam bir uyku vakti rutinine zaman ayıramadığınız günler, kısaltılmış bir tane yapın. Birçok şarkı ya da şiir yerine sadece bir tane okuyun. Buna rağmen rutinin hiçbir bölümünü yapmazsanız, bedelini ödemek zorunda kalabilirsiniz, çünkü bu alışkanlıkların çocuğunuzda yerleşmesi iki kat fazla zaman alabilir.

Uyku Vaktine Geçiş

Pek çok ana-baba "sadece beş dakika daha" ya da "uyumak istemiyorum" gibi uyku vakti mazeretleri duymuştur. Çocuklar için yatağa gitmek zor olabilir. Çünkü yatağa gitmek günün sonu demektir ve tatil ya da yaş günü gibi heyecan verici bir gün olduysa, o güne son vermek oldukça zordur. Ayrıca çocukların çoğu bir şeyler kaçırmaktan nefret eder. Bütün eğlencenin onlar yattıktan sonra başlayacağını düşünebilirler. Bütün olacağın, hesabı ödemek ve bulaşıkları yıkamak olduğunun farkında değillerdir. Çocuğunuzun yatmak istememesinin diğer bir nedeni de uyumaya geçişlerde zorlanıyor olmasıdır.

Uyku vaktine direnmeyi azaltmak için faydalı olacak birkaç şey vardır. Birincisi, geçişi kolaylaştırmak için çocuğunuza yardımcı olun. Onu uyarın. Uyku vakti gelmeden beş-on dakika önce, uyku vaktinin yaklaştığını bilmesini sağlayın. Böylece, üzerinde çalıştığı yap bozu bitirebilir ya da seyrettiği videoyu uygun bir yerinde durdurabilir. Altı aylık bir bebeği uyarmanız doğal olarak bir fark yaratmayacaktır, ama bu yöntem on sekiz aylık çocuğunuzda işe yarayacaktır. Bu kadar küçük yaşta bilinçlendirmeye başlamak, zaman kavramını anlamaya başlamasına da yardımcı olacaktır. Bazı ana-babalar alarm kurmanın faydalı olacağını düşünür. Bu, üzerinizdeki baskıyı azaltmaya yarar. Böylelikle uyku vaktinin geldiğini alarm haber verir, siz değil. Çocuğunuz alarmı sizin kurduğunuzu fark edene kadar, durumu uzunca bir süre idare edebilirsiniz.

Ayrıca, uyku vakti rutinleri, uyku vakti direnişleriyle başa çıkmanın çok iyi bir yoludur, özellikle de çocuğunuzun sevdiği gıdıklanma ya da öykü okuma gibi şeyleri içeriyorsa. Uyku vakti rutinleri, çocuğunuzun uykuya geçişi için gerekli olan zamanı ona verecektir.

Bir zaman hırsızı ile nasıl başa çıkabilirsiniz? Çocuğunuz on iki aylık olduğunda tam bir zaman hırsızı haline gelmiştir. Bu problemle başa çıkmanın bir yolu, uykuya hazırlanmak için ayırdığınız zamanı uzatmaktır. Bunun sakin ve güzel bir zaman olması gerekir, bir sinir harbi değil. Çocuğunuza acele ettirmek sadece onun daha fazla direnmesine sebep olur ve bu onu öyle yorar ki, uykuya dalması oldukça zorlaşır. Kızınızın yukarı çıkıp pijamalarını giymesinin on dakika yerine yirmi dakika sürdüğünü biliyorsanız, işe daha erken başlayın ve ona daha fazla zaman verin. Böylece onun ağır kanlı oluşu sinirlerinizi bozmayacaktır. Henüz zamanı bilmediğini unutmayın. Bu yüzden uyku vakti rutinine 19:30 yerine 19:00'da başlamanız onun için fark etmeyecektir (tabii 19:00'da yayına giren sevdiği bir televizyon programı yoksa).

Uykuya hazırlanmayı bir oyuna dönüştürün. 'Zamanla yarış' oyunu oynayın. Alarmı makul bir saate kurun. Çocuğunuz alarm çalmadan önce hazır olursa, fazladan bir öykü ya da özel bir sürpriz kazansın. Çocuğunuz yatağına nasıl gideceğini seçti mi? Geri geri yürüyerek ya da zıplayarak mı, bir fare gibi parmak ucunda mı, yoksa bir canavar gibi paldır küldür mü gidecek? Bunlara benzer oyunlar oynamak, çocuğunuzun uyku vakti üzerinde kontrol sahibi olmasını sağlayacaktır ve yatağa gitmeyi daha eğlenceli hale getirecektir.

Diğer bir fikir de sezgilerinizi kullanmaktır. Uyku vakti rutininin son kısmının en eğlenceli kısım olmasını sağlayın. Dişlerin fırçalanmasını öykülerden sonraya bırakmayın, daha önce yaptırın. Çocuğunuzun en sevdiği şarkıyı en sona saklayın. Pijamalarını giydikten sonra biraz oyun vakti yaratın.

Geçiş Nesneleri

En sevdikleri nesne yanlarındayken, çoğu bebeğin uykuya geçişi daha kolay olur. Bunlar geçiş nesneleri olarak adlandırılır. Bu nesne herşey olabilir. Pek çok çocuk için bu nesne, oyuncak ayı ya da battaniye gibi tüylü ve yumuşak bir şeydir. Örneğin, üç yaşındaki Amy'nin, her yere onunla giden bir Bunny'si varmış. Bunny markette, arabayla gezerken ve özellikle de uyku vakitlerinde hep Amy'nin yanında olurmuş. Fakat bu, bütün çocuklar için geçerli değildir. Calvin'in dünyada en sevdiği şey, babasının malzeme kutusunda bulduğu küçük bir çekiçti. Calvin o olmadan hiçbir yere, özellikle de yatağa gitmiyordu.

Araştırmalar, bebeğinizin uyku vaktine bir geçiş nesnesi dahil etmenin, onun gece boyuca uyumasında ve kendi başına uykuya dalmasında faydalı olabileceğini gösteriyor. Bir araştırmaya göre, anneyi çağrıştıran bir şeyin oldukça faydalı olduğu çıktı ortaya. Bu araştırma sırasında, annelere bütün gün boyunca aynı tişört giydirildi. Anne, bu tişörtü gece bebeği ile birlikte beşiğe koydu. Bu yöntem şaşırtıcı bir şekilde işe yaradı. Annenin tişörte sinen kokusu bebeği sakinleştirdi ve uykuya dalmasını sağladı.

Bir çocuk kliniğinde psikolog olan Sarah bu araştırmayı duyunca, dört aylık olan ve hâlâ gece boyunca uyumayan ikizleri Steven ve Samuel üzerinde yöntemi denemeye karar verdi. Suzan, iki deliği olan ve ikizlerini aynı anda besleyebildiği bir gecelik giyerek, ikizlerini ilk üç buçuk ay boyunca anne sütüyle besledi. Bu tarzda sadece tek bir geceliği olduğu için, hemen hemen her gece ve hatta ilk aylarda gündüzleri de bazen bu geceliği giydi. Sarah bu yumuşak pazen geceliği alıp, ondan iki büyük yuvarlak parça kesmeye karar verdi. Her bir bebeğin beşiğine bir tane yerleştirdi. Bu bir mucizeydi. Bebekler, annelerini çağrıştıran bu tanıdık kumaşa anında bağlandılar. On beş aylık olan Steven ve Samuel, bu 'özel battaniyeler' olmadan hâlâ hiçbir yere, özellikle de yatağa gitmiyorlar.

Bebeğiniz sizin çabanız olmaksızın sevdiği bir nesne bulmuş olabilir. Don, kızı Stephanie'nin yeni bulduğu arkadaşına âşık olduğu zamanı anımsıyor. Bir gün, Stephanie onu bir oyuncak reyonuna sürükleyip, ısrarla yumuşak ve tüylü bir köpeği işaret etmiş. Genelde Stephanie pek bir şey istemezmiş, bu nedenle Don, istediği oyuncağı seve seve almış kızına. Don, bunun sanki birinin âşık oluşunu seyretmek gibi bir şey olduğunu söyledi. Stephanie oyuncağına sevgi dolu gözlerle bakarak okşayıp sıkıca sarılmış. O günden sonra Stephanie 'Doggie'siz hiçbir yere gitmez olmuş. Sizin çocuğunuz böylesine derin bir deneyim yaşamayabilir, fakat ona kendisini rahatlatacak bir nesne bulabilirsiniz. Ama çocuğunuzu buna zorlamayın. Bazı çocuklar, hiçbir zaman tek bir şeyle sıkı bir bağ kurmazlar. Hatta bazı çocuklar, her gece başka bir oyuncakla uyumayı tercih ederler.

Bir geçiş nesnesi, ne olduğu hiç fark etmez, çocuğunuzun sakinleşmesine ve uykuya kolaylıkla dalmasına yardımcı olabilir. Aynı nesne çocuğunuzun yeni durumlarda kendini güvende hissetmesini ya da sinirli, üzgün ve kırgın olduğu zamanlarda sakinleşmesini sağlayabilir.

Bebeğinizle Aynı Odayı Paylaşmak

Çoğu ana-baba, ilk birkaç hafta bebeklerini yatak odalarında kolayca uzanabilecekleri bir beşik ya da ana kucağında tutarlar. Bu ilk birkaç hafta geceyle gündüzün pek farkı yoktur, ve genellikle hayal gibi geçer. Bu dönem, içine biraz uyku serpiştirilmiş, uzun bir emzirme, gaz çıkarma ve bez değiştirme silsilesinden ibaret gibidir. İki haftalık ila üç aylık süre zarfında sık sık emzirme gereksinimi ortadan kalktıktan sonra, bebeğinizi kendi odasına taşıma konusunu düşünmeye başlarsınız. Tabii ki bu, böyle bir seçeneğiniz varsa gündeme gelecektir. Tek yatak odalı dairelerde yaşayan ya da diğer aile bireyleriyle beraber oturan aileler için böyle bir seçenek olmayabilir.

Bebeğinizin oda arkadaşınız olmasının hem faydalı hem de zararlı tarafları vardır. Faydalı olan tarafı, gecenin bir yarısı bebeğinizin ihtiyaçlarına cevap vermeyi kolaylaştırmasıdır. Bebeğiniz acıktığında ya da mızmızlandığında, kalkıp onun yanına gitmek zorunda kalmazsınız. Ayrıca, gece boyunca bebeklerini kontrol etmek için ona bakabilmek, bazı ana-babaların çok hoşlarına gider ve onun varlığından büyük keyif alırlar.

Bebeğinizin oda arkadaşınız olmasının en büyük zararı, herkes için daha az uyku ile sonuçlanmasıdır. Ana-baba daha az uyur, çünkü bebeğin en ufak inleyişinde ona karşılık vermek isterler. Bebeğiniz elinizi uzatsanız dokunabileceğiniz bir uzaklıktayken nasıl olur da yardımına koşmazsınız? Ayrıca onu kontrol etmek için daha sık uyanma olasılığınız da var. Bebekler de, ana-babalarıyla aynı odayı paylaştıklarında daha az uyurlar. Birçok araştırma, ana-babalarının odasında kalan hiçbir bebeğin gece boyunca deliksiz uyumadığını göstermiştir. Bu muhtemelen, her mızmızlandığında onu kucağınıza alma eğiliminizden kaynaklanır. Ayrıca onun hareketleri sizi uyandırdığı gibi, sizin hareketleriniz de onun uyanmasına sebep olacaktır.

Diğer bir zararı ise, daha sonra bebeğinizi kendi odasına taşımakta yaşayacağınız zorluktur. Ne kadar fazla beklerseniz bu o kadar zor olur. Bebek, ana-babasıyla aynı odada olmaya alışacak ve büyüdükçe kendi başına kalma geçişini gerçekleştirmekte daha da zorlanacaktır. İki üç haftalık bir bebek bunu fark edemez, ama altı aylık bir bebek fark edecektir.

Ne duyduğunuz ya da ne okuduğunuz önemli değil, önemli olan sizin için neyin doğru olduğudur. Eğer bebeğinizle aynı odada kalmak size doğru geliyorsa, o zaman öyle yapın. Doğru gelmiyorsa yapmayın.

Bebeğinizle Aynı Yatağı Paylaşmak

Bebeğinizi odanıza alsanız bile, yatağınızı onunla paylaşıyor ya da paylaşmıyor olabilirsiniz. Bazı ana-babalar beraber uyumayı tercih eder ve bunu, bizim toplumumuza özgü olan, bebeklerin kendi odalarında yalnız uyumaları gerektiği fikrinden daha doğal karşılayan kimi toplumlar da mevcuttur. Siz yine de doğru bildiğinizi yapın. Başkalarının, bebeğinizin nerede uyuması gerektiği konusunda, sizi yönlendirmesine izin vermeyin.

Bir odayı paylaşmak söz konusu olduğunda bunun, pek çok olumlu ve olumsuz yönleri vardır. Olumlu yönünden bakarsak, bazıları birlikte uyumanın, çocuğun duygusal gelişimi açısından önemli olduğuna inanır. Bazılarıysa, pek çok toplumda olduğu gibi, birlikte uyumanın daha 'doğal' olduğunu savunur. Ayrıca, ana-babalarıyla beraber uyuyan bebeklerin, yalnız uyuyan bebeklere göre ani bebek ölümü sendromuna (SIDS) yakalanma risklerinin daha az olduğunu gösteren bazı araştırmalar vardır. Bunun nedeni, aynı odada uyuyan bebeklerin nefeslerini ana-babalarının nefes ritmine göre ayarlaması olabilir.

Birlikte uyumanın bazı olumsuz yönleri de vardır. Ana-babasıyla aynı yatağı paylaşan bebekler uyku problemleri yaşama eğilimindedirler. Ana-babalarının yokluğunda uykuya dalmakta güçlük çekecek ve geceleri sık sık uyanacaklardır. Bunun nedeni, ana-babalarıyla aynı yatağı paylaşan bebeklerin, gece boyunca uyumanın önemli bir gereği olan kendi başlarına uykuya dalma yetisini kazanamamasıdır. Diğer bir dezavantaj ise, birlikte uyumanın ne zaman sonlandırılacağı kararıdır. Çocuğunuzun, kendi odasında kendi başına uyuması gerektiğine kaç yaşına geldiğinde karar vereceksiniz?

Yine aynı odayı paylaşmakta olduğu gibi, ne kadar çok bekerseniz, bebeğiniz için geçiş o kadar zor olacaktır.

Diğer bir mesele de güvenliktir. Bebeğinizi ezip, ona zarar vermeniz her ne kadar zor bir ihtimal olsa da, bebekler yatağınızdaki yastıklar ve yorganlar nedeniyle boğulabilir ya da yataktan düşebilirler. Ayrıca, bebeğiniz yalnızca sizinle aynı yataktayken uyuyabiliyorsa, bebeğinizi bakıcıyla bırakırken de zorluk çekeceksiniz.

Başka bir dezavantajı da, ilişkiniz ya da evliliğiniz üzerindeki etkisidir. Bir çocuk uyurken, aynı yatakta bir yetişkinin olması ve özel konuşmaların yapılması oldukça zordur. Bu, cinsel hayatınız için de ölümcüldür. Ana-babalar sevişmelerinin diğer odadaki çocuğu uyandıracağı endişesini zaten yeterince yaşarlar. Bir de çocukla aynı oda paylaşılıyorsa, bu daha büyük bir sorun olur. Hele ki bebek sizinle aynı yatakta ise, kendiliğinden gelişen bir sevişme ihtimali tamamen ortadan kalkar. Sevişmemek sizin için sorun olmayabilir, fakat eşinizle aranızda gerginliğe yol açabilir.

Ayrıca bebeğinizi, onun hatırı için mi, yoksa kendi iyiliğiniz için mi yatağınıza alıyorsunuz, bunun ayrımına varmak çok önemlidir. Eğer tek başına bir ebeveynseniz ya da eşiniz sık sık şehir dışına çıkıyor ya da gece nöbetine kalıyorsa, beraber uyumayı sürdürebilirsiniz, çünkü yatakta sıcak, yumuşak bir bedenin olması çok güzel bir duygudur. Diğer yandan bazı kişiler, eşleri ile aralarındaki mesafeyi korumak için bebekleriyle beraber uyumayı ister. İçinizden biri cinsellikle ilgilenmiyorsa, yatağa bir bebek almak iyi bir çare olacaktır. Eğer durum böyleyse, eşinizle iletişim kurmaya çalışın ve bebeğinizi bu probleme alet etmeyin. Durum ne olursa olsun, bebeğinizle beraber uyumak, diğer problemlerle yüzleşmekten kaçmak ve başka şekillerde karşılanabilecek ihtiyaçlarınızı gidermek için bir çare olmamalı.

Bebeğinizin Odası ve
Yatarken Giydiği Kıyafetler

Bebeklerinin yatak odası hakkında pek çok ana-babanın endişesi vardır. Çok sıcak olması mı, yoksa çok soğuk olması mı daha iyidir? Ne çeşit bir battaniyesi olmalı? Tulumunun altına bir şey giydirmeli miyim? Şu çok rahat görünen koyun postu şiltelerden almalı mıyım?

Herşeyden önce, bu soruların hiçbirinin tam olarak doğru cevabı yok. Bebeğinizi ve yaşadığınız ortamı en iyi bilen sizsiniz. Yapılması gereken, bebeğinizi siz nasıl giyiniyorsanız öyle giydirmenizdir. Eğer sadece bir gömlekle ve ince bir battaniyeyle uyuyorsanız, bebeğinizi bir iç çamaşırı, kalın pijamalar, battaniye ve yorganla uyutmayın. Küçük bebeklere iç çamaşırı ve tulum giydirmek yapabileceğiniz en iyi şeydir. Sıcaklık derecesine göre ince veya kalın battaniye ya da bir yorgan kullanmak size kalmış. Üzerlerini açma konusunda bebeklerin adı çıkmıştır, fakat sizin aksinize, onlar üzerlerini tekrar örtemezler. Bu nedenle, bebeğinizin gece üstünü açma ihtimaline karşı, bunu telafi edecek kadar sıkı giyinmiş olmasına dikkat edin.

Bebeğinizin odası konforlu ama serin olmalıdır. Araştırmalar insanların, çok sıcak odalarla karşılaştırıldığında, en iyi serin odalarda uyuduğunu göstermiştir. Bu, çocuğunuzun yatak odasının soğuk olması gerektiği anlamına gelmez. Bebek sahibi olmadan önce, geceleri enerji (ve para) tasarrufu için sıcaklığı en aza indirip sayısız battaniyenin altında ısınmaya çalışıyorsanız, sanırım bu aşırı ısı değişikliğini artık bırakmanız gerekecek. Gerekiyorsa ısıyı birkaç derece azaltın fakat evin aşırı soğumasına izin vermeyin. Yine kendiniz karar verin.

Bebeğinizin uyku seti meselesine gelince,rahat görünüşlü koyun postu şilte veya örtülerden kaçının. Rahat görünebilirler, fakat bebeğiniz için tehlikeli olabilirler. Ayrıca bunlar, küçük yaştaki bebeklerde ani bebek ölümü sendromu (10. Kısım'a bakın) riskini de arttıracaktır. Bebekler, boğulma ihtimallerini azaltacak sert yüzeylerde uyumalıdırlar.

Hatırlatmalar

- İyi uyku alışkanlıkları oluşturmak için, belirli bir uyku vakti çok önemlidir.
- Uyku vakti rutini, gece boyunca deliksiz uyumanın kilit noktasıdır.
- Oyuncak ayı ya da battaniye gibi bir geçiş objesi, çocuğunuzun uykuya dalmasını kolaylaştırabilir.
- Bir yatağı ya da bir odayı bebeğinizle paylaşmanın hem olumlu hem de olumsuz yanları vardır.

6. KISIM
UYKU VAKTİ MÜCADELELERİ VE GECE UYANMALARI

Maryanne on bir aylık kızı Rachel'ı her gece saat 19:45'te uykuya yatırıyor. Pijamalarını giydikten ve video seyrettikten sonra, Maryanne Rachel'ı beşiğine koyuyor, bir emzik ve en sevdiği doldurulmuş köpeği Patches'i yanına veriyor. Rachel genellikle birkaç dakika içinde çabucak uyuyor. Bazı geceler biraz daha uzun sürüyor, çünkü tam dalacağı sırada emziği ağzından düşüyor ve onu uyandırıyor. Bununla birlikte, Rachel her gece en az bir kez uyanıyor ve bu sayı bazen üç ya da dörde çıkıyor. Uyandığında ağlıyor, şaşkın görünüyor ve kalkıp oturuyor. Ana-babası odasına gidiyor, emziğini ağzına veriyor ve anında tekrar uykuya dalıyor. Bütün işlem beş dakikadan daha kısa sürüyor.

Bernadette, Robert on dokuz aylıkken, onu saat 20:00'da yatağına yatırmaya başlar. Robert saat 21:00'a kadar uyursa, Bernadette şanslıdır. İlk önce Bernadette Robert'ı sallanan sandalyede otururken sallar. Uyur uyumaz beşiğine koymaya çalışır. Eğer yeterince beklemezse, Robert uyanır ve ağlamaya başlar. Böyle bir şey olduğunda, bütün işleme en başından başlaması gerekir. Kıpırdarsa onu uyandıracağı korkusu ile, o kollarında uyurken yirmi ila otuz dakika kadar oturması gerektiği sonucuna varmış. Robert gece boyunca en az iki kere uyanır. Genellikle bağırarak uyanır. Tekrar uyuması için Bernardette'nin her seferinde onu sallaması gerekir. Bu otuz dakika kadar sürebilir.

Samantha herşeyden bıkmıştı. Kızı Roslyn hiçbir zaman gece boyunca uyumayacaktı. Samantha, ilk bir buçuk yıl uyuması için Roslyn'i salladı. Eğer Roslyn bir saat içinde uyursa, bu iyi bir gece demekti. Sonraki altı ay boyunca, Roslyn'in salondaki televizyonun karşısında uykuya dalmasına izin verdi. İki yaşındayken, Samantha Roslyn'i beşiğine her koyduğunda bağırdığı için problemin bu olduğunu düşünüp, onu beşikten yatağa aldı. Roslyn şimdi iki buçuk yaşında ve uyuyana kadar Samantha onun yatağında beklemek zorunda. Nihayet Samantha'nın Roslyn'in odasından ayrılma vakti geldiğinde, yataktan süzülerek çıkması ve Roslyn'in uyanıp onu yakalamamasını umarak koridora doğru sürünerek ilerlemesi gerekiyor. Yaklaşık iki saat sonra, Roslyn ağlayarak uyanıp ana-babasının odasına gidiyor. Bu noktada Samatha o kadar yorgun oluyor ki, gecenin geri kalanında Roslyn'in onunla beraber uyumasına izin veriyor.

Bu üç çocuk farklı uyku problemleri yaşıyormuş gibi görünse de, aslında altında yatan sebep hepsinde aynıdır. Her birinin uyumak için ana-babasına ya da başka bir uyarıcıya ihtiyacı var. Bu konuda, yeni doğan ve yürümeye yeni başlayan bebeklerin neden uyku problemi yaşadıklarını, bebeğinizin nasıl kolayca ve çabuk bir şekilde uyuyacağını ve gece boyunca uyumasını nasıl sağlayacağınızı bir daha gözden geçireceğiz.

Uyku Vakti Mücadeleleri

Çocuğunuzun gece yatağa gitmeye direnmesinin pek çok nedeni ve her birinin de farklı bir çözümü vardır. Aşağıda en yaygın sebepler ve bunlarla ilgili yapılacakların bir listesi verilmiştir.

Geç vakte kalmak: Çocuklar gece aktivitelerini sever. Özellikle ebeveynlerin biri ya da her ikisi de gün boyunca çalışıyorsa, çocuk için onlarla vakit geçirmek daha zevkli hale gelir. Ağabeyleri ve ablalarıyla oyun oynayabilirler. Televizyon seyredebilirler. Oysa yatmaya giderlerse eğlenceyi kaçırırlar. Tartışarak, zaman çalarak, ağlayarak ya da yalvararak geç vakte kadar kalmayı ve eğlenceli şeyler yapmayı başarırlar.

Örneğin Leonard ve Tammy, iki yaşındaki kızları Mary'nin geceleri yorgun olmadığı konusunda ısrarcıydılar. Onu beşiğine koyduklarında, orada durup parmaklıklara tutunuyor ve almaları için ağlıyordu. Yaklaşık on beş dakika sonra onu almaya gittiler, kurabiye verip onlarla beraber çizgi film izlemesine izin verdiler. En sevdiği kişilerle televizyon seyredip kurabiye yemek varken Mary neden uyusun ki?

Bu yaygın uyku vakti problemiyle başa çıkmanın en iyi yolu, sınır koyarken sert olmaktır. Akşam pek çok eğlence vardır, ama uyku vakti uyku vaktidir. Onun için uyku vaktinin geldiğine bir kez karar verdiğinizde, çocuğunuzun yataktan çıkmasına izin vermeyin. Yorgun değilse, yatağında ya da beşiğinde kendi kendine oynayabilir. En sevdiği oyuncağını ya da kitabını yanına alabilir. Bir çocuğu yatağa yatırabilirsiniz, fakat doğal olarak uyumasını sağlayamazsınız. Ne yaparsanız yapın, yine de yatağa gitmemesi için onu cesaretlendirmeyin. Oyun oynamasına izin vermeyin ya da uyumadığı için onu ödüllendirmeyin. Çocuğunuzun en çok uykuya, sizin de kendinize ayıracak zamana ihtiyacınız olduğu gerçeğini es geçerek, sadece problemi uzatmış olursunuz.

İlgi çekmek: Çocuğunuzu yatağa göndermek için ne kadar çok tartışır, ısrar eder ya da yalvarırsanız, onun uyku vakti direnişini o kadar pekiştirirsiniz. Kötü davranışa kötü ilgi gösterme hatasına düşmeyin. İyi davranışa iyi ilgi göstermek daha çok işe yarar. İyi ilgi ve kötü ilgi arasındaki farkı hatırlamak için 3. Kısım'a bakın.

Ayrıca pek çok çocuk, sizin ya da yatağa kim yatırıyorsa, onun ilgisini çekmek için yataktan çıkmayı eğlenceli bulur. Her kalktıklarında, sizinle geçirecek fazladan biraz zaman kazanır ve evde olup biteni görme şansı elde ederler. Çocuğunuzu yataktan çıkmaya teşvik etmemeye dikkat edin. Sakin ve tepkisiz bir şekilde tekrar yatağına gönderin. Bunu yapmak için de çok fazla zaman harcamayın. Sert ve kararlı olun. Bu problemlerle baş etmenin diğer bir yolu da, çocuğunuza, sessiz olup yatağında kaldığı takdirde üç-beş dakika içinde ya da aralıklarla ona bakmaya geleceğinizi söylemektir. Ama mutlaka gidin. Bu şekilde, çocuğunuza iyi davranışı için ilgi gösteriyor olacaksınız. Bu yöntem genellikle, inatçı çoğu çocuğun yatakta kalmasını sağlar. Ayrıca çocuğunuz, sizin tekrar gelmenizi beklerken muhtemelen uyuyakalacaktır.

Yanında birini istemek: Çocuklar için diğer bir meslek sırrı da, birinin yanında kalmasını sağlamak için üzgün ve korkmuş görünmektir. Çocuklar zekidir. Neyin işe yarayacağını bilirler. Sizden kalmanızı isterlerse muhtemelen hayır diyeceksiniz. Sıkıntılı ve acıklı görünürlerse, büyük ihtimalle kabul edeceksiniz. Sakın bu tuzağa düşmeyin. Üzgün ya da korkmuşken çocuğunuzla kalmanız, sadece bu kötü davranışları pekiştirmiş olursunuz. Çocuğunuz ağladığında ya da korkma numarası yaptığında, odasına gitmekten ya da onunla kalmaktan vazgeçin. Sakinleştiğinde yanına gidip bir bakın. 12. Kısım'da, uyku vakti korkularıyla nasıl baş edeceğiniz konusunda daha fazla öneri sunulacaktır.

Uyku öncesi alışkanlıkları: Çocukların gece uykuya dalmakta zorluk çekmelerinin yaygın bir sebebi de, fazla uyku alışkanlıklarına sahip olmamalarıdır. Bu, yeni doğan ve yürümeye yeni başlayan çocukların yaşadıkları uyku problemlerinin en yaygın sebebidir. Bu bölümün geri kalanında, uyku alışkanlıklarının ne olduğu ve bunlarla nasıl baş edeceğiniz anlatılacaktır.

Uyku Alışkanlıkları

Herkesin kendine özgü uykuya dalma alışkanlıkları vardır. Bu alışkanlıklar yetişkinlerde derin yer etmiştir. Uyku alışkanlıkları, uykuya dalarken yaptığımız şeyler ya da sergilediğimiz davranışlardır. Örneğin Scott, üstünü değiştirir, dişlerini fırçalar ve ışığı söndürmeden önce en az on dakika yatakta kitap okurdu. Her zaman, arka plan sesi olarak bir fan açar ve yatak odasının kapısını aralık bırakır. İki yastık ve ince bir battaniye ile uyur. Eşi Ellen ise Scott'tan sonra uyur. Soyunur ve yatmadan önce bir duş alır. Akan suyun sesi onu rahatlatır ve uykusunu getirir. Daha sonra evdeki bütün ışıkları söndürür, yatağa gider ve Scott'ı uyandırmamaya çalışır. Kendi tarafındaki ikinci yastığı kaldırır, Scott'ın örtündüğü ince battaniyenin altına girer, kendi üzerine fazladan iki battaniye daha örter ve iyice sarınır.

Scott ve Ellen oldukça farklı uyku alışkanlıklarına sahipler. Scott uyuyabilmek için kitap okumak, Ellen ise duş almak zorunda. Her biri farklı bir pozisyonda ve farklı sayıda yastık ve battaniye ile uyuyor. Kendi uyku düzeninizi düşünün. Her gece yatmadan önce neler yaparsınız? Her gece nispeten aynı şeyleri mi yaparsınız? Çocuğunuz olmadan önceki zamanları düşünün. O zaman da uyku alışkanlıklarınız aynı mıydı, yoksa değiştiler mi?

Uykuya dalarken mevcut olan her ne tür alışkanlıklarınız varsa, bu koşullar gece boyunca korunmalıdır. Bunun nedeni herkesin, bebeklerin ve yetişkinlerin geceleri uyanıyor olmalarıdır. Gece uyandığınızda eğer uyku alışkanlıklarınızın gerektirdiği koşullar hâlâ mevcutsa, hemen uyumaya devam edersiniz. Birini uyurken gözlerseniz, bu uyanmaları fark edebilirsiniz. Sarınabilir, pozisyon değiştirebilir ya da yüzünü kaşıyabilir. Uyanacakmış gibi bile görünmez. Eğer uyku alışkanlığının gerektirdiği koşullar mevcut değilse, her nasılsa uyanacak ve durumu düzeltmeye çalışacaktır. Battaniyeniz yere düşerse, bir süre uyanık kalabilir ve çabucak uykuya dönmekte zorlanabilirsiniz. Çoğu kişi, yastıkları düştüğü için uyandıklarını ya da ışığın onları uyandırdığını düşünür. Doğru olan tam tersidir. Onlar kendiliğinden uyanırlar, fakat yastığın olmaması ya da ışığın açık olması tekrar uyumalarını imkânsız hale getirir.

Olumlu ya da olumsuz, bebeklerin de uyku alışkanlıkları vardır. Olumlu uyku alışkanlıkları, ister gündüz, ister gece uykularında olsun, bebeklerin kolaylıkla ve hızlı bir şekilde uykuya dalmalarını sağlar. Olumsuz uyku alışkanlıkları ise, bebeklerin kendi kendilerine kontrol edemedikleri alışkanlıklarıdır. Uykuya dalmak için, bir şeylere ya da birilerinin yardımına ihtiyaç duyarlar. Bebeğinizin uykuya dalmak için, her zaman yaptığı ya da ihtiyaç duyduğu bir şeyi düşünün. Bebeğinizin uykuya dalmasını nasıl sağlıyorsunuz?

Olumlu Uyku Alışkanlıkları

Olumlu uyku alışkanlıkları, kolay ve çabuk uykuya dalması için bebeğinizin sahip olmasını istediğiniz alışkanlıklardır. Bunlar aynı zamanda gece uyandığında da mevcut olmalıdır. Uygun olumlu alışkanlıklar, belli bir pozisyonda, bir oyuncak ayı ya da sevilen bir objeyle, ışıklar veya kapı kapalıyken ya da bütün gece bir fan çalışırken uyumayı kapsar. Aslında önemli olan fanın çalışması ya da ışıkların kapalı olması değil, uyku vaktinde ve gece boyunca sürekliliği olan bir ortam yaratmaktır.

Olumsuz Uyku Alışkanlıkları

Olumsuz uyku alışkanlıkları, bebeğiniz gecenin bir yarısı uyandığında yanında bulamayacağı bir şeyin ya da sizin varlığınızı gerektirir. Emzirmek ya da biberonla beslemek, muhtemelen en yaygın olumsuz uyku alışkanlıklarından biridir. Eğer uyuması için onu beslemeniz gerekiyorsa, bu olumsuzluğun siz de farkında olmalısınız. Gece uyandığında, uyuması için onu tekrar beslemeniz gerekiyor mu? Uyumak için sallanmak, bebeklerin kendi kendini sakinleştirmesine engel olan diğer yaygın olumsuz uyku alışkanlıklarındandır. Şarkı söylenmesi, kucaklanması ya da müzik çalınması, bebeğinizin uykuya dalmak için ihtiyaç duyduğu şey olabilir. Alışkanlık ne olursa olsun, eğer olumsuzsa, bebeğinizin kendi başına uykuya dalmasına engel olur.

Emzikler, bebeğe bağlı olarak olumlu ya da olumsuz bir alışkanlık olabilir. Emzik bazı bebekler için çok yararlıdır, bazıları içinse sorun olabilir. Tam uyuyacağı sırada emzik ağzından düşüp uyanmasına sebep olduğu için uykuya dalmakta güçlük çekiyorsa, o zaman sorun yaratıyordur. Aynı zamanda, gecenin bir yarısı emziğini bulamayıp, onun için emziği sizin bulmanız gerekiyorsa, bu da bir sorun teşkil eder.

Gece Uyanmalarının Sebepleri Nelerdir?

Bebeğinizin geceleri uyanması normaldir. Bebekler (ve yetişkinler) geceleri uyanır. Belli bir sebebinin olması gerekmez. Uyanmak sorun değildir. Sorun, bebeğinizin kendisini sakinleştirerek tekrar uyuyamamasıdır. Bunun için sallanması, beslenmesi ya da müziğin açılması, battaniyesinin düzeltilmesi gerekir. O zaman hedefiniz, bebeğinizin tekrar uykuya dalmasını sağlayacak koşulları yaratmak olmalıdır.

Başlangıçta bebeğiniz, siz onu sallayınca ya da emziğini geri verince muhtemelen hemen uyuyacaktır. Umarım durum hâlâ böyledir. Fakat bazı çocuklar, her gece gittikçe daha uzun süre uyanık kalmaya başlarlar. Bu uzayan uyanmaların sebebi, çocuğunuzun neler olduğunu fark etmesidir. Uyuduğu anda onu beşiğine koyacak, emzirmeyi ya da her ne yapıyorsanız kesecek ve onu bırakacaksınız. Uyuduğu zaman onu bırakacağınızı öğrenmesi, onun için çok kolaydır. Öyleyse neden uyusun ki? Artık uyanık kalmak için gerçekten savaşacaktır. Uyuduğunuz anda birinin yastığınızı ya da battaniyenizi alacağı söylense, yastığınızı ya da battaniyenizi kaybetmemek isteyeceğinizden uyumamak için mücadele edersiniz. Çocuğunuz da aynen bunu yapıyor. Uyumasına yardımcı olacak, alıştığı bir nesneyi ya da koşulu kaybetmemek için uykuya direnecektir. (Aynı şey uyku vaktinde de olur. Salonun keyfini çıkarmak varken, başına geleceğin karanlık bir odada parmaklıklarla çevrili bir kutuda uyanmak olduğunu bile bile neden uyuyasınız ki?)

Ayrıca bebeğiniz gece uyandığında kızgın görünüyor olabilir. Mutsuzdur, çünkü yorgundur ve uyumak istiyordur. Her gece, gecenin bir yarısı uyanıp, biri gidip size su getirene ya da battaniyenizi düzeltene kadar tekrar uyuyamıyorsanız siz de kızgın olursunuz.

Kabaca sıralamak gerekirse:

Uyuması için çocuğunuzu sallarsanız, gece yarısı da buna dahil olmak üzere her uyandığında tekrar uyumak için sallanmaya ihtiyaç duyacaktır.

Uyuması için çocuğunuzu beslerseniz, tekrar uyumak için her uyandığında beslenmeye ihtiyaç duyacaktır.

Uyuması için çocuğunuza şarkı söylerseniz, tekrar uyuması için her uyandığında ona şarkı söylemeniz gerekecektir.

Bu nedenle, çoğu bebeğin uykuyla olan problemi olumsuz uyku alışkanlıklarından kaynaklanır. Yani, bebeğiniz, uyku vaktinde ya da gecenin bir yarısı normal olarak uyanıp, kendi başına tekrar uyuyamaz.

Temel Uyku Vakti Metodu

Temel uyku vakti metodu, bebeğinizin olumsuz uyku alışkanlıklarını olumlu uyku alışkanlıklarıyla değiştirmek üzerine kurulmuştur. Malesef, ilk birkaç gün boyunca yeni alışkanlıklar oturana kadar sinir bozucu bir deneme sürecine girebilirbiniz. Bu süreçte size yardımcı olacak aşamalı bir kılavuz burada verilmiştir.

1. Aşama: Birinci aşama bebeğinizin belli bir uyku vaktinin olmasıdır(uyku vakti hakkında detaylı bilgi için 5. Kısım'a bakın). Bebeğinizin her gece aynı saatte yatması gerekir. Bu, bebeğinizin içsel saatinin sıfırlanması için gereklidir. Başka bir sebebi de, bebeklerin rutinleri sevmesidir ve rutinler her gün aynı saatte yapılan aynı şeyler üzerine kurulmuştur. Uyku vakti, uyku vaktidir.

2. Aşama: İkinci aşama devamlılığı olan bir uyku vakti rutini oluşturmaktır. 5. Kısım'da aktarıldığı gibi, bir uyku vakti rutini oluşturmak, bebeğinizin kolay ve çabuk bir şekilde uykuya dalmasını sağlar. Uyku vakti rutini, bebeğinizin uykusunun gelmesine ve gündüz vaktinden uyku vaktine geçişe hazırlanmasına yardımcı olur. Uyku vakti rutininin son kısmı çocuğunuzun odasında gerçekleşmelidir. Böylelikle odasını, uyumaya gelinen bir yerden çok, güzel şeylerin yapıldığı bir yer olarak algılayacaktır. Son kitabı onun odasında okuyun, onu orada kucaklayın ya da orada şarkı söyleyin. Okuma, kucaklama ve şarkı söyleme mutlaka çocuğunuz uykuya dalmadan önce bitirilmelidir.

3. Aşama: Bu aşama, akşamları çocuğunuzun odasında biraz vakit geçirmenizi gerektirir. Çocuğunuz gece uyandığında bunun, onun için nasıl bir şey olacağını kafanızda canlandırmanız gerekiyor. Yapmak istediğiniz şey, hem uyku vaktinde hem de gece boyunca aynı olacak, devamlılığı olan bir atmosfer yaratmak. Çocuğunuzun odasında durun.

Sabahın ikisi olduğunu farz edin. Çocuğunuz uyandığında ne görür? Koridorda ışık var mı? Müzik çalıyor mu? Siz orada mısınız? Yataktayken oyuncakları var mı? Yapmanız gereken şey, çocuğunuzun yatak odası uykuya daldığı sırada nasılsa, gecenin bir yarısında da tamamen aynı şekilde olmasını sağlamak. Eğer bütün gece müzik çalıyorsa, uyku vaktinde de çalın. Fakat gece boyunca çalan bir müzik yoksa, o zaman uyku vaktinde de olmamalı, çünkü müziğin çocuğunuzun olumsuz uyku alışkanlığı haline gelmesini istemezsiniz. Bu aşamada size yardımcı olabilecek tek şey, çocuğunuzun olumsuz uyku alışkanlığının ne olabileceğini düşünmektir. Yatma zamanında ya da gecenin bir yarısında çocuğunuzu uyutmak için yapmanız gereken şey nedir? Başucuna koyulmuş bir bardak suya mı ihtiyacınız var? Gece lambasını açık bırakmanız mı gerekiyor? Ona şarkı mı söylemelisiniz? Olumsuz olduğunu düşündüğünüz alışkanlıktan ya tamamen kurtulun ya da her zaman yerine getirilmesini sağlayın. Uyurken, çocuğunuzun odasının hep aynı olmasını sağlamanız gerekiyor.

4. Aşama: Artık çocuğunuza, kendi başına nasıl uyuyacağını öğretme zamanı geldi. Evet, bu işin zor kısmı. Çocuğunuzun uyku vakti rutini tamamlandıktan sonra, onu yatağına ya da beşiğine koyun, iyi geceler dileyip odadan ayrılın. Onu beslemeyin. Salonda uyuyakalmasına izin vermeyin. Yanında kalmayın. Yatağında ya da beşiğinde yalnız uykuya dalmasını sağlayın. Çocuğunuz, rutinindeki değişiklik yüzünden muhtemelen rahatsız olacaktır. Muhtemelen ağlayacak, bağıracak ve sizi yanına isteyecektir. Bu üçünü aynı anda yapması da oldukça olasıdır. Bekleyin. Sonra şöyle bir bakın. Çocuğunuzun odasına gidin. Sırtını sıvazlayın. Herşeyin yolunda olduğunu söyleyin. Uyku vakti geldiğini tekrar söyleyin. Onu yataktan çıkarmayın. Kucağınıza almayın. Yumuşak fakat kararlı olun. Tepkisiz kalın, bir dakikadan fazla olmamak kaydıyla kısa bir süre bekleyin. Yanında çok fazla kalarak ya da ona çok fazla ilgi göstererek onu ağlamaya cesaretlendirmiş olursunuz. Yani, ağlamakta haklı olduğunu göstermiş olursunuz. Odadan çıkın. Tekrar bekleyin. Tekrar bakın. Sürekli bekleyin ve daha sonra çocuğunuza bir göz atın. Bu süreç biraz zaman alabilir.

Peki çocuğunuzu kontrol etmek için ne kadar beklemeniz gerekiyor? Bu sizin tahammül sınırınıza ve çocuğunuza bağlı. Çoğu ana-baba diğer sayfadaki tabloyu takip edebilir. Beş dakikayla başlayın ve bu süreyi giderek arttırın. Bazı ana-babalar, çocuklarının ağlamasını dinlemeye otuz saniyeden fazla katlanamaz. Bu da olabilir. Buradan başlayın. Sadece otuz saniye bekleyin. Sonra süreyi bir dakikaya çıkarın. Yavaş yavaş artırın. Ne kadar uzun beklerseniz, o kadar iyidir. On dakika beklemenize de gerek yok. Sadece birkaç dakikada bir kontrole devam edin. Yine de daha uzun beklemek daha iyi olur. Çocuğunuzun kendini sakinleştirmesi ve uykuya dalması için ona zaman tanımak istiyorsunuz. Ayrıca bazı çocuklar, ana-babalarını görmekten, yalnız bırakılmaktan daha fazla rahatsız olabilirler. Eğer durum böyleyse, kısa değil, daha uzun süre bekleyin. Son olarak, her birkaç dakikada bir ilgi göstermeniz çocuğunuzu ağlamaya teşvik etmek için yeterli olabilir. Ağlamasını pekiştirmediğinizden emin olana kadar bekleyin. Amacın, çocuğunuzun kendi başına uyumasını sağlamak olduğunu unutmayın. Tablodakinden daha uzun bekleyebilirseniz, bu daha iyi olur. Yirmi, hatta otuz dakika bekleyebiliyorsanız, o zaman harika. Bu, çocuğunuzun kendi başına uyuması için ona daha fazla şans verecektir. Bu işlemin amacı çocuğunuzu üzmek değildir. Amaç, onun kendi başına uyumasını sağlamaktır.

Çocuğunuzun sonunda uykuya dalması ne kadar zaman alır? Çocukların çoğu, ilk gece kırk beş dakika kadar ağlar. İkinci gece, daha uzun sürmesini bekleyin; mesela bir saat kadar. Çocuğunuz ağlayarak şunu anlatmaya çalışmaktadır: "Geçen gece ağlamam bir talihsizlikti. Bu gece gerçekten ciddiyim." Klinik terimlerde bu 'kökünü kurutmak' olarak adlandırılır (daha fazla bilgi için 3. Kısım'a bakın). Ağlama, üçüncü gece yirmi dakika sürecektir. Bu yöntemi uyguladığınız takdirde çocuğunuzun bir hafta içinde daha kolay ve daha çabuk uyuduğuna tanık olacaksınız. Yine de, ilk birkaç gece daha uzun süre ağlayacaktır ve bu ağlama bir ya da iki saat bile sürebilir. Dirençli bazı çocukların olabileceğini de aklınızdan çıkarmayın.

Ayrıca çocuğunuzun, bu yeni rutinde çabucak uyumaya başlaması birkaç gün alacaktır. Şöyle düşünün: yastıksız ya da battaniyesiz uyumayı öğrenmek gibi yeni uyku alışkanlıkları oluşturmanız gerekiyorsa, buna uyum sağlamanız birkaç gününüzü alır. Bazı kişiler de, bir arkadaşın evi ya da bir otel gibi değişik yerlerde uyumaya geçiş yapmakta zorlanırlar. Siz burada çocuğunuzun bütün kurallarını değiştiriyorsunuz. Bu nedenle bu kurallara alışması, yeni uyku alışkanlıkları yerleşene kadar birkaç gün ila bir hafta kadar bir zaman alacaktır. Çocuğunuz uyku vaktinde çabucak uyumaya başladığı zaman, uyku problemleri kısa bir süreliğine geri dönerse buna şaşırmayın. Bu, uyku eğitimi başarısız demek değildir. Çabalarınızı ısrarla sürdürün, bebeğiniz tekrar çabucak uykuya dalacak ve gece boyunca uyuyacaktır.

Bebeğinizi Kontrol Etmeden Önce Ne Kadar Bekleyeceksiniz

	1. gece	2. gece	3. gece	4. gece	5. gece+
İlk bekleme	5	5	5	10	10
İkinci bekleme	5	10	10	10	15
Üçüncü bekleme	10	10	15	15	15
Ve sonrası	10	15	15	15	15

Gece Uyanmaları Konusunda Yapılacaklar

Sürekli kendi başına uyuyabilen çocukların yüzde sekseni gece boyunca uyuyacaktır. Fakat bunun gerçekleşmesi bir-iki hafta, hatta daha uzun sürebilir. Bu arada, bebeğiniz gece yarısı uyandığında, normalde ne yapıyorsanız onu yapın. Uyuması için sürekli sallıyorsanız, o zaman sallayın. Evin içinde gezdiriyorsanız, o zaman gezdirin. Uyku vakti rutininde, giderek kendini sakinleştirmesini öğrendikçe, gece uyandığında daha sık kendi kendini uyutmaya başlayacaktır.

Neden gece uyanmalarına müdahale ettiğiniz halde onu uykuya yatırırken yalnız bırakıyorsunuz? Araştırmalar, bebeğinize gece boyunca uyumayı öğretmeniz için gereken tek şeyin, ona uyku vaktinde uykuya dalmayı öğretmeniz olduğunu ortaya koyuyor. Çünkü böylelikle bebeğiniz gece uyandığında sizin yardımınız olmadan uykuya dalmayı öğrenecek. Bu hemen olmaz, ilk birkaç hafta yine de gece uyanmaları olacaktır. Bu zamanlarda müdahale etmek, bebeğinizin ağlamasına izin vermekten daha kolaydır ve bebeğinizin kendi başına uyumayı öğrenmesine engel olmayacaktır. Kural, temel uyku vakti metodonu uyku vaktinde uygulamaya devam etmektir!

Uyku vaktinde kendi başına uyumasından birkaç hafta sonra bile, hâlâ gece boyunca uyumuyorsa ne yapmalısınız?

Öncelikle uyku vaktinde ne olduğunu yeniden değerlendirin. Gece uyandığında tekrar uyumakta zorlanmasına sebep olan olumsuz uyku alışkanlığı kalıntıları var mı? Çocuğunuzun geceleri uyandığında sizden beklediği şey ne? Eğer bu uyku vaktinde de olan bir şeyse, uyku vakti planınızı değiştirin ve işe yarayıp yaramadığına bakın. Gece yarısı yapmanız gereken şeyle uyku vaktinde olan şeyin bir bağlantısı yoksa, rutinin kontrolünü gece yapmanız gerekecek. Uyku vaktinde olduğu gibi çocuğunuza bakmadan önce gittikçe uzayan aralıklarla bekleyin. Ona bakmak için içeri girdiğinizde bir dakika gibi kısa bir süre kalın ve çocukla fazla ilişki kurmayın. Onu kucağınıza almayın. Sırtını sıvazlayın ve uyku vakti olduğunu söyleyin. Ona tekrar bakmadan önce kaç dakika beklemeniz gerektiğine karar vermek için, temel uyku vakti metodu bölümünde verilen aynı tabloyu kullanabilirsiniz.

Çocuğunuz hâlâ gece boyunca uyanıyor ve artık sizin müdahalenize gerek duymuyorsa, acaba çocuğum başka bir uyku problemi mi yaşıyor, diye düşünebilirsiniz. Uyanıp uzun süre sakinleşemeden ağlıyorsa ve daha sonra hemen uykuya dalıyorsa, gece teröründen şikâyetçi olabilir. Eğer öksürerek ve çırpınarak uyanıyorsa, uyku apnesi yaşıyor olabilir. Bunlar ve diğer yaygın uyku bozuklukları 10., 11. ve 12. kısımlarda ele alınacaktır.

Max'in öyküsü

Sally ve Richard on dört aylık oğulları Max ile birlikte büroya geldiklerinde bitkin görünüyorlardı. Onu hastaneden eve getirdiklerinden beri Max gece boyunca hiç uyumamıştı. Richard ya da Sally, her gece Max'i uyutmak için sallardı. Birkaç saat sonra, gece yarısına doğru ve sabah 03:30 civarı tekrar uyanıyor ve uyuma-

sı için Sally ya da Richard'ın onu tekrar sallaması gerekiyordu. İyi bir gecede bu beş ila on dakika alırdı. Bazı geceler ise Max'in tekrar uykuya dalması bir ya da iki saat sürerdi. Sally de Richard da işlerin düzeleceğinden umudu kesmişlerdi.

Hem uyku hem de olumlu ve olumsuz uyku alışkanlıkları hakkında uzunca bir konuşmadan sonra Sally ve Richard, nasıl kendi başına uykuya dalacağını Max'e öğretmeleri gerektiğinin farkına vardılar. Onlar için rahat olacak bir uyku rutini hazırlandı. Max'in uyku vakti 19:30'a ayarlandı ve ana-babası 19:00 civarında sakinleştirici bir uyku vakti rutinine başladılar. Pijamalar giyildi, Max'in sevdiği öyküler okundu ve 19:30'da Max en sevdiği oyuncak ayısı ile birlikte beşiğine koyuldu ve iyi geceler öpücüğü verildi. Max'in ana-babası, iyi olduğundan emin olmak ve yakınlarda olduklarını göstermek için her beş dakikada bir odasına gittiler.

Sally ve Richard'a, Max'in ilk gece uykuya dalmasının kırk beş dakika, ikinci gece yaklaşık bir saat alabileceği (olağan bir süre), üçüncü gece ise yirmi dakika içinde uyuyacağı söylendi. Max, uyku vaktinde kendi başına uykuya dalmayı öğrendiğinde, gece uyandığında da doğal olarak nasıl uykuya dalacağını biliyor olacaktı.

Sally ve Richard, Max'in uyku problemini çözmek ve gece boyunca uyumasını sağlamak için kararlı bir şekilde eve döndüler. O gece Sally işten acil bir telefon aldı ve bu yüzden uyku planlarını ertelediler. Çarşamba gecesi olduğu ve o gece başlayamayacakları için hafta sonunu beklemeye karar verdiler. Cuma gecesi Sally ve Richard hazırlandılar. İlk geceki uyku vakti görevini Richard almaya karar verdi, çünkü kendini Max'in ağlayışlarıyla baş etmek için daha hazır hissediyordu. Saat 19:00'da Richard uyku vaktinin geldiğini bildirdi. Uykuya hazırlanmak için Max ile eğlendiler. Max'i yatağa hazırlarken Richard şarkı söyledi, onunla en sevdiği oyunu oynadı ve Max'e en sevdiği öykülerden bazılarını okudu. Richard tekrar uyku vaktinin geldiğini söyleyene ve Max'i beşiğine koyana kadar ikisi de mutluydu. Birkaç dakikalık şaşkınlıktan sonra Max ağlamaya başladı. Richard herşeyin yolunda olduğunu söyledi ve içinde bir burukluk hissederek odadan ayrıldı. Beş dakika bekledi ve Max'a bakmaya gitti. Tekrar herşeyin yolunda olduğunu ve uyku zamanı olduğunu söyledi. Beş dakika sonra tekrar baktı. Yedi dakika sonra Richard daha fazla bekleyemedi ve tekrar baktı. İçeri girdiğinde Max'in daha fazla üzüldüğünü görünce bir dahaki sefere on dakikanın dolmasını bekledi. Sonunda tam elli iki dakika sonra Max, bitkin bir halde oyuncak ayısına sarılarak uyuyakaldı. Max gece iki kez uyandı ve her seferinde tekrar uyuması için Richard onu salladı. Cumartesi gecesi Max'i yatağa Sally koydu. Richard'ın bir gece önce uyguladığı aynı rutini uyguladı. Max'i beşiğine koyduğunda bu sefer üzgünlüğünü hemen belli etti. Sally ona güven verdi ve dikkatlice odayı terk etti. Beş dakika sonra ona bakmak için içeri girdiğinde, Max hıçkıra hıçkıra ağlıyor ve Sally'e ulaşmaya çalışıyordu. Max şaşkına dönmüştü, çünkü çok üzgündü. Sally bu tepkiyi beklediği için çok fazla endişeli değildi. Max'in altını çabucak değiştirdi ve beşiğindeki iki çarşaftan birini çıkarttı. Max bundan sonra biraz rahatladı fakat ağlamaya devam etti. Sonunda bir saat on beş dakika sonra uyuyakaldı.

Üçüncü gece Richard ve Sally, uyku vaktiyle kimin uğraşacağına karar vermek için yazı tura attılar. Her ikisi de, ağlayarak geçecek bir gece daha bekliyordu. Şaşırtıcı bir şekilde, odadan çıkmalarının ardından beş dakika geçmişti ve Max ağlamaya başlamamıştı. Bakmaya gitmeden önce bir beş dakika daha beklediler. On beş dakika sonra Max horul horul uyuyordu. Daha sonraki birkaç gece bu şekilde devam etti, Max'in ağlayışları gittikçe azaldı. Bu ilk hafta Max geceleri uyanmaya devam etti ve uyumak için sallanmaya ihtiyaç duydu. Yine de birkaç kez, inleyip tekrar kendi başına uykuya daldığını duydular.

İki hafta sonra Richard, bunun "bir mucize" olduğu yorumunu yaptı. Buna inanamıyordu. İlk birkaç gece zor olduysa da,

Sally ve Richard doğru şeyi yaptıkları kararına vardılar. İki haftada hayatları tamamen değişmişti. Max saat 19:30'da yatağa gidiyor, çabucak uyuyor ve sabah 07:00'ye kadar tekrar uyanmıyordu. Sally ve Richard tekrar hayattan zevk almaya başlamıştı. Tatile giderlerse ya da Max hastalanırsa, Max'in uykusuyla ilgili problemlerle tekrar karşılaşacaklarını biliyorlardı, fakat kontrolü ele alıp Max'in kendi başına uykuya dalmasına ve gece boyunca uyumasına nasıl yardımcı olacaklarını bildiklerini hissediyorlardı.

Biberondan ya da Anne Sütüyle Beslenmek

Daha önce de bahsedildiği gibi, bebeklerin çoğu emzirilirken ya da mama ile beslenirken uyuyakalır. Bu çocukların hepsinin, kendi kendilerine uykuya dalmalarını engelleyen olumsuz bir uyku alışkanlığı vardır. Uyumaları için mamayla beslenen ya da emzirilen çocukların, geceyarısında biraz daha beslenmeye ihtiyacı yoktur. Üç aylıktan büyük olan bütün çocuklar gün içinde bütün gıda ihtiyaçlarını karşılayabilirler, bu yüzden, gece beslenmeleri gerekli değildir. Eğer çocuğunuzun son bir süte ya da mamaya ihtiyacı olduğunu düşünüyorsanız, o zaman bunu akşam daha erken saatlerde yapın ve uyku ile beslenme arasındaki çağrışımı engelleyin. Bebeğinizi otuz ila altmış dakika daha erken besleyin ve daha sonra uyku vaktinden önce oyun oynayın.

Uyku vaktinde ve gece yarısı emzirilen ya da biberonla beslenen çocukların gece boyunca uyumamasının diğer bir sebebi de ıslak bir bezle uyanmalarıdır. Gece bütün bu sulu gıdaların bir yere gitmesi gerekir ve sonuç çocuğunuzun bol bol altını ıslatmasıdır.

Eğer bebeğiniz emzirilmeyi ya da beslenmeyi uykuyla bağdaştırıyorsa, bu olumsuz uyku alışkanlığını olumlu bir alışkanlıkla değiştirmeniz gerekecek. Bunda başarı sağlayacak olan yöntem temel uyku vakti metoduyla benzerlik gösterir; yani, uyumadan önce beslemeyi ya da emzirmeyi bırakmalısınız. Birden kesmek yerine bunu yavaş yavaş yapmak hem bebeğiniz hem de sizin için daha kolay olacaktır. Aynı işlemi gündüz uykusunda da uygulayabilirsiniz. Bu, işlemin hızlanmasını ve çocuğunuz için bu sürecin daha az karmaşık hale gelmesini sağlayacaktır. ("Neden gündüz uykusundan önce besleniyorum da gece uyku vaktinden önce beslenemiyorum?")

Biberonla Beslenenler

Bebeğinizin uyku vaktinde uykuya dalmak için bir şişe süte gereksinim duymasını engellemenin en kolay yolu onu yavaş yavaş biberondan kesmektir. Bunun en iyi yolu, uyku vaktinde verilen sütün gramajını her gece biraz daha azaltmaktır. Aşağıdaki örnek tabloyu kullanın ve şu anda verdiğiniz miktarla başlayın. Bebeğinize on altı gram ya da sekiz gramdan az ya da çok süt veriyorsanız, bu tabloyu örnek olarak kullanabilirsiniz.

Gece	Uyku vaktinde biberondan kesmek 230 gr'lık biberon miktarından başlarsak
1.gece	200 gr.
2. gece	175 gr.
3. gece	150 gr.
4. gece	125 gr.
5. gece	100 gr.
6. gece	75 gr.
7. gece	hiç verilmeyecek

Gece	125 gr. dan başlarsak
1. gece	100 gr.
2. gece	100 gr.
3. gece	75 gr.
4. gece	75 gr.
5. gece	hiç verilmeyecek

Görebileceğiniz gibi, eğer bebeğiniz uyku vaktinde genellikle iki yüz otuz gram süt içiyorsa, o zaman yedinci geceye kadar bebeğiniz sütten kesilmiş olacaktır. Eğer yüz yirmi beş gramlık bir biberonla başlıyorsanız, o zaman işlem sadece beş gece sürecektir. Örneklerin hepsinde elli gramlık biberonun atlandığını fark edeceksiniz. Bunun nedeni, elli gramlık biberonun bebeğiniz için bir hayal kırıklığı olması ve onu boş bir biberondan daha çok üzecek olmasıdır.

Uyku vaktinde verdiğiniz biberondan kurtulduktan sonra temel uyku vakti metoduna geçmenin zamanı gelmiştir. Çocuğunuzu yatağa uyanıkken yatırmaya başlayın. Yine, iyi bir gece uykusu sağlamanın anahtarı, bebeğinizin kendi kendini uyutmasını sağlamaktır.

Anne Sütüyle Beslenenler

Bebeğinizi biberondan kesmekte kullandığınıza benzer bir tekniği emzirme için de kullanabilirsiniz. Emzirirken bebeğinizin ne kadar içtiğini bilemeyeceğinizden ölçü olarak dakikayı kullanın. Birkaç gece uyku vaktinde bebeğinizi ne kadar emzirdiğinizin zamanını tutun. Bu bilgiyi bir kez elde ettikten sonra yavaş yavaş onu memeden kesmeye başlayabilirsiniz. Arka sayfadaki örnekte olduğu gibi bebeğinizi beslediğiniz sürenin miktarını her gece bir dakika azaltın.

Bu örnekte bebeğinizin, uykuya dalarken meme emme alışkanlığını kesmek dokuz gece sürecektir.

Bebeğinizin memeden beslenmeye dair olumsuz uyku alışkanlığını ortadan kaldırdıktan sonra, bebeğinize uyumayı öğreten kişi siz olmasanız çok iyi olur. Çünkü bebeğiniz sütün kokusunu alacaktır ve bebeğinizin varlığı sütünüzün gelmesine sebep olacaktır. Bu durum, bebeğinizi şekerle kandırmak gibi bir şeydir. "Süt burada, fakat onu içemezsin," demek biraz insafsızlık olur. Bebeği başka birinin yatağa koymasını ve her beş dakikada bir kontrol etmesini sağlayın. Tabii ki bebeğinizin yatmadan önceki rutinini birlikte yapabilirsiniz, fakat son iyi geceleri başka birisine bırakın. Bebeğiniz, kendi başına uykuya dalmayı öğrendikten sonra, onu tekrar yatağa siz koymaya başlayabilirsiniz. Bu noktada bebeğiniz, en sevdiği şey olan emzirilmeyi sürdürmeyi umacağından, ondan pek fazla anlayış beklemeyin. Fakat birkaç gün içinde bebeğiniz çabuk ve kolay bir şekilde uyumaya başlayacaktır.

Gece	Uyku vaktinde sütten kesmek 10 dakikalık emzirmeyle başlarsak
1. gece	9 dakika
2. gece	8 dakika
3. gece	7 dakika
4. gece	6 dakika
5. gece	5 dakika
6. gece	4 dakika
7. gece	3 dakika
8. gece	2 dakika
9. gece	hiç emzirilmeyecek

Daha Büyük Bir Çocukla Başa Çıkmak

Eğer çocuğunuz biraz daha büyükse, gece boyunca uyumasına yardımcı olacak başka metotlar kullanılabilir. Bunların çoğu, çocuğunuzun sizin dilinizi anlamasını, biraz zaman ve bir parça da sabır gerektirir.

Yanında Gittikçe Daha Kısa Süre Kalın

Çocuğunuzu gittikçe daha uzun zaman yalnız bırakmak yerine, yanında gittikçe daha kısa süre kalabilirsiniz. Cynthia ve Ray bu yöntemi, üç yaşındaki kızları Karley'de uyguladılar. Geceleri, ya Cynthia ya da Ray uyuyana kadar Karley ile kalmak zorundaydı. Ona öyküler okuduktan ve son bir bardak su verdikten sonra, Karley ile genellikle yirmi dakika daha birlikte kalırlardı. İlk iki gece Karley'le yirmi dakika boyunca Cynthia kaldı, fakat sessiz olup, Karley uyumak üzereyken yanından ayrılmak yerine, on beş dakika sonra Karley'e beş dakika daha yanında kalabileceğini söyledi. Beş dakika dolduğunda ona son bir iyi geceler öpücüğü verip ayrıldı. Üçüncü ve dördüncü geceler yine on dakika sonra Karley'e beş dakika daha kalacağını söyleyerek, Karley'nin yanında toplam on beş dakika kaldı. Cynthia, beşinci gece toplam on dakika ve altıncı gece sadece beş dakika kaldı. Her seferinde Karley'e beş dakika daha yanında kalacağını söyledi.

Bu yöntem kullanılırken önemli olan olumluyu vurgulamaktır. Cynthia, Karley'e sürekli beş dakika içinde gideceğini değil, beş dakika daha kalacağını söyledi. Alarmı beş dakikaya ayarlamakta fayda olabilir. Böylelikle kendi isteğinize bağlı olarak gitmediğiniz, alarm çaldığı için gitmek zorunda olduğunuz şeklinde anlaşılacaktır. "Sadece bir dakika daha" konusunda tartışma çıkmayacaktır.

Ayak İşlerine Koşmak

Çocukların uyku vaktinde yaşadıkları zorluklardan biri de yalnız bırakılmak istememeleridir. Çocuğunuzun, 'yoksunluk nöbeti' içinde yalnız bırakılmaya hazır olmadan önce alıştırma yapmaya ihtiyacı olabilir. Çocuğunuz büyüdükçe zamanı ve geri döneceğiniz kavramını anlamaya başlayacaktır. Bu bilgiyi kendi çıkarınız için kullanın. Ayak işlerine koşun. Önce bir içecek ya da diğer odadan bir şey almaya gidin. Ve ona, "Hay Allah! Baba gözlüğünü unutmuş, hemen dönerim," deyin. Başlangıçta, çocuğunuz odasında daha önce hiç yalnız kalmadıysa, yirmi saniye gibi çok kısa süreler için ayrılın. Bu süreyi uzatmak için ayak işlerine koşmaya başlayın. Bir şeyler almak için evin başka bir köşesine gidin. Çamaşırları katlamaya ya da bulaşık makinesini boşaltmaya gidin. Banyoyu temizleyin. Bu sizin yararınıza olabilir. Böylelikle çocuğunuz yalnız kalmayı tecrübe ederken, siz de ev işlerini halletmiş olursunuz. Her işin gittikçe daha da uzamasını sağlayın. Sadece bir işle başlayabilir ya da her gece birkaç tane yapabilirsiniz. Her döndüğünüzde, odasında yalnız kaldığı için çocuğunuzu övün. Ona ne kadar uslu olduğunu ve yatağında kaldığı için onu ne kadar takdir ettiğinizi söyleyin. Bu stratejinin kilit noktası, çocuğunuz uykuya dalsa bile, geri dönmenizi gerektiriyor olmasıdır. Geri dönmeyi asla unutmayın. Alarm kurun. Telefona ya da televizyona takılmayın. Bir kez bile unutursanız, bu ihmal çocuğunuzun ağlamasına ve hatta daha fazlasına sebep olabilir, onu unutmanızın bedelini size mutlaka ödetecektir.

"Hemen Döneceğim"

Çocuğunuzun istediği sizin ilginizdir ve bunu elde etmek için çoğu zaman ağlayacaktır. Fakat bu durumu tersine çevirebilirsiniz. Çocuğunuzun sizin ilginizi çekmesi için yatakta ve sessiz olması gereken bir senaryo oluşturun. İyi geceler diledikten sonra ona, eğer yatakta kalır ve sessiz olursa beş dakika içinde gelip, bir iyi geceler öpücüğü daha vereceğinizi söyleyin. Odadan çıkın ve beş dakika içinde geri gelin. Kilit noktası yine, geri dönmek zorunda olmanızdır. 'Ev işleri yaparken' geri dönmeyi hatırlamak daha zordur, çünkü yaptığınız şeyin belli bir bitiş zamanı yoktur. Bu yüzden iş yaparken alarm kurun. Alarm çaldığı zaman çocuğunuzu kontrole gidin. Ona son bir iyi geceler öpücüğü daha verin ve ne kadar uslu olduğunu söyleyin. Bazı çocuklar için beş dakika çok uzun olabilir. Bu yüzden iki ya da üç dakika sonra geri dönün. Eğer tek işiniz çocuğunuzsa, otuz saniye için bile alarm kurabilirsiniz. Bunu ikinci ve üçüncü kez de yapmalı mısınız? Faydası olacağını düşünüyorsanız yapabilirsiniz. Bazı çocuklar için sadece "hemen döneceğim" sözü yeterlidir, fakat bazıları sizi tekrar görmeye ihtiyaç duyacaktır. Bazı çocuklar siz dönmeden uyuyakalacaktır, ama siz yine de dönmelisiniz. Eğer sabah size gelip gelmediğinizi sorarsa, ona gerçeği söylemek isteyeceksiniz. Belki de yarı uyur yarı uyanık halde sizi bekliyordur, yine de ertelemeyin ya da atlamayın.

Gündüz Uykusu Konusunda Yapılacaklar

Pek çok ana-baba gündüz uykusu vaktinde ne yapmaları gerektiğini sorar. Pek çok seçeneğiniz var. Öncelikle siz ya da bakıcınız normalde ne yapıyorsanız, onu yapabilirsiniz: uyuması için onu sallayabilir, emzirebilir ya da arabayla gezdirebilirsiniz. Ne işe yarıyorsa onu yapın. Ama bu yöntem çocuğunuz için karmaşaya yol açabilir. Kendisine "Neden gündüz uyurken emziriliyorum da, gece uyku vaktinde emzirilmiyorum?" diye soracaktır. Diğer bir seçenek ise, gece uyku vaktinde uyguladığınız aynı kontrol yöntemini şekerleme vaktinde de uygulamaktır. Bunu, temel uyku vakti metoduyla aynı anda yapmanız pek tavsiye edilmez. Bu hem sizin için hem de çocuğunuz için çok aşırı olabilir. Bunun yerine temel uyku vakti metodunu ilk önce gündüz uykusunda uygulayın. Sonra geceye kaydırın. Ya da çocuğunuz bunu gece uyku vaktinde kavrayana kadar bekleyin ve daha sonra şekerleme vaktinde uygulayın. En önemli hedef, çocuğunuzun hem gece boyunca, hem de gece ve gündüz uyku vakitlerinde aynı yerde ve aynı şekilde uykuya dalmasını sağlamaktır. Eğer gün içinde ya da akşamları bir bakıcınız varsa, onun da bebeğinizi sizin yaptığınız şekilde uyutmasını sağlayın. Herkes ve herşey tutarlı olmalı. Eğer çocuğunuz evin dışında bakılıyorsa bu konuyu bakıcıyla konuşmaktan başka pek bir çareniz yoktur.

Önemli Birkaç Tavsiye

Pes etmeyin. Çocuğunuza kendi başına uyumayı öğretme kararını bir kez aldıktan sonra sakın yarı yolda işin ucunu bırakmayın. Bir kez karar verdikten sonra pes etmeyin. Bu şekilde çocuğunuza sadece daha uzun süre bağırmayı öğretmiş olursunuz, çünkü sizin kararınızda ısrarlı olacağınızı düşünmez. Bu yüzden bir dahaki sefer tekrar denediğinizde uyuması daha uzun zaman alacaktır ve hatta çocuğunuz daha inatçı olacaktır.

Zorlukları göze alın. Bütün zorlukları göze alın. Böylece farklı durumlarda ne yapacağınızı bilirsiniz. Çocuğunuzun kustuğu, yatağından atlamaya çalıştığı ya da soyunduğu pek çok farklı durumda ne yapılacağının uzun bir listesi 7. Kısım'da verilecektir. Uyku eğitimine başlamadan önce, farklı olasılıklarla nasıl baş edeceğinizin bir planı olması önemlidir.

Başa çıkma yöntemleri. Çocuğunuza kendini sakinleştirme ve kendi başına uykuya dalmayı öğretme işlemi stresli olabilir. Gürültüyü engellemeyi, yardım almayı ve sakinleşme yöntemleri kullanmayı içeren, bu stresli olayla başa çıkmanızı sağlayacak pek çok yöntem vardır. 8. Kısım stresle nasıl başa çıkacağınız hakkında pek çok öneri içermektedir.

Tedirgin olmayın. Çocuğunuza kendi başına uykuya dalmasını öğretmenin tam ortasındayken ona sinirlenmeyin. Sinirlenmek sadece herşeyi daha berbat hale getirecektir. Siz sakinseniz çocuğunuz da sakin olacaktır. Çocuğunuza vurmayın ya da onu azarlamayın. Olumsuz uyku alışkanlıklarından olumlu olanlara geçişte ona yardımcı olmanız gerekiyor. Bunu kasıtlı olarak yapmıyordur. Yorgundur ve tek istediği uyumaktır. On yedinci kez içeriye gittiğinizde ya da sekizinci kere odasına döndüğünüzde bunu aklınızdan çıkarmayın. Sakin, yatıştırıcı fakat tepkisiz olun.

Yaratıcı olun. Bebeğinize kendi başına ve gece boyunca uyumayı öğretmek için kendi yönteminizi geliştirmeye başladığınızda yaratıcı olun. Amacınızın bebeğinizin kendi başına uykuya dalması olduğunu unutmayın. Bunu başarmak için elinizden ne geliyorsa yapın. Örneğin, eğer akşamları ev işleri sizi zaten çıldırtıyorsa, o zaman bu eğitimi çocuğunuza gündüz uykusu vakitlerinde verin. Gündüzden başlayın ve şekerleme vaktinde kendi başına uykuya dalmayı başardığı zaman gece uyku vaktine geçin. Bunu yapmanız, her seferinde daha kolay ve çabuk olacaktır. İleride birkaç yöntem verilmiştir, fakat kendinize ait farklı çözümler de deneyebilirsiniz. Sizin ve çocuğunuz için neyin işe yarayacağını belirleyin. İç güdülerinize güvenin.

Çok ilgi gösterin. Günün diğer zamanlarında çocuğunuza bol ilgi gösterin. Çocuğunuzun ağlamasının ve harekete geçmesinin nedeni çoğu zaman sizin dikkatinizi çekmektir. Çocuğunuzun uyku vakti davranışları üzerine sınır koyduğunuzda, muhtemelen çocuğunuz her zamankinden daha az ilgi görüyor olacaktır. Bu, çocuğunuzun daha da çok ilgi istemesine yol açacaktır. Bunu dengelemek için, diğer zamanlarda çocuğunuza daha fazla ilgi gösterin. Sabah ya da öğleden sonra ona fazladan zaman ayırın. Akşam yemeğinde size yardım etmesine izin verin. Uyku vakti rutinini uzatın, fazladan bir kitap daha okuyun ya da daha fazla şarkı söyleyin.

Yanlış zamanlar. Bebeğinize gece boyunca uyumasında yardımcı olmak sizin için ne kadar önemli olsa da, bu işleme başlamanın iyi ve kötü zamanları vardır. İyi zamanlar, hayatınızda herşeyin sakin olduğu ve bir süre için evde olacağınız zamanlardır. Kötü zamanlar ise, mesaiye kaldığınız ya da bakıcının tatilde olduğu zamanlar gibi ev işi düzeninin değiştiği zamanlardır.

Eğer tatile çıkmak üzereyseniz, tatile gitmenize iki-üç haftalık bir süre bile olsa, dönene kadar bekleyin. Tatil yaklaşıyorsa ve bebeğinizin düzeni değişecekse beklemelisiniz. Misafirleriniz gelecekse ev normale dönene kadar bekleyin. Eğer işte ya da evde stresli bir dönemse, yine bekleyin. Taşınmak üzereyseniz, yeni evinize yerleşene kadar bekleyin.

Başka Metodlar

Çocuğunuzun uyku problemlerini çözmekte kullanabileceğiniz başka yöntemler de vardır. Yine de yukarıdaki temel uyku vakti metoduyla varyasyonlarının denenmiş ve doğru olduğunu unutmayın. Pek çok araştırma, bu metodun işe yarar olduğunu doğrulamıştır. Eğer uygular ve devam ederseniz, çocuğunuz üç dört gün içinde kendi başına ve iki hafta içinde de gece boyunca uyuyor olacaktır.

Ne yazık ki, bazı ana-babalar çocuklarının uyku vaktinde ağlamasına katlanamazlar (8. Kısım'da bununla nasıl başa çıkacağınızı bulabilirsiniz) ve başka bir yöntem denemek isterler. Aşağıda denemek isteyebileceğiniz diğer bazı yöntemler verilmiştir.

Ana-babanın aşamalı olarak uzaklaşması: Bazı ana-babalar 'yoksunluk nöbeti' yaklaşımını, yani, uyku vaktinde çocuklarını henüz uyanıkken tamamen yalnız bırakmayı zor bulurlar. Farklı bir yaklaşım da kendinizi çocuğunuzun yokluğuna alıştırmanızdır. Çocuğunuzun beşiğinin ya da yatağının yanındaki bir sandalyede oturarak başlayın, uykuya dalana kadar orada kalın. İki gece sonra sandalyenizi biraz daha uzaklaştırın. Üçüncü ve dördüncü gece sandalyeyi iki adım uzaklaştırın. Beşinci ve altıncı gecelerde ise dört adım uzaklaştırın. Yedinci gece kapı girişinde oturuyor olmalısınız. Dokuzuncu gece koridora çıkın. On gün ila iki hafta içinde çocuğunuz kendi başına uykuya dalacaktır.

Fakat bu yöntemin büyük bir zorluğu vardır. Teoride kolay görünmesine rağmen uygulamada göründüğünden daha zor olabilir. Daha önce bahsedilen temel uyku vakti metoduyla çocuğunuz sadece uyku vaktinde büyük bir değişikliğe alışmak zorundadır: Olumsuz uyku alışkanlığından, kendi başına uykuya dalacağı olumlu alışkanlığa geçiş. Aşamalı uzaklaşmada ise, çocuğunuz her gece yeni bir geçiş yaşamak zorundadır. Daha yeni sizin beş adım uzakta olmanıza alışmışken, kapı girişine taşınırsınız. Kapı girişine henüz alışmışken koridora çıkarsınız. Bu yüzden bu yöntemin can sıkıcı olması ve çocuğunuzu daha fazla üzmesi kaçınılmazdır. Bu yöntem, kendiniz ve çocuğunuz için, birden bırakmak çok zor olacaksa da, denemeye değer. Ayrıca, bebeğinizin kendine zarar vereceğinden ya da beşikten atlayacağından korkuyorsanız bu yöntem faydalı olabilir. Bu yolla mesafenizi koruyarak gözünüz çocuğunuzun üzerindeyken, ona kendi kendine uyumayı öğretebilirsiniz.

Programlanmış Uyandırma: Araştırmalar, programlanmış uyandırma diye bilinen başka bir yöntemin de, bebeğinizin gece boyunca uyumasına yardımcı olabileceğini ortaya koymuştur, fakat bu yöntem zamana bağlı kalmanızı gerektirir. İlk adım, bebeğinizin gece boyunca ne zaman uyandığının kaydını tutmaktır. Bebeğinizin uyanmalarının bir düzene göre olduğunu göreceksiniz. Bu düzen tespit edilince, hangi saatler olduğunu belirleyin. Betty'nin beş aylık olan oğlu Jason, her gece sabaha karşı yaklaşık saat 1:00, 3:15 ve 4:35 olmak üzere üç kez uyanıyordu.

İkinci adımsa, çocuğunuzu bu saatlerin her birinden on beş dakika önce uyandırmaktır. Betty, Jason'ı saat 24:45, 3:00 ve 4:20'de uyandırıyordu. Onu uyandırıyor, emziriyor ve tekrar uyuması için sakinleştiriyordu. Betty genelde bu saatlerde uyuyor olduğundan, zamanında kalkabilmek için saati kuruyordu. İlk bir hafta boyunca Jason yine saat 2:00'de birkaç dakikalığına uyanıyordu. Jason altı gün sonra, gece diğer saatlerde uyanmayı bıraktı. Diğer bütün uyanmalar durulduğunda, Betty onu programlı olarak uyandırdığı zamanların sayısını azaltmaya başladı. İkinci hafta onu uyandırdığı zamanların sayısını ikiye düşürdü. Dördüncü hafta Jason daha iyi uyuyordu ve Betty onu her gece sadece bir kez uyandırıyordu. Ve beşinci hafta, Betty onu uyandırmayı bıraktı. Altı hafta sonra Jason bütün gece horul horul uyuyordu ve artık Betty onu programlanmış zamanlarda uyandırmak zorunda değildi.

Tahmin edebileceğiniz gibi, programlanmış uyandırma ana-babanın çok fazla çaba sarf etmesini gerektiriyor. Eğer bebeğiniz genellikle siz uyuduktan sonra uyanıyorsa, uyanmak için alarm kurmanız gerekir. Aynı zamanda, bırakın uygulamayı, bazı ana-babalar uyuyan bebeği uyandırmayı düşünürken bile zorluk çeker.

Bırakın Ağlasın: Çoğu kimse, kendi başına uyumayan bir bebekle baş etmenin en iyi yolunun ağlamasına izin vermek olduğunu düşünür. Tanıdığınız diğer ana-babalar, aileniz ve hatta doktorunuz bile bunu tavsiye edebilir. Bunu deneyebilirsiniz. İşe yarayabilir. Aynı zamanda geri de tepebilir. Örneğin, size gerçekten ihtiyacı olduğu zaman çocuğunuzu görmezden gelmenize yol açabilir. Gidip ona bakmamak ve daha sonra onu ayağı beşiğin parmaklıklarına sıkışmış ya da başına başka bir şey gelmiş oarak bulmak korkunç olabilir. Diğer bir zorluk da çocuğunuzun ağlamasına dayanamamanızdır. On beş dakika ila bir saatlik bir ağlamadan sonra pes edip onu almaya gidebilirsiniz. Ve problemi daha kötü bir hale getirmiş olursunuz. Ona, yeterince uzun ve güçlü ağlarsa gidip onu alacağınızı öğretmiş olursunuz. Bir dahaki sefer, sonunda pes edeceğinizi umarak daha yüksek sesle ve daha uzun ağlayacaktır. Olası diğer bir sorun da, ağlamaya bırakılan çocukların, uykuya dalmadan önce daha uzun süre ağlayacaklarıdır. Kırk dakika sonra uykuya dalmak yerine, bir saat ya da iki saat boyunca ağlayabilirler. Bu herkes için zor bir durumdur. Bu yüzden eğer bu yöntemi denemek istiyorsanız, zorlukları hakkında önceden uyarılmanız gerekiyor.

İlaç Vermek: Uyumasına yardımcı olmak için çocuğunuza ilaç vermeli misiniz? Bazı doktorlar, bebeklerin uyumasına yardımcı olmak için Benadryl ya da kloral hidrat tavsiye ederler. Bu işe yarar mı? İlaç vermek iyi bir fikir mi?

Araştırmalar, bazı ilaçların bebeğin geceleri uyanma sayısını azalttığını gösteriyor, fakat durum istatistiksel verilere göre böyle olsa da, ana-babalara göre değil. Böylece bebeğiniz 3.2 oranında uyanmak yerine, gecede sadece 2.5 oranında uyanacaktır. İstatistiksel olarak bu önemli bir düşüştür ve ilaçla tedavinin işe yaradığını gösterir. Ana-babalar içinse bu, her gece üç kez kalkmak yerine, iki kez kalkmak anlamına gelmektedir. Pek çok ana-babanın istediği çözüm bu değildir. Sizin amacınız bebeğinizin hiç uyanmadan gece boyunca uyumasıdır. Bu yüzden ilaçlar çözüm değildir. Yine de şaşırtıcı bir şekilde, pek çok doktor hâlâ bazı sakinleştiriciler önermeye devam ediyor.

Bebeğe verdiğinizde, hemen uyumasını sağlayacak bir ilaç olsaydı bu harika bir şey olurdu. Ne yazık ki böyle bir ilaç yok. Ayrıca ilaçların yan etkilerini de düşünmek gerekir. Bu tür sakinleştiriciler bebeğinize bir zarar vermez, fakat bir sonraki gün bitkin düşmesine sebep olabilir. İlaçla tedavide diğer bir sorun ise, bunların uyku sürecini değiştirmesidir. Bu çocuğunuzun ihtiyacı olan değişik uyku evrelerini yaşayamayacağı anlamına gelebilir.

İlaç vermenin işe yaramamasının nedeni, kötü uyku alışkanlıklarını azaltmamasıdır. Bebeğinizin, hâlâ onu sallayarak, emzirerek ya da şarkı söyleyerek uyutmanıza ihtiyacı vardır. Ve gece boyunca daha seyrek uyanmasına rağmen tekrar uyumak için yine sizin yardımınıza ihtiyaç duyacaktır. Ayrıca, ilaç vermeyi kestiğiniz zaman, bebeğiniz her zamanki kadar çok uyanmaya devam edecektir. Bazı kişiler, bir bebeğe birkaç gün ila birkaç hafta için uyku ilacı verirlerse, bunun herşeyi çözeceğini düşünürler. Böyle bir şey olmaz. İlacı kestiğinizde, bebeğiniz eski uyku alışkanlıklarına geri dönecektir.

İşe Yaramayan, Zahmete Bile Değmeyecek Metodlar

Ana-babaların bebeklerini uyutmak için denedikleri pek çok şey vardır. Ne yazık ki, bu girişimlerin çoğu boşunadır. Bu bölümde denemeye değmeyecek metodların bir listesi verilmiştir; bazıları geri tepebilir ve hatta daha fazla probleme bile sebep olabilir.

Sulu gıdalar: Bazıları, bebeklerin gece acıktıkları için uyandığına ve bu yüzden küçük yaşlarda sulu gıdaların verilmesi gerektiğine inanır. Bu inancı destekleyen hiçbir araştırma yoktur. Sulu gıdalar, bebeklerin uyumasına yardımcı olmaz. Unutmayın, bütün bebekler uyanır. Sorun sadece bebeğinizin tekrar kendi başına uyuyup uyuyamadığıdır. Geceleri acıkan bebekler geceleri yemeğe şartlanırlar. Bebekler oldukça küçük yaşta ihtiyaç duydukları tüm besini gün içinde alırlar. Bebeğin gece boyunca uyuması, aldığı besinden çok, kilosuna bağlıdır. Bazı araştırmalar, bebek altı kilo olunca, gece boyunca uyumasının oldukça muhtemel olduğunu göstermektedir. Ne yediğinin bir önemi yoktur.

Daha geç yatırmak: Ana-babalar, çok yorgun olacaklarını ve daha çabuk uyuyacaklarını düşünerek, bebeklerinin uyku vaktini geciktirmeye çalışırlar. Oysa bebekler aşırı yorgun olduklarında huysuzlaşır ve uykuya dalmakta daha fazla güçlük çekerler. Bebeğinizi yatırmak için beklerseniz, problemleriniz daha kötüye gidecektir.

Gündüz uykusunu kaldırmak: Bebeklerin gece uyumasını sağlamak için kullanılan diğer bir yöntem de, ana-babaların gündüz uykularını kaldırmaya çalışmasıdır. Hiç zahmet etmeyin. Gündüz uykusuyla gece uykusunun alâkası yoktur. Bebeklerin gündüz uyumaya ihtiyacı vardır ve eğer gündüz uyutulmazlarsa gerçekten daha yorgun olacak, geceleri uykuya dalmakta ve gece boyunca uyumakta daha fazla problem yaşayacaklardır. Ayrıca siz ya da bakıcınız bebeğinizi öğleden sonra uyanık tutmaya çalışırsanız, bebeğiniz saat 17:00'de uyuyakalacaktır. O zaman başınız gerçekten belada demektir. Çünkü gece saat 19:30'da onu uyutmak olanaksız hale gelir. Ayrıca siz hiç uyumaya kararlı bir bebeği uyanık tutmaya çalıştınız mı? Bu gerçekten imkânsız bir şeydir.

Sorunu oluruna bırakmak: Bebekler uyku problemlerini asla kendiliklerinden aşamazlar. Araştırmalar, bir yaşında uyku problemi olan çoğu bebeğin, eğer hiçbir şey yapılmazsa, beş yaşında bile hâla aynı problemden şikâyetçi olduklarını ortaya koymaktadır. Ne yazık ki, bu yöntem, aile büyükleri, akrabalar, arkadaşlar ve hatta doktorlar tarafından bile tavsiye edilmektedir. Muhtemelen olmayacak bir şey için, uykusuz haftalar ya da aylar geçirerek zamanınızı boşa harcamayın. Hemen bir şeyler yapın ve ilerideki güzel günlerin tadını çıkarın.

Malesef Sadece Kısa Vadeli Çözümler

Ana-babalar başka bir çok çözüm dener, fakat ne yazık ki bu çözümlerin çoğu kısa vadeli olur. Bebeğinizin çabuk uyumasını sağlayacak şeyin kötü uyku alıkanlıklarına neden olabileceğini unutmayın. Bu olumsuz uyku alışkanlıklarının gereği yerine getirilmeksizin bebeğiniz kendi başına uykuya dalmayı başaramayacaktır.

Arabayla gezdirmek: Ana-babalar eğer onu arabaya bindirip biraz gezdirirlerse bebeklerinin muhtemelen uyuyakalacağını bilirler. Hareket halindeki arabanın ritmi ve motorun sesi bebeğin uyumasını sağlar. Bazı ana-babalar bebeklerini gece yarısı uyandıklarında tekrar uyumaları için ya da gündüz uyuması için gezmeye çıkarma yoluna her gün başvururlar. Kısa vadede bu yöntem işe yarar. Fakat uzun vadede çocuğunuz kendi başına uykuya dalmayı öğrenemez ve siz ilerideki dağlara doğru uzun bir geziye çıkmak zorunda kalırsınız.

Titreşimli beşik mekanizması: Piyasadaki pek çok beşik bebeğinizi uyuması için sakinleştirmek üzere tasarlanmıştır. Bazı beşikler sadece titreşimlidir. Bazıları da hem titreşir hem de annenin kalp atışı sesini çıkarır. Bu sizin bebeğiniz için işe yarayabilir de yaramayabilir de. Bunların işe yaradığını gösteren herhangi bir kanıt yoktur. İşe yarasalar bile sadece kısa vadede yardımcı olacaklardır. Bugün ve yarın bebeğinizin uyumasını sağlayabilirler, fakat öteki hafta ya da öteki ay bir işe yaramayacaklardır. Bebeğinizin kendi kendini sakinleştirmeyi öğrenmeye ihtiyacı olduğunu unutmayın, böylelikle uyku vaktinde ve gece uyandığında kendi başına uykuya dalabilecektir. Titreşimli bir beşik sadece olumsuz uyku alışkanlığı aşılar.

Sabit sesler: Ana-babalar bebeklerini uyutacak yollar bulmakta oldukça zekidirler. Bazıları bebeklerini ana kucağının içine koyup çamaşır makinesinin üstüne yerleştirirler. Eğer bunu deneyecek olursanız bebeğinizi yalnız bırakmayın! Ana kucağının titreşimden dolayı makinenin üzerinden düşemesi yüksek bir ihtimaldir.

Kalp atışı sesi çıkaran oyuncak ayılar da aynı kategoriye girer. Bir ana-baba elektrikli süpürgelerini 'Bakıcı Betty' diye isimlendirmişti. Yeni bir eve taşınmışlardı ve boya yapmaya çalışıyorlardı. Boya yaparlarken beş haftalık bebeklerini ana kucağının içinde yere koymuşlar ve elektrik süpürgesini çalıştırmışlardı. Birkaç dakika içinde bebekleri uyumuştu ve boyama işlemine geri dönebilmişlerdi.

Bu metodlar da işe yarayabilir, fakat sadece kısa vadeli çözümler olacaklardır. Bebeğinize, titreşime ya da sese ihtiyacı olduğunu öğretmek istemezsiniz, yoksa her gece uyku vaktinde ve gece boyunca elektrik süpürgesini çalıştırmak zorunda kalabilirsiniz.

Uyarı

Çoğu ana-baba, uyku problemleriyle bir kere uğraştıktan sonra, bebekleri gece boyunca uyumaya başlayınca, sıkıntılarının bittiğine dair bir ümide ve inanca kapılırlar. Ne yazık ki, durum böyle değildir. Uyku problemleriyle muhtemelen tekrar uğraşmak zorunda kalacaksınız (iyi uykunun sürdürülmesi ve yaygın sorunların çözümleri için engeller hakkında 9. Kısım'a bakın). Bir çocuğun uyku düzeni, hastalıklar, tatiller ve ayrılık endişesi gelişimi (çocuğunuzun sizden ayrı kalmak istemediği zaman gelişen normal bir durumdur) tarafından bozulabilir. Görünürde hiçbir sebep yokken, çocuğunuzun uyumak istemeyeceği zamanlar bile olacaktır. Bu, kötü haber. İyi haberse, bebeğinizin uykusu problemli hale geldiğinde, eğer sabit bir uyku vakti düzeni kurmuşsanız ve onu yatağa uyanıkken yatırıyorsanız, her seferinde daha az huysuzlukla ve daha çabuk bir şekilde gece boyunca uyumaya başlayacaktır.

Hatırlatmalar

- Küçük çocukların uykuya direnmesinin, geç vakte kalmayı ve dikkat çekmeyi de içeren pek çok sebebi vardır.
- Kötü uyku alışkanlıkları, çocukların uyku problemi yaşamalarının önde gelen sebebidir.
- Geceleri uyanmak doğaldır; problem tekrar uykuya dalmaktır.
- Çocuğunuzun kötü uyku alışkanlıklarını iyi uyku alışkanlıklarıyla değiştirin.
- Temel uyku vakti metodu, bebeğinizin çabuk ve kolayca yatağa gitmesini ve uykuya dalmasını sağlayacaktır.
- Temel uyku vakti metodu sadece yatma zamanında uygulanmalıdır. Bebeğiniz gece uyandığında, her zamanki gibi davranabilirsiniz. Çocuğunuz uyku vaktinde kendi kendini sakinleştirebildiğinde, gece boyunca uyumanın arkasından gelmesi kesindir.
- Temel uyku vakti metodunu kullanırken ilk üç ila beş gün çocuğunuzun uykuya dalması uzun zaman alacaktır ama uyku problemleri bir ila iki hafta içinde çözülecektir.
- Daha büyük çocuklara kendi kendilerine uykuya dalmasını öğretirken yaratıcı olun.
- Çocuğunuzun uyku problemlerini çözmek için kullanılan, aşamalı uzaklaşma yöntemi ve programlı uyandırmayı içeren diğer metodlarda vardır.
- Çocuğunuzun uyku problemini çözmek için ilaç kullanmaktan, bebeğinizin gece ve gündüz uyku vakitlerini değiştirmekten ya da sulu gıdaya geçmekten kaçının. Bunlar işe yaramaz.

7. KISIM
"ŞİMDİ NE YAPMALIYIM?"

Zor Durumlarla Baş Etmek

"Peter'ın gece boyunca uyuması için çok uğraştım fakat emzirmek herşeyi daha da zorlaştırıyor."

"Müdahale etmemeye çalıştım, ama Cindy kusunca, onu beşiğinden almak zorunda kaldım."

Bazı ana-babalar, emzirme gibi özel durumlar yüzünden ya da çocuklarının kusması gibi beklenmedik şeyler olduğu için, çocuklarının uyku alışkanlıklarını değiştirmekte başarısızlığa uğrarlar. Bu gibi durumlar ya da olaylar, çocuğunuza kendini uyutmayı öğretmek için haftalarca sürecek bir programı uygulamayı daha da zorlaştırır. Klinikte çalışırken karşılaştığım ana-babaların çoğu, umulmadık bir durumla yüz yüze geldiklerinde ne yapacaklarını bilemezler. Bu nedenle anne babalara karşılaşmaları olası zor durumlar için pratik yaptırmak çok faydalıdır.

Kusmak

Anne, gece boyunca çok nadiren uyuyan, on beş aylık Eric'in annesi. İlk gece, 6. Kısım'da tavsiye edilen önerilerin yerine getirilmesiyle herşey düzgün ve plana uygun gitmiş. Fakat ikinci gece, Eric o kadar çok ağlamış ki, beşiğine ve kendi üstüne kusmuş. Bunun üzerine Anne, bu umulmadık olay karşısında ne yapacağını bilemediği için pes etmiş. Hemen Eric'in odasına koşup onu beşiğinden alarak temizlemiş ve uyuması için sallamış. Eric daha sonraki üç hafta boyunca geceleri birkaç kez uyanmaya devam etmiş. Anne onu çok uzun süre yalnız bırakmaya ya da beş dakikadan fazla ağlamasına izin vermeye korkuyormuş. Çünkü tekrar kusacağından endişe ediyormuş.

Kusmak, yeni doğan ve yeni yürümeye başlayan bebekler için büyük bir sorun olmamasına rağmen, ana-babalar için oldukça rahatsız edici olabilir. Küçük çocuklar için kusmak eğlenceli bile olabilir. Yeni doğan ve yürümeye yeni başlayan bebekler için uzun süre ağladıktan sonra kusmak çok olağandır. Malesef, çocuklar işlerine yaradığı sürece isteyerek kusmayı da öğrenebilirler. Kusmak, anne-babayı bir tepki vermek zorunda bırakır. Kusmak, beşikten çıkmayı da sağlar.

Tıpkı başka durumlarla başettiğiniz gibi kusmanın da üstesinden gelebilirsiniz. Eğer bebeğiniz ağladıktan sonra kusarsa endişelenmeyin ve aşırı bir ilgi göstermeyin. Tepkisiz kalın. Çarşafı değiştirin. Bebeği elinizden geldiği kadar temizleyin (onu beşiğinden almadan temizlemeniz tavsiye edilir) ve odadan ayrılın. Faydalı bir diğer öğüt de bebeğinizin beşiğine iki çarşaf sermektir (araya bir astar koyarak), böylelikle kustuğunda üstteki çarşafı çabuk ve kolaylıkla alabilir ve alttakini bırakabilirsiniz. Mandalla beşiğin parmaklıklarına tutturulan ve tek kullanımlık çarşaflar da bu işlemi kolaylaştırabilir.

Yine de çocuğunuz günün diğer zamanlarında da kusuyorsa doktorunuzu aramalısınız. Fakat kustuğu tek zaman ağladığı zamanlarsa ve bunun dışındaki zamanlarda iyi görünüyorsa, bunun tıbbi bir problemden çok davranışsal bir problem olması daha muhtemeldir.

Yatakta Dönmek

İki aylık kızım Sally nasıl yüz üstü döneceğini öğrenmiş, fakat tekrar sırt üstü dönemiyor. Malesef sadece sırt üstü dönükken uyuyabiliyor, bu yüzden yüzükoyun döndüğünde tekrar sırt üstü dönüp uyumaya devam edemiyor.

Bazı bebekler iki aylık olduklarında yüz üstü dönebilirler. Eğer sadece sırt üstü uyuyabiliyorlarsa, bu bir problem yaratır. Eğer uyku vaktiyse yüz üstü döndüğünde onu tekrar sırt üstü yatırmanız için ağlayacaktır. Bu konuda gidip bebeğinizi çevirmekten başka pek bir çareniz yoktur. Bebeğinize tekrar sırt üstü dönmeyi öğretmeyi deneyebilirsiniz, fakat bu kadar küçük yaştaki bir bebekte motor gelişimi hızlandıramazsınız.

Dokuz ya da on haftalık bebekler yandan arkaya dönebilirler. Bu yüzden eğer bebeğinizi yan yatırıyorsanız, onu bu pozisyonda tutma kontrolünü yitirirsiniz. Yine gidip onu yan döndürmekten başka bir çareniz yoktur. Onu örtülerle sabitleyerek, dönemeyecek şekilde hareketini kısıtlamamak gerekir. Bu dönme probleminin çözümü değildir.

Beşikte Ayağa Kalkmak

Yedi buçuk aylık oğlumun yeni bir numarası var. Onu yatağa koyup, odadan ayrıldığımda, kendini çekip parmaklıklara tutunarak ayağa kalkıyor ve ağlıyor. Problem tekrar oturamaması. Ne yapabilirim? Bu günlerdir böyle sürüyor.

Ayağa kalkmak ve bir şeylere tutunmak gelişimsel bir kilometre taşıdır. Bazı bebekler ayağa kalkmak için kendilerini çekmeye beş aylıkken başlarlarken, bazıları bir yaşına girene kadar bunu yapamayabilirler. Her iki durumda da bebekler geri oturmakta güçlük çekerler. Kendilerini çektikten birkaç dakika sonra ayakta oldukları için sinirleri bozulur ve ağlamaya başlarlar. O zaman birinin oturmaları için yardım etmesini beklemek zorunda kalır ya da düşerler. Oturtulduklarında kendilerini hemen çekip yine ayağa kalkarlar ve tekrar oturamazlar. Bu olay ana-babalar için sinir bozucu ve bezdirici bir hale gelebilir.

Bebeğiniz ayağa kalkmak için kendini çekmeye başladığında yavaş ve nazikçe oturması için yardım edin. Böylelikle bunu kendi başına nasıl yapacağını öğrenir. Bu öğrenme süreci sadece birkaç gün almasına rağmen, bazı bebeklerin bu yeni beceriyi öğrenmeleri birkaç hafta sürebilir. Başlangıçta onu kurtarmaktan başka bir seçeneğiniz olmayacaktır. Eğer bebeğiniz bunu uyku ve şekerleme vaktinde yapıyorsa, yanına gidip tepkisiz bir şekilde onu oturtun ya da yatırın.

Eğer çok ilgili görünürseniz ayakta kalacak ve ilginizi çekmek için ağlamayı sürdürecektir. Gün içinde uyku vakti dışındaki zamanlarda kendini çekmesi ve tekrar oturması için alıştırma yapın. Geri oturma becerisini kazandığına emin olduktan sonra, beşiğindeyken onu kurtarmayı bırakın. Aksi halde bu onun için bir oyuna dönüşecektir.

Ayrıca, bebeğinizin beşiğinin güvenli olduğundan emin olun. Beşiğin içinde müzik kutusu ve benzeri, düştüğü zaman başını vurabileceği sert cisimler bırakmayın.

Beşikten Çıkmak

Billy, iki yaşında. Beşiğinden nasıl çıkacağını yeni öğrendi. Sağ ayağını parmaklıkların üzerine koyuyor ve kendini yukarı çekiyor. Bunu yaptığı ilk iki seferde düştü ve başını yere vurdu. O zamandan beri uzman oldu; beşiğinden dışarı kolayca ve atik bir şekilde tırmanabiliyor. Artık şekerleme ya da uyku vakti için yatağa koyulduğu an beşiğinden dışarı çıkıyor.

Maggie, üç yaşında. Daha önce beşiğinden çıkmayı denememişti bile. Önceki gün, Maggie öğle uykusundan kalktıktan sonra merdivenlerin başında göründü; "Başardım!" diye bağırıyordu.

İki grup bebek vardır: beşiğinden çıkanlar ve çıkmayanlar. Umarım sizin bebeğiniz bunu hiçbir zaman denemez. Beşikten atlamak tahmin edilebileceği gibi pek çok ana-babanın endişelenmesine neden olan bir durumdur. Çocuklarının yaralanabileceğinden ve bu olduğunda ne yapacaklarını bilmediklerinden korkarlar. Bazı bebekler on sekiz aylık gibi oldukça erken bir yaşta beşiklerinden çıkmayı denerler. Diğer çocuklar ise iki buçuk yaşına kadar buna teşebbüs bile etmezler. Ve hiçbir zaman yapmayanlar da vardır. Bir ana-babanın ilk tepkisi, genellikle beşik kullanmayı bırakıp bebeklerini bir yatağa taşımak olur. Çözüm bu olmamalıdır. Beşikten dışarı atlamanın başka çözümleri vardır. İlk önce çocuğunuz bu atlayışı gerçekleştirmeye karar verirse yaralanmayacağından emin olun. Yerde beşiğin etrafına yastıklar koyun. Oyuncak ya da mobilya (özellikle de oyuncak sandıkları) gibi, çocuğunuzun kafasını vurabileceği nesneleri kaldırın.

Burada, ana-babaların faydalı bulabileceği bazı öneriler verilmiştir.

Yatağı alçaltın. Tırmanmayı olanaksız hale getirmek için beşiğin yatağını en alçak seviyeye getirin. Eğer bebeğiniz fiziksel olarak tırmanmayı başaramazsa, dışarı atlayamayacaktır. Bu önlem özellikle yeni yürümeye başlayan çocuklarda ya da bebeğiniz ufak tefekse işe yarayacaktır.

Beşikteki bütün oyuncakları kaldırın. Beşikteki bütün büyük oyuncakları ve koruyucu yastıkları beşikten çıkarın. Bebeğiniz bunları kendini yukarı ittirmek için bir basamak olarak kullanacaktır, bunu önleyin.

Eline koz vermeyin. Bebeklerin beşiklerinden çıkmasının en büyük sebebi onun beşik dışındaki bir şeye ulaşmak istemeleridir. Çocuğunuz beşiğinden çıktıktan sonra, sizin yatağınıza tırmanmasına izin vermeyin. Ona çok fazla ilgi göstermeyin. Çok sakin ve tepkisiz bir şekilde çocuğunuzu beşiğine gönderin ve sert bir ses tonuyla "Tırmanmak yok," deyin. Çocuğunuz, birkaç denemeden sonra buna değmeyeceğini fark edecektir. Çünkü anında beşiğine geri koyulacaktır.

Sert Olun. Beşikten atlama, göz yumabileceğiniz bir davranış değildir. Bebeğinizin kendini yaralama riski büyüktür. Sadece bir kez yatağından çıktı diye şımarmasına izin vermeyin. Tavır alın, sınırları belirleyin ve sert olun.

Başında Yakalayın. Eğer çocuğunuz beşiğinden çıkmayı bir alışkanlık haline getirdiyse, onu beşiğinden tam çıkarken yakalayın. Çocuğunuzun sizi göremeyeceği bir yerde durun. Çocuğunuz ayağını parmaklıklara attığı anda, anında ve sert bir şekilde "Tırmanmak yok," deyin. Eğer çocuğunuzu yeterince korkutursanız ve bunu birkaç kez tekrarlarsanız, bunu yapmayı bırakacaktır.

Beşik tentesi kurun. Pek çok firma ağ şeklinde beşik tenteleri üretmektedir. Bu tenteler beşik parmaklıklarına tutturulur. Bunlar, küçük tırmanıcılar için çok işe yarar ve beşikten çıkmalarını engeller. Bunların kurulması kolaydır ve bebeğinizi beşiğinden alırken de zorluk çıkarmazlar. Ayrıca bu tenteler evcil hayvanlarınızın bebeğinizin beşiğine girmesini de engeller.

Hiçbir şey işe yaramazsa... Bütün çareler tükendiyse, parmaklıkları alçaltıp, kötü bir düşüşü engellemek için beşiğin yanına bir tabure yerleştirebilirsiniz. Bu şekilde çocuğunuzun beşikten çıkmak için güvenli bir yolu olur ve düştüğü yerle zemin arasındaki mesafe azalır. Eğer çocuğunuzun evin içinde dolaşmaya başlama olasılığı varsa, yatak odasının kapısına bir engel koyun. Ayrıca odanın kapısına çocuğunuzun odasından çıkmaya çalıştığını bildirecek bir zil de takılabilir. Bu yöntem, eğer çocuğunuzun odası sizin yatak odanızdan başka bir koridordaysa, daha da önem kazanır.

Emziği Kaybetmek

Çocuğunuz uykuya dalamamak ve gece uyanmak gibi bir problem yaşamıyor, fakat sakinleşmek için emzik kullanıyorsa, emzik kaybolduğu zaman güçlük çekiyor olabilir. Eğer emziğini kaybetmek çocuğunuz için bir problemse, beşiğinin etrafına bir tomar emzik yerleştirebilirsiniz. Böylelikle birisi kaybolsa ya da beşikten atılsa bile, sizin yardımınız olmadan başka bir tane bulabilecektir. Emziği beşiğin parmaklıklarına bağlamayın, çünkü bu tehlikeli olabilir. Bebekler kendilerini iple boğabilirler, özellikle de emzik ağızlarındayken ipe dolanırlarsa.

Eğer çocuğunuz uykuya dalmak için emzik kullanıyor ve hiç bir uyku problemi yaşamıyorsa, bunu engellemeye gerek yoktur. Fakat bazı bebekler tam uykuya dalacakları zaman, emzik ağızlarından düşüp onları uyandırdığı için uzun zaman uyanık kalırlar. Eğer durum böyleyse, bebeğiniz emzik emerken uykuya dalabilmeyi bir çağrışım haline getirmiş demektir (Başka çocuklar da uykuya dalmak için beslenmek ya da sallanmak ihtiyacı duyarlar). Bu yüzden, çocuğunuza, emzik emme olumsuz uyku alışkanlığını yeni olumlu uyku alışkanlıklarıyla değiştirmeyi öğretmeniz gerekecek (daha fazla bilgi için 6. Kısım'a bakın). Bu ayrıca bebeğinize gece boyunca uyuması için de yardımcı olacaktır.

Soyunmak

Rudy iki buçuk yaşında. Her zaman iyi bir uykucu olmuştur. Problemsiz bir şekilde saat 19:30'da yatağa gider ve sabah 7:00'ye kadar uyur. Sabah uyandığında beşiğinde sessiz ve mutlu bir şekilde yarım saat daha oynar. Öğlenleri iki saat şekerleme yapar.

Rudy'nin annesi Alicia, kendini şanslı sayar. Fakat son birkaç haftadır, Rudy, bütün giysilerini ve bezini çıkararak soyunmaya başlamış. Bunu sabahları ve gündüz uyuklamaları sırasında birkaç kez yapmış. *Ne yazık ki tuvaletini yapmayı henüz öğrenmediğinden beşiği genellikle ıslanıyor. Alicia Rudy'i almaya gittiğinde, Rudy annesine üşüdüğünü söylüyor ve titreme krizine giriyor. Fakat bu, Rudy'yi soyunmaktan alıkoymuyor.*

Küçük çocuklar genelde iki sebepten soyunur. Sıkıldıkları için ya da dikkat çekmek için. Yatağa koyduğunuzda tamamen uyanıksa ya da sabah herkesten önce uyanıyorsa, kendini eğlendirmek için de soyunuyor olabilir. Bu, onu şekerleme vaktinde veya sabahları beşiğinde fazla bırakıyorsunuz ya da yatağa çok erken, gece iyice yorulmadan önce yatırıyorsunuz anlamına geliyor olabilir.

Eğer bebeğiniz sıkıldığı için soyunuyorsa, oyalanması için beşiğine bol bol oyuncak koyun. Oyuncakları beşikten atıyorsa, beşiğin parmaklıklarına hareketli ve müzikli oyuncaklar takın ya da üzerine (rüzgâr gülü, pervane gibi) ilginç şeyler asın. Bu nesneleri, dikkatini canlı tutmak için sık sık değiştirebilirsiniz.

Eğer dikkatinizi çekmek için soyunuyorsa, davranışı önemsemeyin. Soyunarak dikkatinizi çekemediğini anlayınca, birkaç gün içinde bırakacaktır. Bu noktada artık bunun bir anlamı kalmayacaktır.

Çocuğunuzun soyunmasıyla başa çıkmanın diğer bir yolu da, yukarıda bahsedilen beşikten çıkma sorunu için önerilen tavsiyeyle benzerdir. Çocuğunuzun sizi göremeyeceği bir yerde durun. Çocuğunuz soyunmaya başladığı anda sert ve yüksek bir sesle "Hayır," deyin. Israrlı olduğunuz sürece soyunmasını önleyebilirsiniz.

Bazı ana-babalar, çocuklarına çıkaramayacakları giysiler giydirme yoluna başvururlar. Ayrıca bazı pijamalar ters döndürülebilir, böylece arkadan düğmelenir ve küçük eller onlara yetişemez. Ama ne yazık ki tulumları ters giydiremezsiniz.

Yataktan Çıkmak

Çocuğunuza yatakta uyumayı öğretmek, beşikte olduğundan çok daha zordur. Beşik, bebeği zaptedecek bir alan gibidir. Bir bebeği sağlam ve güvenli, en önemlisi de belli bir yerde tutmak daha iyidir. Çocuğunuz yatağa geçtiğinde onu bir yerde tutmak daha zor bir hal alır. Daha hareketli hale gelir. Ne zaman isterse yatağından çıkabilir. Bu gecede bir, iki hatta on yedi kez bile olabilir.

6. Kısım'da bahsedilenleri hatırlayacak olursak, çocuğunuzun gece boyunca ve uyku vaktinde kolayca uyumasının püf noktası, ona kendi yatağında ve kendi başına uyumasını öğretmektir. Çocuğunuzun kendi yatağında olması gerekmektedir. Çocukların çoğu, şaşırtıcı bir şekilde beşikten yatağa geçtiklerinde uslu dururlar (beşikten yatağa geçme konusunda daha fazla bilgiyi 8. Kısım'da bulabilirsiniz). Fakat sizin çocuğunuz uslu durmayanlardan biri olabilir.

3. Kısım'da bahsedildiği gibi, çocuğunuzun davranışını değiştirmenin iki temel yöntemi pekiştireç kullanmak ve ısrarcı olmaktır. Tabii bir de, muhtemelen en zor bölümü olan, sakinliğinizi korumak vardı. Çocuğunuza, yatağında kalması konusunda ısrar etmeye başlayacağınız bir gece kararlaştırın. Bunu, ödemeler ve telefon görüşmeleri gibi başka işler yapmayacağınız bir geceye bırakın, çünkü biraz zaman alabilir. Hatta bu işe adayabileceğiniz birkaç geceniz varsa, o zaman başlayın.

Öncelikle, uyku vakti rutinini uygulayın. Çocuğunuzu yatağına koyun ve odadan ayrılın. Çocuğunuz yataktan çıktığı zaman onu sakince yatağına götürün ve ona yatağında kalması gerektiğini söyleyin. İyi geceler dileyin ve odadan çıkın. Bunu tekrar tekrar yapın. Sakinliğinizi koruyun. Çocuğunuzla olan etkileşiminizi en az düzeyde tutun. Onu yatakta durduğu için ödüllendirin, yataktan çıktığı için değil. Daha fazla ilgi görüyor ya da rahatsız olduğunuzu seziyorsa, bunu tekrar yapması daha muhtemeldir. Sayısız denemeden sonra mesajı alacaktır. Buna değmeyeceğinin farkına varacaktır. Bu arada, siz odadan çıktıktan sonra yatağında kaldığı zaman, yatağında kaldığı için onu ödüllendirin.

İşlemi ikinci gece de tekrarlayın. İkinci gece daha fazla zaman alırsa şaşırmayın. Birinci gece, çocuğunuz için bir deneme olabilir ve ikinci gece şaka yapmadığını size göstermek isteyecektir. Yatakta kalmak istemeyecektir. Sınırları test edecektir. Güçlü olun ve silahlarınıza sarılın. Pes edip yataktan çıkmasına izin verirseniz, gelecekte büyük bir mücadele sizi bekliyor olacaktır. Çünkü böyle yaparak çocuğunuza, ısrarlı olursa pes edeceğinizi ve yataktan çıkmaya devam edebileceğini öğretmiş olacaksınız.

Bazı ana-babalar, çocuklarının kendilerine yakın olmalarının, onun yatakta kalmasına yardımcı olacağını düşünürler. Çocuğunuz sizin yakınınızda olduğunuzu bilerek kendini güvende hissedecektir. Eğer bu yöntemi seçerseniz, gittikçe kısalan sürelerle odanın yakınında kalın. On beş dakika kalmakla başlayın. Kaldığınız zamanın miktarını her gece iki-üç dakika azaltın. Bir hafta içinde muhtemelen odadan kolaylıkla çıkıyor olacaksınız. Daha tedirgin çocuklar için bu, birkaç hafta sürebilir. Yeni bir eve taşındıysanız ya da çocuğunuz yabancı bir yerde uyuyorsa, bu yöntem çok faydalı olacaktır.

Yatak Odasından Dışarı Çıkmak

Çocuğunuz sadece yataktan değil, odadan da çıkabilir. Bu olduğunda, yataktan çıktığı zaman kullandığınız yöntemleri uygulayın. Çocuğunuzu odasında tutmanın başka yolları da vardır. Pek çok ailenin başarılı bulduğu bir yöntem, çocukları odadan çıkmaya çalıştıkları zaman çalan bir zil ya da alarm yerleştirmektir. Kapı aralığına asılan ziller ya da kapı koluna dokunulduğu zaman çalışan hırsız alarmları hem ucuz hem de kurması kolaydır. Bu şekilde kapıyı kitleme gereği kalmaksızın, çocuğunuzun odasından çıktığından haberiniz olacak. Gecenin bir yarısı uyanıp ana-babasının haberi olmadan odasından çıkan çocukların aileleri için bu önlem oldukça faydalıdır. Pek çok ana-baba sabahları sadece çocukları kendi yataklarına geldiği zaman uyandıklarını söylemişlerdir. Bu sizi rahatsız etmiyorsa, sorun yok. Eğer ediyorsa, çocuğunuz uyanıp etrafta gezinmeye başladığında sizi kaldıracak bir sistem kurmaya ihtiyacınız olacaktır.

Diğer bir seçenek ise, çocuğunuzun kapısına bir engel koymaktır. Bu çocuğunuzu odasında tutacak ve özellikle de yürümeye yeni başlayan çocuklarda faydalı olacaktır. Fakat küçük çocuğun ağlayışları ve engeli aşmaya çalışması işin acıklı yönüdür ve onu o halde görmeye dayanmanız zor olabilir.

Ana-babalar, çocuklarının kapısını kilitleyip kilitlememeleri gerektiğini merak ederler. Kapı kilitlemek, bazı ebeveynler için işe yarayabilir. Bu, çocuğa, ana-babalarının ciddi olduğu mesajını verir. Kapıyı kilitlemek, kapıyı çekip çocuğunuzla iktidar mücadelesine girmekten daha kolaydır. Bazı ana-babalar, çocuklarını birçok kez odasına döndürmektense, bunu yaptıklarında daha sakin kaldıklarını söylerler.

Kapıyı kilitlemenin bir alternatifi de, çocuğunuza yatağında durursa kapının kilitlenmeyeceğini, hatta yarı açık kalacağını söylemektir. Fakat yataktan çıkarsa, kapı kilitlenecektir. Bunu yapacaksanız ısrarcı olun. Çocuğunuz yatağına döndüğü anda kapıyı açın.

Yine de kapıyı kilitlemenin pek çok dezavantajı vardır. Öncelikle, tehlikeli olabilir. Acil durum ya da yangın anında, çocuğunuz dışarı çıkamayabilir. Uyku vaktinde sadece çocuğunuzu içerde tutmak için kapıyı kilitliyorsanız, uyuduğundan emin olduktan sonra mutlaka açın. Diğer bir problem de, odada denetimsiz bırakıldığında, çocuğunuzun yaralanabilmesidir. Odada, çocuğunuzun yaralanmasına sebep olacak bir şeyin olmadığından emin olun. Bütün tehlikeli nesneleri kaldırın. Ayrıca çocuğunuz odaya da zarar verebilir. Odaya döndüğünüzde, bütün çekmece ve dolapların içi boşalmış, çocuğunuzu yerde uyuyakalmış bulabilirsiniz. Kapıyı kilitlemeye başvurmadan önce diğer yöntemleri deneyin, sert ve ısrarcı olun.

Anne Sütüyle Beslenme

Tara, doğduğundan beri sadece anne sütüyle beslenen, yedi aylık Jason'ın annesidir. Jason her gece saat 19:00 ve 20:00 arasında meme emerken uyuyakalır. Tara genellikle hemen Joson'ın ardından uyumaya gider, çünkü genellikle saat 23:30'da ve sabah saat 2:00 ile 3:00 arasında tekrar uyanacağını bilir. Her seferinde tekrar uyuması için onu emzirir.

2. Kısım'da bahsedildiği gibi, anne sütüyle beslenen bebeklerin gece boyunca uyumasının, mamayla beslenenlere göre daha uzun zaman almasının birkaç sebebi vardır. Anne

sütünün hazmı mamadan daha kolay olduğu için, memeden beslenen bebek, sütü daha çabuk sindirecek ve daha çabuk acıkacaktır. Bu yüzden besleme aralığı daha kısa olacaktır. Bu nedenle, bebeğinizi emzirmek için geceleri daha fazla uyanmanız gerekir. Unutmayın ki, bebeğiniz birkaç aylık olduğunda gerekli beslenmeyi gün içinde alıyor olacak ve gece boyunca emzirilmeye ihtiyacı olmayacaktır. Eğer bebeğinizin gelişiminden endişe ediyor ve gece beslenmesine ihtiyacı olduğunu düşünüyorsanız doktoruyla görüşün.

Uyku problemlerinin artmasının diğer bir nedeni de, uykuya dalmayla beslenme arasında genellikle güçlü bir çağrışım olmasıdır. Bebeğinizin beslenirken uyuyakalma olasılığı yüksektir. Yine de umudunuzu kaybetmeyin. Sadece emzirilirken uyuyabilen bebeklerle baş etmenin yolları vardır ve işin kolay bölümüdür. Asıl problem yaratan, gece yarısı emzirmeleriyle uğraşmaktır. Çözüm yolunun beslenmeyle uykuya dalma arasındaki çağrışımı azaltmak olduğunu hatırlayın. Bu özel durumla baş etmenin pek çok yolu vardır.

Emzirmeyi kademeli olarak azaltın. 6. Kısım'da bahsedildiği gibi, gece ve gündüz uyku vakitlerindeki emzirme süresini azaltmak, pek çok emziren anne için işe yarayan bir çözümdür. Bunu yapmak için, uyku vaktinde genellikle ne kadar süreyle emzirdiğinizi tespit etmeniz gerekecek. Genelde on dakika emziriyorsanız, bunu her gece bir dakika azaltın. Birinci gece dokuz dakika emzirin. İkinci gece sekiz dakika, ve böyle devam edin. İki ya da üç dakikaya geldiğinizde son verin. Sadece bir dakika emzirmek dayanılmaz bir hal alabilir. Eğer uyku vaktinde çok uzun süre emziriyorsanız, her gece iki dakika azaltabilirsiniz.

Emzirme vaktini değiştirin. Kademeli olarak sütten kesmek yerine, sadece emzirdiğiniz zamanı değiştirin, böylece, çocuğunuzu uykuya dalmaya yakın bir zamanda emzirmezsiniz. Bebeğinizi uykuya dalarken değil, gündüz uykusundan kalktığında emzirin. Bebeğinizi genelde saat 19:30'da besliyorsanız, ve saat 19:45 ile 20:00 arasında beşiğinde olmasını istiyorsanız, o zaman 18:30'da emzirin ve uyumadan önce bir saat oyun oynayın.

Araya Başkalarını Sokun. Bebeğiniz emzirilirken uyuyakalıyorsa, beslenme ve uykuyu bağdaştırmamak onun için çok zor olacaktır. Bunun etkisini yok etmek için, başka birinin bebeğinizi uyutmasını ve gece ona bakmasını sağlayın. Bebeğiniz gece boyunca uyumaya başlayınca, ona bakmaya devam edebilirsiniz. Emzirilmeyi beklemek yerine, bebeğiniz başka sakinleşme yöntemleri geliştirecek ve tekrar uykuya dalmak için başka yollar bulacaktır. Bebeğinizi uyutması ve gece uyandığında gidip ona bakması için, eşinize, bir bakıcıya, bir arkadaşınıza ya da bir aile büyüğüne rica edebilirsiniz.

Bebeği uyandırın. "Çıldırdınız mı?", "Uyuyan bebeği uyandırmak mı?" dediğinizi duyar gibiyim. Evet, bebeği uyandırın. Eğer emzirirken bebeğiniz uyuyakalıyorsa, onu beşiğine koymadan önce uyandırın. Gece boyunca uyumasını sağlamak istiyorsanız, bebeğinizi beşiğine uyanıkken yatırın, böylece kendi kendini uyutabilir. Bebeğiniz onu uyandırmanızdan hoşlanmayabilir ve hatta ağlayabilir, fakat bu sadece kısa bir süre devam edecektir. Birkaç gün içinde uyku vakitlerinde onu emzirmek zorunda kalmayacak ve uyanıkken beşiğine kolaylıkla koyabileceksiniz.

Diş Çıkarma

Ana-babalar sık sık, bebeklerinin diş çıkarmaya başlamadan önce gayet güzel uyuduğunu söylerler. Ama ilginçtir ki, uyku problemlerinin temel sebebi muhtemelen diş çıkarma değildir. İlk diş genellikle altı ila on ay arasında çıkar. Diş çıkarma, uykuyla ilgili bazı problemlere sebep olmasına rağmen, iki sorunun üst üste gelmesi daha çok bir tesadüf gibi görünür. Araştırmalar, uyku problemlerinin bu yaşlarda arttığını ve bunun normal gelişimle ilgili olduğunu ortaya koymuştur. Bu sebeple, bebeğinizin tam diş çıkarmaya başladığı zaman uyku problemleri yaşaması sadece bir rastlantıdır. Ayrıca, bebekler iki ya da iki buçuk yaşına kadar diş çıkarmaya devam ederler. Fakat bu bebeklerin çoğunun uyku problemleri devam etmez, bu da, diş çıkarma ile uyku problemleri arasında bir bağlantı olmadığı görüşünü destekler. Fakat bebeğiniz diş çıkarırken uyku problemleri yaşıyorsa, deneyebileceğiniz bazı şeyler vardır.

Bebekler diş çıkarırken huysuz olabilirler. Bu, kötü bir şeydir. Ağızlarının suyu daha fazla akacak ve sürekli bir şeyleri ısırmak isteyeceklerdir. Ona, çiğneyebileceği yumuşak şeyler verin. Diş çıkarmanın acısını hafifletmek için özel olarak yapılan bazı oyuncaklar vardır. Çoğu, buzdolabına ya da dondurucuya koyulur. Soğuk, bebeğin diş eti ağrısını dindirmede faydalıdır. Tylenol'un çocuklar için olanı da faydalı olabilir fakat çocuğunuza ilaç vermeden önce mutlaka doktorunuza danışın.

Eğer bebeğiniz diş çıkarmayla aynı anda uyku problemleri yaşıyorsa, ateşi ve başka bir hastalık belirtisi olmadığından emin olun. Diş çıkarma dışında herşey yolunda görünüyorsa, uyku görevlerinde ısrarcı olun. Kurallardaki birkaç gecelik değişiklik bile, sizin ve çocuğunuzun uykusuz geceler geçirmenize yol açabilir.

Tuvalet Eğitimi

"Tuvaletim geldi!", çok az ana-babanın göz ardı edebileceği bir cümledir. Tuvalet eğitimi başladığında çocuklar, "tuvalete gitmenin" herşeyden önemli olduğunu çabucak öğrenirler. Çocuk, her dara düştüğünde tuvalete gitmek istediğini söyleyecektir. Evden kilometrelerce uzakta, siz randevunuza yetişmeye çalışırken, yeni yürümeye başlayan çocuğunuz tuvalete gitmesi gerektiğni söyler. Aynı şey uyku vakitlerinde de olur. Bebeğinizi tam yatağa ya da beşiğe koymuşken, tuvaletten henüz gelmiş olmasına rağmen, tekrar gitmesi gerektiği konusunda ısrar edecektir.

Bu durumla baş etmenin iki yolu vardır. İlk olarak, gece ya da gündüz uyumadan önce, çocuğunuzun tuvalete gittiğinden mutlaka emin olun. İkinci yol ise, çocuğunuza tuvalete gitmesi için fazladan bir zaman vermenizdir. Böylece, tuvalete gitmesi gerektiğini öne sürdüğünde, sinirleriniz bozulmayacaktır. Size seslendiğinde, onu alıp tuvalete götürün ya da kendi başına gitmesine izin verin. Bu yöntem de iyi bir alıştırmadır, çünkü çocuğunuz yataktayken ve gerçekten tuvalete gitmesi gerektiğinde ne yapacağını öğrenmiş olacaktır. Uyku vaktinde bu mazereti kullanmak daha sonraları eskiyecektir (tuvalet eğitiminin başlangıcında, tuvalete gitmenin yeni ve heyecan verici olduğunu aklınızdan çıkartmayın). İlk seferden (ya da uygun olduğuna karar verirseniz ikinci seferden) sonra, banyoyu başka bir nedenle ziyaret etmesine izin vermeyin. Ama eğer bu kuralı uygulayacaksanız, sert ve ısrarcı olun. Bu nedenle, tuvalete gitme talebiyle nasıl baş edeceğinize karar vermeli ve ona odaklanmalısınız.

"Bir Kere Daha!"

"Su istiyorum."
"Son bir kucak daha."
"Sadece seni sevdiğimi söylemek istedim."
Çocuklar zekidir. Her zaman bir kere daha deneyecek ve neyin işe yaradığını öğreneceklerdir. Bir bardak su ya da bir hikâye daha istemek işe yaramadığı zaman, 'sadece seni sevdiğimi söylemek istedim' yoluna başvuracaklardır. Ve bunu aklınıza gelecek en sevimli ifadeyle yapacaklardır.

Çocuklar bu yola pek çok sebepten başvurur. Gerçekten bir bardak su istiyor ya da en sevdikleri oyuncaklarını yatağa götürmeyi unutmuş olabilirler. Veya bunu, sizin gerçekten yakında olduğunuzdan ve yardıma ihtiyaçları olduğunda geleceğinizden emin olmak için yapabilirler. Ya da uyumaktan kaçmak için yapabilirler, özellikle de sizin onlar olmadan eğlendiğinizi düşünüyorlarsa. Tabii, dikkat çekmek için de yapabilirler. Onlara bağırmaya başlasanız da, bu bile bir ilgidir, olumlu ilgi kadar eğlenceli olmaz ama yine de ilgidir.

Bununla nasıl başa çıkacaksınız? Öncelikle çocuğunuzun bunu neden yaptığını tam olarak anlamaya çalışın. Eğer gerçekten sadece üstünün düzeltilmesine ihtiyacı varsa, bunu nadiren yapacak ve problem çözüldüğünde sizi çağırmaktan vazgeçecektir. Eğer çocuğunuz, etrafta olmadığınız ya da sizi göremediği için sinirli görünüyorsa, sizin yakınlarda ve kendinin de güvende olduğunu gerçekten bilmek isteyecektir. Bu çocuklar için, sözlü olarak "Herşey yolunda, uyumaya git," gibi bir şey söylemek işe yarayabilir. Ama yatağa gitmek istemeyen ya da uyku vakti davranışları için ödüllendirilen çocuklar için bazı sınırlar koymanız gerekecek.

Öncelikle, çocuklara her zaman bir şans verilmeli. Çocuğunuz her zaman uyku vaktinde bunu yapıyor olsa bile, gerçekten tuvalete gitmeye ihtiyacı olabilir ya da en sevdiği bebeğini kaybetmiş olabilir. Ona bir kereliğine cevap verdiğinizde, size ihtiyacı olduğunda gerçekten orada olduğunuzu bilecektir. Bundan sonra sert olun. "Şimdi uyku vakti," diye karşılık verin, tepkisiz kalın, bağırmayın, sakın kontrolünüzü kaybetmeyin. Size o kadar eğlenceli gelmese de bağırmanın da bir ilgi olduğunu unutmayın. (Çocukların davranışlarını nasıl yöneteceğiniz konusunda 3. Kısım'ı okumalısınız.)

Eğer "Bu son," diyorsanız, gerçekten son olmalı. Eğer dönmek için can atıyorsanız ya da gidip düşen emzikleri defalarca topluyorsanız, bu kelimeler anlamsız hale gelir.

Çocukların kuralları ve sınırları sevdiğini de unutmamalısınız. Kurallarınızı test ettikten ve ne kadar zorlayabileceklerini anladıktan sonra ne yapmaları gerektiğini bilecek ve uslu olacaklardır.

Erkenciler

Ana-babaların yaygın olarak şikâyet ettikleri bir konu da, çocuklarının sabahları çok erken uyanmasıdır. Her ne kadar sabah erkenden kalkmak ana-baba olmanın bir gereği olsa da, çocuk yüzünden sabahın beşinde kalkmak çoğu kişi için durumu zorlaştırır.

Sabah erkenden kalkan iki grup çocuk vardır. Birinci grup, uykusunu almadan kalkanlardır. İkinci grup ise, uykusunu alan ve normal uyanma zamanları sabah erken saatler olanlardır.

Yeterli Uykuyu Almadan Çok Erken Kalkmak

Bazı çocuklar, son uyku devirlerini tamamlamadan önce sabah erkenden kalkarlar. Sabah erken saatlerde uykuda pek çok geçiş olduğundan, çocuğunuzu pek çok şey uyandırabilir. Örneğin, çocuğunuzun çevresinde, sabah güneşinin vurması ya da işe gitmek için kalkan birinin sesi gibi bir uyarıcı problem yaratıyor olabilir. Acıkması ya da bezinin ıslanması da çocuğunuzu uyandırabilir. Problem, uyku vaktinde uykuya dalmak için size ihtiyaç duyan bebeğinizin, sabah erkenden uyandığında da bunu talep etmesi olabilir.

Çocuğunuzun sabah uykusunu almadan kalktığını anlamanın bir yolu da, gün içindeki davranışlarına bakmaktır. Her zamankinden daha uykulu görünüyor mu? Sabah kalktıktan sonra bir ya da iki saat sonra tekrar uyumak istiyor mu? Yeni doğan ve yürümeye yeni başlayan çocukların her gece dokuz ya da on saatten daha az uykuya ihtiyaç duymalarının çok nadir görüldüğünü unutmayın. Bu yüzden, çocuğunuz on saatten daha az uyuyorsa, bunun sebeplerini araştırın.

Eğer çocuğunuzun etrafında onu uyandıran ya da kısmi uyanışlardan sonra onu uyanık tutan bir şey varsa, o zaman bu durumu düzeltin. Eğer sabah saat 5:00'te güneş ışığı odasına giriyorsa, odayı karanlık tutacak perdeler takın. Eğer sabah geçen çöp kamyonları çok fazla gürültü çıkarıyorsa, bir fan ya da buhar makinesi ile gürültüyü bastırmaya çalışın. Çocuğunuz sabah erken kalkıyorsa, tekrar çabucak uykuya dalması için, önceki konularda sözü edilen olumsuz uyku alışkanlıklarının değiştirilmesi, daha makul bir süre uyumasını sağlayacaktır. Islak bez problemi, gece için üretilen yüksek emiciliğe sahip bebek bezleri kullanılarak çözülebilir. Bu çeşit bezlere harcanan fazladan gider iyi bir gece uykusuna değer.

Laura ve Steve'in çocukları Jessica, sabah saat 5:00'de uyanmaya başladı. Steve hastanede pratisyen hekim olarak çalışıyordu ve o gece nöbetçi olduğu için sabah saat 5:30'da hastanede olma-

sı gerekiyordu. Onun kalkışı ve duş alması 4:45'te Jessica'yı uyandırıyordu ve Laura'nın da kalması gerekiyordu. Steve'in saatleri ile ilgili yapılacak bir şey yoktu fakat Steve sabah rutinini değiştirmeye başladı. Üst katta giyinmek ve duş almak yerine, alt katta duş almaya başladı. Ayrıca giyeceği kıyafetleri akşamdan alt kata indiriyor ve böylece sabah tek yapması gereken alt kata inmek oluyordu. Hatta kahvesini, evde içmek yerine, işe giderken yoldan alıyordu, çünkü kahvenin kokusu Jessica'yı uyandırabilirdi. Steve'in sabah rutininin değişmesiyle Jessica 6:45'e kadar uyumaya başladı.

Yeterli Uykuyu Alarak Çok Erken Kalkmak

İki yaşındaki Stephanie her gece saat 19:30'da yatağında uyumuş olur. Buna karşılık malesef, sabah saat 6:00 olmadan uyanmış ve günü karşılamaya hazır oluyor.

Sabah erken kalkan bu ikinci grup çocuklar, sabah 5:30 ya da 6:00'ya kadar bütün gece uykularını alanlardır. Bu çocuklar akşam 19:00 ya da 19:30 olmadan uyurlar. Bu ana-babalara, gece faaliyetleri için imkân sağlar, fakat sabah geç saatlere kadar uyuma olanağını ortadan kaldırır. Bu yüzden sizin için hangisi iyiyse onu seçin: akşam erkenden uyuması ya da sabah geç bir uyanma vakti.

Çocuklar, kendileri kalktı diye diğerlerinin de kalkmasının gerekmediğini öğrenebilirler. Çocukların diğerlerinin uyuduğu gerçeğine saygı göstermeyi öğrenmeleri gerekir. Ana-babalar, güne başlamanın uygun olduğu zamana belli bir işaret koyabilirler. Saatli bir radyo bu problemi çözmeye yardımcı olabilir. Alarm çaldığında ve çocuğunuz müziği duyduğunda bu herkesin kalkabileceği anlamına gelir. Saat çalana kadar ailenin geri kalanını uyandırmadan sessizce oynamalıdır.

Ayrıca ana-babalar, sabah herkes uyanmadan önce çocuklarının ne yapmasına izin vereceklerine de karar vermelidirler. Eğer çocuğunuzun erken kalkmasına izin verirseniz, zarar görebileceği bir yere girmesini ya da oynamak için evin dışına çıkmasını engelleyin. Televizyon seyretmek için mi, yoksa videoyu açmak için mi izni olduğuna karar verin. Kitaplar ve yap-bozlar gibi sabahları oynayabileceği oyuncaklar için özel bir yer oluşturulabilir. Çocuğunuzun sabah acıkma ihtimaline karşı bir kâse mısır gevreği hazır bulundurun. Daha küçük çocuklarda ise, beşiklerine koyacağınız müzik kutuları ve oyuncaklar onları eğlendirecektir. Hatta oyuncakları, uyandığında oynayabilsin diye çocuğunuz uyuduğunda beşiğine koyabilirsiniz. Onu eğlendirecek bir şey olmadan sessiz durmasını bekleyemezsiniz.

Alison ve Roger erkenden kalkan Nathan'ın bu problemini çözdüler. Üç yaşına kadar Nathan'a kış aylarında kaloriferi nasıl yakacağını, alt kata onun için bıraktıkları mısır gevreğini nasıl yiyeciğini ve kitaplara nasıl göz atacağını öğretmişlerdi. Sabah kalktıklarında, onu mutfaktaki kaloriferin yanında en sevdiği taburenin üzerinde, mısır gevreğini yiyip kitap okurken bulurlardı.

Eğer çocuğunuz gözetimsiz bırakılamıyorsa, kalktığında birinin de kalkması gerekecek. Eşiniz evdeyse, sabah görevini sırayla yapın, böylece her biriniz bazı sabahlar uykunuzu alabilirsiniz.

Gece Kuşu

Erken kalkan ana-babaların aksine, çocuklarının çok geç uyumasından şikâyetçi olan bazı ana-babalar da vardır.

Gece kuşları gece saat 22:00 ya da 23:00'e kadar uyanık kalmaya bayılırlar ve sabah 9:00'a kadar uyurlar. Bu çocuklar akşamları erken yatağa koyulduklarında yatakta dönüp dururlar ve normal uyku saatlerine kadar uyuyamazlar. Ama sabah erken kalkmaları gerektiğinde, uyanmakta zorlanacaklardır. Gece kuşları uyku vaktine direnmezler, sadece gerçekten uykuları yoktur ya da daha geç bir vakitten önce uyumaya hazır değillerdir.

Bir gece kuşunun uyku vaktini daha erken bir saate kolay kolay çekemezsiniz. Çocuğunuz saat 22:30'a kadar uyuyamıyorken, onu saat 19:30'da yatağa koyarsanız, üç saat boyunca uyanık olarak uzanacaktır. Bu yüzden, yatağını uykuyla bağdaştırmaktan çok, uyanık kalmak ve sıkılmakla bağdaştıracaktır. Bir gece kuşunun uyku vaktini erkene çekmek istiyorsanız, bunu aşamalı olarak yapmanız gerekmektedir. Çocuğunuzun normal olarak uykuya daldığı zamanla başlayın. Bunu sizin ilk uyku vaktiniz olarak kullanın. Daha sonraki üç gece, çocuğunuzu bu saatte yatağa koyun. Çocuğunuzun kolay ve çabuk uyuması gerekir. Daha sonra uyku vaktini on beş dakika geriye çekin. Üç gece sonra on beş dakika daha geri çekin. İstenen uyku vaktine ulaşana kadar, çocuğunuzun uyku vaktini üç gecede bir on beş dakika geri çekmeye devam edin. Zamanı bilmeyen çocuklarda, uyku vaktini aşamalı olarak erkene almak hiçbir direnişe yol açmayacaktır. Daha erken yatağa gittiklerinin farkına bile varmayacaklardır.

Stanley, İki yaşındaki oğlunun uyku vaktini bu aşamalı yöntemi kullanarak, erken bir vakte çekmeyi başardı. Önceden, Charles gece 23:00'e kadar uyumuyordu. Üç gece sonra Stanley, Charles'ın uyku vaktini 22:45'e çekti. Sonraki üç gece, uyku vakti 22:30 oldu. Birkaç hafta sonra Charles saat 20:30'da uyuyordu ve Stan-

ley'le eşi sonunda kendilerine ayıracak biraz zaman bulabilmişlerdi. Ayrıca, Charles artık sabahları daha mutluydu, giyinmeye ve kahvaltı etmeye direnmiyordu.

İkizler ya da Daha Fazlası

İkizler, iki kat daha fazla eğlence ve iki kat daha fazla iş demektir. İkizlerde uyku problemi iki kat daha zordur, özellikle de her bir bebeğin kendi kişisel uyku özellikleri varsa. Ve ikizlerden biri her zaman diğerini uyandırabilir. Eğer üçüzleriniz ya da daha fazlası varsa, işiniz ikizlerde olduğundan daha da zor demektir.

İkiz ana-babalarının en sık sorduğu sorulardan biri, ikizlerin aynı odayı paylaşıp paylaşamayacağıdır. Çoğu ana-baba ikizleri bir arada tutmayı tercih eder. Eğer çok sayıda bebek en başından itibaren aynı odayı paylaşırsa, birbirlerini uyandırmayacaklardır. Birbirlerine uyum sağlamayı öğreneceklerdir. Bu yüzden eğer içlerinden biri huysuzlanırsa, onu başka bir odaya almayın. Diğer ikiz muhtemelen uyanmaya hazır olana dek uyuyacaktır.

Sorulan diğer bir yaygın soru da, onlara aynı uyku düzenini uygulayıp uygulamayacaklarıdır. Cevap kesinlikle EVET olacaktır. Eş zamanlı gece ve gündüz uykusu vakti uygulamak en iyisidir. Bebekler aynı düzeni paylaşınca daha başarılı olacaklar ve en önemlisi, her ikisi de aynı zamanda kalkacağı için enerji toplamak için sakin bir zamana ihtiyacınız olacak.

İkizleri ya da üçüzleri, en baştan itibaren yatağa henüz uyanıkken yatırın. Tek bebekler gibi, ikizlerin de küçük yaşlarda kendi başlarına uyumayı ve kendi kendilerini sakinleştirmeyi öğrenmeleri gerekir. Kendileri gibi bir tane daha olduğu için, her zaman kendi kendilerini sakinleştirmeye ve sabırlı olmaya gerek duyacakları zamanlar olacaktır. Sadece bir kucağınız ve iki eliniz var. İkizler iki yetişkin için bile çok fazladır. Ne kadar zor görünse de, bütün gece ve gündüz uyku vakitlerini eş zamanlı yürütmeye çalışın. Her ikisini de yatağa koymadan önce altını değiştirmek ve hazırlamak için kendinize bolca zaman verin. İkizlerin ya da üçüzlerin riski, siz biriyle meşgulken, diğerinin bir salıncakta ya da kanepede uyuyakalmasıdır. Bu işinize gelmez. Kendi başına uykuya dalsa bile, bunu, doğru yerde, yani beşiğinde yapmalıdır.

Altı ya da dokuz aylık olduklarında, ikizlerle uğraşmak daha ilginç hale gelir. Her biri hali hazırda bir oyun arkadaşı olduğunu keşfeder. Önceden birinin ağlamasının diğerini uyandıracağı için endişeleniyordunuz. Bu yaşa geldiklerinde sizi endişelendirmesi gereken eğlence ve kahkahalardır. İkizlerin uyanıp, gece boyunca ya da sabah erken saatlerde birlikte oyun oynamasını engelleyin. Sylvia'nın Gregory ve Methew'da kullandığı bir yöntem, uyudukları zaman her birinin beşiğine sessiz bir oyuncak koymaktı. Böylece sabah biri uyandığında, diğerini uyandırmadan oynayabileceği bir oyuncağı oluyordu. Hayvanlar ve müzik kutuları tarzındaki oyuncaklar iyi tercihlerdir.

İkizleriniz ya da üçüzleriniz büyüdüğünde ikiye katlanan diğer bir problem de beşikten dışarı çıkmalarıdır. Birinin çıkması yeterince kötüyken, ikisinin de çıkması tehlikeli olabilir. İkisi de dışarıdayken birinden birinin yaralanması yüksek bir ihtimaldir, çünkü birlikteyken yapmamaları gereken şeyleri denemeye daha meyillidirler. Ayrıca denetimsiz sinirli bir çocuk, diğer çocuk için ciddi bir tehlike oluşturabilir. İzinsiz hiç kimsenin beşiğinden dışarı çıkamayacağı konusundaki kuralınızda sert olun. Yaramazlıklarını zaptetmek için de ikizleri mümkün olduğunca beşiklerinde tutmak gerekecektir.

Aynı Odayı Paylaşmak

Evde pek çok çocuk, ağabeyleri, ablaları ya da başka biriyle aynı odayı paylaşır. Genelde aynı odayı paylaşan iki kişinin birbirlerini uyandıracağı endişesi vardır. Ama şaşırtıcı bir şekilde bu çok nadir olur. Çocuklar da dahil pek çok yetişkin, birkaç hafta aynı odayı paklaştıktan sonra diğerini çok nadir duyar.

Yine de bazı durumlarda, uyku problemi olan bir çocuk, odayı paylaştığı kişiyi rahatsız edecektir. Bu durumlarda, yaratıcı çözümler bulmak önemlidir. Çarelerden biri, uyku problemi olan çocuğu, gece boyunca deliksiz uyuyabildiği zamana kadar kardeşinin odasından ayırmaktır. Bu ayrılık, sadece iki ya da üç hafta sürmelidir. Diğer bir seçenek ise, uyku eğitimine gündüz uykusu vakitlerinde başlamaktır. Böylece birinin eğitim sürecinde diğerinin uykusu bölünmeyecektir.

Felicia, oğlu Jim'in uyku problemiyle baş etmek için tam da bunu yapmıştır. On yedi aylık olan Jim, üç yaşındaki ağabeyi Michael ile aynı odayı paylaşıyordu. Felicia Michael'ı uykuya hazırlıyor ve onu yatağa sokuyordu. Bütün ihtiyaçları giderildikten sonra ışıkları söndürüyor ve Jim'i uyuması için sallıyordu. Birkaç kere bunu yapamadı ve Jim'in ağlamaları Michael'ı uyandırdı. Bazı akşamlar Jim'i uyanıkken beşiğine koydu. Ama Jim o kadar çok ağladı ki, Michael rahatsız oldu ve Felicia sonunda pes etti. Aylar süren uykusuzluktan sonra Felicia'nın sabrı tükendi. Çözümü, bir hafta boyunca Jim'i gündüz uykusu sırasında beşiğine uyanıkken yatırmakta buldu. Jim ilk üç gün durumdan rahatsız olsa da, o haftanın sonuna doğru çabucak uykuya dalmaya başladı. Şimdi sıra gece uykusuna gelmişti. İlk iki gece Michael'ı kendi yatağına aldı. Bu çok özel bir fırsat olduğu için Michael çok sevindi. Bu sü-

re içinde Felicia Jim'i beşiğine uyanıkken koydu. İlk gece çok zordu fakat Jim mesajı almıştı. Jim uyuduğunda, Felicia Michael'ı kendi yatağına taşıdı. Üçüncü gece her ikisi de odalarındaki yataklarına koyuldu. Jim huysuzdu fakat Felicia, Michael'ın Jim'e "Herşey yolunda, hadi artık uyu," dediğini duyunca şok oldu, bunlar tam da Felicia'nın kullandığı kelimelerdi.

Yalnız Ebeveynler

Yalnız bir ebeveyn olarak, yardıma ihtiyaç duyduğunuz zamanlar vardır. Bununla yüzleşin. Çocuk bakımı yalnız olmayan ebeveynler için bile yeterince zorken, siz yalnız başınıza olduğunuzda, özellikle de birden fazla çocuğunuz varsa, başa çıkılmaz bir hal alabilir. Yalnız ebeveynlerin diğer ana-babalardan daha fazla desteğe ihtiyacı vardır. Yalnız ebeveyn ailevi kararlar almak için yardıma ihtiyaç duyar. Ayrıca, yalnız ebeveynlerin de dinlenmeye ihtiyacı vardır. Her gün ve her gece sebatla çocuk yetiştirmek oldukça zor bir iştir. Çocuğunuzu ne kadar çok sevdiğinizin bir önemi yoktur, bir molaya ihtiyacınız vardır. Bu nedenle yardım alabileceğiniz çareler düşünün. İster işe gidin, ister evde olun, yine de bir bakıcı tutun. Daha ucuz bir alternatif de, çocuk bakımını diğer anababalarla değiş tokuş etemektir. Bütün ebeveynler boş vakitlerin değerini bilir. Eğer aynı yaşlarda çocuklara sahip bir grup ebeveyn tanıyorsanız, bir bebek bakım birliği oluşturun. Bebek bakımı verenlerin ya da bebek bakımına ihtiyacı olanların bir listesini yapabilirsiniz. Böylece herkes bedava çocuk bakımı alır ve herkes boş zaman elde eder.

Bazı yalnız ebeveynlerin boğuştuğu bir diğer sorun da, suçluluk duygusudur. Çocuklarının bir annesi ya da bir babası yok diye suçluluk duyarlar. Bazı yalnız ebeveynler bu suçluluk duygusunu telafi etmek için, sınır koymakta gönülsüz davranırlar ve dizginleri çocuklarının eline verirler. Bu uyku problemlerine davetiye çıkarmaktır. Yalnız bir ebeveyn için pes etmek çok daha kolaydır: "Çocuk yarım saat daha geç yatsa ya da bir geceliğine ana-babasının yatağında yatsa ne fark eder?"

Tabii ki fark eder. İster yalnız olun, ister olmayın ya da bir bakıcınız olsun, çocukların rutinlere ve belirli kurallara ihtiyacı vardır. Bu nedenle, günlük bir rutinleri ve belli uyku vakti kuralları olmasına özen gösterin.

Apartmanda Yaşamak

Komşuları rahatsız edecekleri endişesi yüzünden, apartmanlarda yaşayan ailelerin, bebeklerine uyumayı öğretme konusunda, müstakil evlerde yaşayanlara göre daha fazla problemleri vardır. Komşular yanı başınızdayken sabahın ikisinde bebeğinizin ağlamasına izin vermeniz neredeyse imkânsızdır. Bu, özellikle de yaz aylarında pencereler açıkken geçerlidir. Bazı ana-babalar, ağlamasına bu kadar uzun süre izin verdikleri için komşularının, bebeklerine kötü davrandıklarını ya da ihmal ettiklerini düşünmelerinden endişe ederler.

Eğer, başkalarıyla beraber ya da yakın oturduğunuz için bu konuda ve benzer konularda endişeleriniz varsa, bunun da çözüm yolları vardır. Bebeğinizin gece boyunca uyumasının en önemli tarafının, ona kendi başına uyumayı öğretmek olduğunu unutmayın. Bebeğinize, uyumayı gece yatarken öğretmektense, gündüz uykusu vakitlerinde öğretin. Bunu yaparken çoğu kişinin dışarıda olduğu hafta sonu günlerini seçin. Ayrıca günlerinizi de seçebilirsiniz. Uyku eğitimine bir cuma gecesi başlayın, böylelikle eğitim sadece hafta sonu uykusuna mal olacaktır. Ve tek çare komşularınızı uyarmaktır. Ne kadar zor bir durumda olduğunuzu ve ne yapmaya çalıştığınızı açıklayın. (Bunu yaparken çocuğunuzun uyku problemleriyle nasıl baş edeceğiniz konusunda gereksiz ve tutarsız pek çok tavsiyeyle karşılaşabilirsiniz, dikkatli olun.)

Hatırlatmalar

- Çocuğunuza iyi uyku alışkanlıkları kazandırmak için zorlukları ortadan kaldırın.
- Yatakta dönmek gibi gelişimsel kilometre taşları, bebeğinizin uykuya dalmasını engelleyebilir.
- Bebeğinizin beşiğinden aşağı inmesi ve yatağından çıkması konusunda katı olun.
- Anne sütüyle beslenme, uyku problemlerini daha karmaşık hale getirebilir.
- 'Tuvaletim var' ve 'Son bir kucak daha'larla mücadeleye hazır olun.
- Ana-babaların, ikizlere sahip olmak, yalnız ebeveyn olmak ya da apartmanda oturmak gibi özel durumlarda gece boyunca uyuma için birtakım engelleri aşmaları gerekir.
- Durumun ne olduğu önemli değildir, olumlu uyku alışkanlıklarını destekleyecek ve olumsuz uyku alışkanlıklarını kışkırtmayacak çözümler bulun.

8. KISIM
"DOĞRU OLANI MI YAPIYORUM?"

Çocuğunuzla Başa Çıkmanın Yolları

Michelle ve Tom'un on altı aylık oğulları Sean hiç gece boyunca deliksiz uyumamış. Her gece ya Michelle ya da Tom, Sean biberondan süt içerken onu sallıyormuş. Uyku eğitiminin ilk gecesi, Michelle, Sean'a bir öykü okuyup şarkı söyledikten sonra, onu uyanık olarak beşiğine koymuş. Sean'un ağlayışını on dakika dinledikten sonra, Michelle de ağlamaya başlamış. Onlara gerçekten ihtiyacı olduğunu bildikleri halde, hiçbir şey yapmayıp Sean'un ağlayışlarını dinledikleri için hem Michelle hem de Tom kendilerini suçlu hissetmişler. Doğru şeyi yaptıkları konusunda birbirlerini rahatlatmak için, ne yapmaları gerektiğini anlatan talimatları tekrar tekrar okumuşlar. Sean en sonunda uykuya dalmış ve üç gün sonra da artık uyku vaktinde kolayca uykuya dalıp gece boyunca uyuyormuş.

Pek çok ana-babanın karşı karşıya kaldığı zor bir diğer durum da, çığlık çığlığa ağlayan bir bebekle nasıl baş edecekleridir. Kırk beş dakika boyunca annesi ya da babası için hıçkıra hıçkıra ağlayan iki yaşında bir çocuk söz konusu ve onu beş dakika sallarsanız sakinleşip hemen uyuyacağını biliyorsunuz. İşte, işin sarpa sardığı ve ana babaların çocuklarının gece boyunca uyuması için gerekli değişiklikleri yapmayı başaramadıkları nokta burasıdır.

Suçluluk Duygusu

Ana-baba olmanın başlıca getirilerinden biri de suçluluk duygusudur. Bebeğim için elimden geleni yapıyor muyum? İyi bir ebeveyn miyim? İşin içinde kural koymakla uğraşmak ve muhtemelen çocuğunuzu üzmek olmadan da bu sorular yeterince zorlayıcıdır.

Ne yazık ki, çocuğunuz için kurallar koymak, iyi ebeveyn olmanın bir parçasıdır. Çocuklar tertemiz doğarlar. Hiçbir şey bilmezler ve herşeyi tek tek öğrenmek çok zor bir iştir. Bu, onlara herşeyi sizin öğretmeniz gerektiği anlamına gelir. Onlara, giyinmeyi, beslenmeyi, çamaşır yıkamayı, hatta bir restoranda bahşişi nasıl vereceklerini bile öğretmeniz gerekiyor. Doğruyla yanlışı nasıl ayırt edeceklerini ve nasıl davranacaklarını öğretmeniz gerekiyor. Örneğin, insanlara vurmamayı, bir kilisede ya da sinagogda hoplayıp zıplayarak bağırmamayı toplum içinde kaşınmamayı, ve daha pek çok şeyi öğretmek zorundasınız. Bu zor bir görev. Bu yüzden, çocuğunuz öğrettiğiniz şeyden hoşlanmadığında kendinizi suçlu hissetmeyin. Öğretmek, ebeveyn olmanın bir parçasıdır.

Diğer bir durum da, çalışan ana-babaların çocuklarıyla yeterince vakit geçiremedikleri için duydukları suçluluktur. Ken, on beş aylık Justin'le iyi vakit geçiremediği için üzgündü. Ken her gece eve tam da Justin'in uykuya hazırlandığı saat olan 19:00'da geliyordu. Stacey de aynı endişe içindeydi, fakat onun endişesine birkaç ilave daha vardı: Oğlu, bütün günü evde bakıcıyla geçirdikten sonra, onu beraber hiç vakit geçirmeden hemen yatırmanın üç yaşındaki Bobby'e haksızlık olup olmadığından endişe ediyordu. Bobby'nin bir kenara itildiği ve onunla vakit geçiremediği zaman Stacey'nin hissettiği, buna başka bir örnektir.

Ana-babaların bu endişeleri çok samimi ve çok yaygındır. Fakat unutmayın ki, bu sorun çocuğunuzun gece yeterli uyku alması kadar önemlidir. Uykusuzluğun olumsuz sonuçlarını ve uyku gelişiminin olumlu etkilerini ortaya koyan pek çok araştırma vardır. Düzenli uyku çocuğunuzu sadece daha iyi huylu yapmayacak, aynı zamanda daha çok öğrenmesine ve sizinle geçirdiği zamanlardan daha çok zevk almasına olanak sağlayacaktır. Çocuğunuzun sizinle zaman geçirmesi çok önemlidir, fakat bu ancak sabah saatleri ya da izinli olduğunuz zamanlarda olabilir. Bir geceliğine bile olsa, yeterli uykuyu alamıyorsa, bu durum onun zararına olacaktır.

Ana-babaların Sıkça Sorduğu Sorular

Suçluluk duygusu konusunda mutabık ana-babalar kendi kendilerini sıklıkla sorgularlar ve nasıl bir ebeveyn oldukları konusunda şüpheye düşebilirler.

"Ben kötü bir ebeveyn miyim?" Kötü ebeveyn, çocuğuna karşı verici olmayan ve kötü davranan ebeveyndir. İyi ebeveynse, çocuğunun ihtiyaçlarına dikkat eden ve doğru şeyi yapan

ebeveyndir. Çocuğunuza kendi başına nasıl uykuya dalacağını öğretmek doğru şeyi yapmaktır. Hem bebekken hem de ilerleyen yıllarda bu yeteneğe ihtiyacı olacaktır. Çocuğunuz ağlayıp üzüldüğünde, size ihtiyacı olduğunu düşünebilirsiniz, fakat doğu olan tam tersidir. Onun, sizin ona kendi başına nasıl uykuya dalacağını öğretmenize ihtiyacı var.

"Bu yöntem çocuğuma zarar verir mi?" Gün içinde bebeğinize çok ilgi gösterdiğiniz sürece, gece uyanık olduğu zaman ağlamasına izin vermekle ona zarar vermezsiniz. Bazıları, uyku problemleriyle başa çıkma konusundaki önerilerin, çocukların sadece daha çok ağlamasına yol açtığını söyler. Bu tam olarak doğru değildir. Uyku problemleriyle başa çıkmak bazı açılardan bebeğinizin ağlamasını içerebilir fakat bu en büyük bölümü değildir. En önemli bölümü, çocuğunuza kendi kendini nasıl sakinleştireceğini ve nasıl uyutacağını öğretmektir. Uyku problemlerini engellemek daha önemlidir. İleriki problemleri engelleyerek, çocuğunuza yardım ediyorsunuz, ona zarar vermiyorsunuz.

"Çocuğumun hayatında iz bırakacak mı?" Bazı ana-babalar hemen çocuklarını ileriki yaşlarda bir psikiyatrist kanepesinde, ana-babasının onu odasında tek başına ağlamaya terk etmelerinin bıraktığı hasarı anlatırken hayal ederler. Böyle bir şey olmayacak. Araştırmalar, sınırlı gece uyanma problemleri ve uyku vakti problemleri olan, iyi uyuyan çocukların daha uyumlu, daha iyi huylu ve her bakımdan daha iyi olduklarını ortaya koymuştur. Laboratuvarlarımızda yapılan bir araştırma, uyku problemi olan iki ve üç yaş arası çocukların, psikolojik ve davranışsal problemlerin tüm çeşitlerine yakalanma olasılıklarının daha fazla olduğunu göstermiştir. Ayrıca keyifsiz ve içine kapanık görünmeleri

de daha olasıdır. Böylece, çocuğunuzda iz bırakmak bir yana, ona yardım ediyor olacaksınız.

"Sabah çocuğum beni hâlâ seviyor olacak mı?" Endişelenmeyin, sabah olduğunda çocuğunuz sizi hâlâ seviyor olacak. Çocuğunuz gece ağlarken kişisel olarak size kırılmıyor, sadece uyumak istiyor. Bir sonraki sabah sizi gördüğü için her zamanki kadar mutlu olacak.

Uykunun Duygusal Yönleri

Bazı nedenlerden dolayı uyku, diğer pek çok davranıştan farklıdır. Uykuya, çocuğunuzun hayatındaki diğer şeylerden çok daha fazla duygusal değer yüklüyor gibiyiz ve bunun muhtemelen pek çok sebebi var. Bu sebeplerden birkaçı burada incelenecektir. Bu sebepleri anlamak önemlidir, böylelikle bunlar samimi bir şekilde ele alınacak ve çocuğunuz için en iyi kararı vermenize engel olmayacaklardır. Sebeplerden biri, uyuyan şirin bir bebeğin hepimizin hafızasına kazınan o çok bilindik görüntüsüdür. En sevdiğimiz resimlerden birkaçı uyuyan çocuğumuza ait olanlardır. Bebekler uyurlarken çok tatlı ve korunmasız görünürler. Çocuk sahibi olmayı hayal ederken, pek çok kişinin aklında sessiz sakin bir yerde sandalyede sallanırken, bir bebeği uyuyana kadar kucaklama hayali vardır. Bu yüzden bebeklerinin uyku vaktinde hıçkıra hıçkıra ağlaması bu güzel hayale ters düşer.

İkinci olarak, beşiğinde yalnız olan bebeğin ağlayışlarına dramatik anlamlar yüklemeye eğilimimiz vardır. Büyük çocukların neden üzgün olduğunu anlarız, çünkü onlar dertlerini anlatabilirler. Ama küçük çocukların neden ağladığını bilemeyiz ve ağlayışlarını, açlık, üzüntü, ayrılık endişesi gibi şeylere bağlarız. Bebeğin sadece "Burada kalmak istemiyorum, beni beşiğimden çıkarın," diye ağladığını düşünmek yerine, "Beni terk ettiniz," gibi tamamen farklı bir şeyler söylediğine inanırız. Bu yüzden genellikle bebeğimizin ağlayışlarını ayrılık endişesi ya da terk edilme üzüntüsü gibi yorumlarız, oysa hiç de böyle olmayabilir.

Ayrıca çocuğumuzun üzgün ve yalnız olduğu düşüncesini de hiç sevmeyiz. Çocuğumuzun beşiğinde tek başına duran ve ağlayan görüntüsü, bizde ona yardım etme isteği uyandırır. Çocuk için orada kalmasının en iyisi olduğunu bilsek bile, buna kayıtsız kalmak ve bunun olmasına izin vermek çok zordur.

Bebeğiniz ağlarken, duygularınızı ona çok fazla yansıtmamaya dikkat edin. Bebeğiniz sizden nefret etmiyor ve siz onu terk etmiyorsunuz. Onun için en iyi olanı yapmaya çalışıyorsunuz ve bu her ikinizin de iyi bir gece uykusu çekmesinin bir yolunu bulmak anlamına geliyor. Bebeğinizin size ihtiyacı var. Bebeğinizin, sizin ona kendi başına nasıl uykuya dalacağını öğretmenize ihtiyacı var.

Bu sebepleri düşünmek, yalnız başına uykuya dalmanın öğrenilmesi gereken bir yetenek olduğunu kendinize hatırlatmanıza yardımcı olabilir. Bu, uyku problemleriyle baş etmenize yardımcı olabilir. Yalnız başına uykuya dalmayı öğrenmekle, yürümeyi öğrenmeyi aynı kefeye koyabilirsiniz. Bebeğiniz yürümeyi öğrenirken muhtemelen birkaç kez düşecektir. Bu onu korkutabilir ve ağlatabilir. Fakat korkması ve ağlaması, onun yalnız yürümeyi denemesine hiçbir zaman izin vermeyeceğiniz anlamına gelmez. Aksi davranış zararlı olacaktır. Uykuyu da aynı şekilde görmeye çalışın. Başlangıçta bebeğiniz üzülebilir, fakat biraz alıştırmayla en sonunda, bebeğiniz bu yeni yetiyi kazanacak ve ömür boyu kullanacaktır.

İki yaşındaki kızı Denise'de bu geçiş gerçekleştiğinde Vanessa şok olmuştu. Uyku vakitleri Denise'in küçüklüğünden beri adeta bir cehennem azabıydı. Vanessa bu stresli uyku vakti rutinini, kızının mutlu ve sakin bir şekilde yatağa gitmesini sağlayacak bir rutinle değiştirmesi gerektiğine karar verdi. Belli bir uyku vakti rutini geliştirdikten ve Denise'in kendi başına uykuya dalmasını sağladıktan sonra, dünya farklı bir hal aldı. Uyku vaktinin geldiği söylendiğinde, Denise artık ağlama krizleri geçirmiyordu ve hem gün içinde hem de akşamları daha mutlu görünüyordu. Üç hafta sonra Vanessa hayatının şokunu yaşadı. Akşam yemeği bitmişti ve salonda Denise'e bir öykü okuyordu. Öykünün yarısında Denise annesine döndü, kolundan çekerek "yatak" dedi. Vanessa yanlış duyduğunu düşünerek, söylediğini tekrarlamasını istedi. Denise daha yüksek bir sesle, uyku vaktinin geldiğini söyledi.

Sizin çocuğunuz bu kadar ileri gitmeyebilir, fakat o da sonunda uyku vaktinden korkmayı bırakacak ve yorgun geçen bir günden sonra sıcak bir yatağa kıvrılmanın tadını çıkaracaktır.

Bebekler Neyin İşe Yaradığını Bilirler

Bebekler istedikleri şeyi nasıl elde edeceklerini bilirler. Bunu yapmanın yollarından biri aşırı sevimli veya çok mutsuz görünmektir. Bebeklerin hüzünlü görünmeye yetenekli olması gerekir. Bu, onlar için istediklerini elde etmenin en garantili yollarından biridir. Onlar tamamen çaresiz ve başkalarına bağımlıdırlar. Hepsinin ötesinde, hayatlarının ilk birkaç yılı boyunca ne istediklerini anlatmakta çok zorlanırlar. Bu yüzden hüzünlü olmak işe yarar.

Beşiğinde yapayalnız ağlayan bir bebekten daha hüzünlü hiçbir şey olamaz. İlk tepkiniz onu çekip almak ve korumaktır. Hüzünlü görünmenin işe yaradığını unutmayın. Çocuğunuz büyüdükçe başka numaralar da öğrenecektir. Benim en sevdiğim numara, "Sadece seni sevdiğimi söylemek istedim," bahanesidir. Buna nasıl kayıtsız kalabilirsiniz? Çocuğunuzun ne istediğine bakmak için günde yedi kere merdivenleri tırmanmanızın sebebi de budur. Ve daha sonra yaklaşık üç yaşlarında, şu sihirli kelimeleri öğrenirler: "Tuvaletim var." İşte bu da göz ardı edilemez.

Birbirinden Farklı Görüşlere Sahip Ana-babalar

Bazı çiftler, çocuklarının uyku problemleriyle başa çıkmada birlikte çok iyi çalışırlar. Bir anne bu konuda, "Eşimle benim ortak bir düşmanımız var," diye bir yorum yapmıştı. Bazıları içinse bu, tamamen zıtlaştıkları bir konu olabilir. Biri bebeğinin ağlamasına izin vermeye razıyken, diğeri buna hiç katlanamaz. Biri yataklarını bebekle paylaşmaktan hoşlanmazken, diğeri bunu önemsemeyebilir. Leslie ve Mark böyle bir çiftti.

Leslie ve Mark'ın oğulları Danny, geceleri pek çok kez uyanıyordu. Danny yedi aylık olduğunda Leslie, bir şeyler yapma zamanının geldiğine karar verdi. Uykusuz gecelere artık dayanamayacaktı. Bir Perşembe gecesi Danny'i beşiğine koyduktan sonra onu bıraktı. Beş dakika Danny'nin ağlayışını dinledikten sonra Mark, buna dayanamayacağını söyleyerek Danny'i almak için öfkeyle üst kata çıktı. Bu, birkaç hafta boyunca, ne yapmaları gerektiği konu-

sunda tartışmalarına sebep oldu. Her ikisi de bir şeyler yapılması gerektiğini düşünüyordu, fakat Leslie, Danny'nin üzgün olmasına katlanabiliyorken, Mark hiç dayanamıyordu.

Bu sorun nasıl çözülebilir? Konuşun. Uzlaşın. Pazarlık edin. Evlilik, en güzel zamanlarda bile zor olabilir. Ve uykusuz kalındığında, en sakin olanlarımız bile huysuzlaşır. Bir yöntem geliştirirken, iki kişinin de katkısı gereklidir. Böyle olmazsa, işe yaramayacaktır. Her ikisinin de uzlaşmaya varması gerekir. Bu her iki tarafın da iletişimini gerektirir. Sadece tartışmadan kaçmak için uzlaşmayın, işlem geri tepecektir. İçinizden biri, uyku vakti geldiğinde siz tam bebekle uğraşmaya başlamışken, tavır değiştirme konusunda ısrar etmeye başlayacaktır. Bu tavır değişikliği genellikle, pes etmek ve ağlayınca bebeği kucağa almaktır. Ama pes etmek durumu çok daha kötü yapacaktır, özellikle de bebeğiniz uzun süredir ağlıyorsa. Vaz geçmeniz, bebeğinize, ısrar ederse ve hakikaten feryat ederse birinin gelip onu alacağını öğretecektir. Ona daha uzun zaman ve daha abartılı ağlamayı öğretmiş olursunuz. Bir dahaki sefer bir yöntem denemeye çalıştığınızda, çocuğunuz iki kat daha fazla ağlayacaktır. Bu yüzden, sizin ve eşinizin iyiliği için, ne yapacağınızı tartışıp, bir yöntem geliştirerek ona bağlı kalmanız çok önemlidir. Bu işlem, gelecek yıllar için iyi bir alıştırma olacaktır. Çocuğunuzun uyku problemleriyle baş etmek için bir yöntem geliştirmek, birlikte alacağınız pek çok karardan sadece ilki olacak. Daha sonra sokağa çıkma yasağına uymaması ya da arkadaşlarına vurması gibi bir çok sorunla karşılaşacaksınız.

Birbirlerinden farklı yöntemleri olan anne ve babalarla baş etmenin pratik başka bir yolu daha vardır. Yukarıda bahsedildiği gibi, genelde bir ebeveyn uyku problemiyle baş edebilirken, diğeri edemiyordur. Eğer sizin ailenizde de durum buysa, o zaman ilk bir iki gece uyku eğitimini, bu işin üstesinden gelebilecek ebeveynin yapmasına izin verin. Ve bu eğitimi, diğerinin şehir dışında ya da en azından evin dışında olduğu bir zaman yapmaya çalışın. Ebeveynlerden diğeri bu esnada sinemaya gidebilir, bir iki geceliğine bir arkadaşında kalabilir, uzun bir yürüyüşe çıkabilir ya da kulaklıkla müzik dinleyebilir. İlk bir iki geceden sonra ana-baba uyku vakti rutinine tekrar katılabilir.

Diğer bir ipucu: Ana-babalardan her birinin çocuğu farklı zamanlarda yatırması önemlidir. Bu yapılmazsa, çocuğunuz diğer ebeveyni bekleyerek uykuya dalamayabilir.

Nasıl Baş Etmeli?

Bebeğinize gece boyunca uyumayı öğretmekle baş etmenin pek çok yolu vardır. Muhtemelen bir başa çıkma yöntemi dağarcığına ihtiyacınız olacak, çünkü sadece bir tek yöntem her durumda işe yaramayacaktır. Burada, uyku vaktinde ağlayan bir bebekle başa çıkmada, pek çok ana-babanın yararlanabileceği öneriler bulacaksınız.

Gürültüyü engelleyin. Bebeğinizin ağlayışındaki masumiyetin sizin üzerinizde baskı yapması muhtemeldir. Bu, doğanın bebeklerin bakılmasını garanti altına alma yoludur. Ne yazık ki, ister acil bir durum nedeniyle, isterse sadece huysuz ve mutsuz olduğu için olsun, bebeğinizin ağlama sesi sizin gerginlik seviyenizi arttıracaktır. Tepkinizi azaltmanın bir yolu, sesi engellemektir. Bebeğin tehlikede olabileceği ihtimaline karşı bütün sesi engellemeyin. Fakat bebeğinizin sadece mutsuz olduğunu ve bir süre ağlayacağını biliyorsanız, o zaman sesi bastırın.

Sesi engellemenin bir çok yolu vardır: Evin başka bir yerine gidin. Ancak çok uzakta olmak sesi bastıracak ve başa çıkmanızı sağlayacaktır. Sesi engelleyecek herhangi bir aleti çalıştırın. Mutfağınızdaki bir fanı ya da aspiratörü açın. Elektrikli süpürgeyi açın. Duş alın ya da sadece duşu veya musluğu açıp banyoda oturun. Müzik ya da televizyonun sesini açın. Kurutma makinesiyle saçlarınızı kurutun.

Çoğu ana-baba, bebeğin ağlayışını bastıran sesin bebeğin uyumasını engelleyeceğinden endişe ederler. Endişelenmeyin, çok aşırı gürültü yapmadığınız sürece, herhangi bir sabit ses bebeğinizin uyumasına yardımcı olacaktır. Ayrıca bebeğinizin, sizin evin içinde dolandığınızı duyduğunda uyanık kalma ihtimali daha fazladır.

Sürekli saati kontrol etmeyin. Eski bir deyişi hatırlayın: "Başında beklediğiniz tencere hiçbir zaman kaynamaz." Bu mantık, bebekler için de geçerlidir. Bebeğin ağlamasının bitmesini beklerseniz hiç bitmeyecekmiş gibi görünür. Bebeğiniz ağlarken sürekli saati kontrol etmeyin. Bu, ağlamanın sonsuza kadar sürecek gibi gelmesine sebep olacaktır. Merdivenlerde oturarak beklemeyin. Gidin. Başka bir şeyler yapın. Bulaşıkları makineye koyun. Bir dergiye göz atın. En sevdiğiniz müziği dinleyin. Çocuğunuz ağlarken size destek olması için bir arkadaşınızı çağırın (ve neler olduğunu mutlaka açıklayın). Posta kutusuna bakmaya gidin. Saati gözlemeyin de ne yaparsanız yapın.

Kendinizle eğlenin. Stresli bir durumla başa çıkmanın en iyi yolu mizah gücünü kullanmaktır. Mizah en iyi stres azaltıcıdır ve bakış açınızı korumanızı sağlayacaktır. Gece saat 22:00 olmuş. Bebeğiniz bütün gün huysuzdu ve şimdi ağlayan bebeğinizi kontrol etmek için on birinci turunuza çıkmışsınız. Böyle bir durumda bütün bakış açınızı kaybetmeniz çok kolaydır. Sanki bir daha hiçbir zaman huzurlu bir an yaşamayacaksınız gibi gelecektir. Fakat bunun sadece geçici bir durum olduğunu hatırlamaya çalışın. Büyükannenizin bir zamanlar muhtemelen söylediği gibi, bu da geçecek.

Bu yüzden, akıl sağlığınızı korumak için mizahı kullanın. Uyumayan bebeklerle ilgili karikatürleri kesip buzdolabına yapıştırın. Onlara bakın ve kendinize yalnız olmadığınızı hatırlatın. Evin çeşitli yerlerine notlar asın. Bebeğinizin kapısına üzerinde, DİKKAT, AĞLAYAN BEBEK! KENDİ İYİLİĞİNİZ İÇİN İÇERİ GİRMEYİN yazılı bir levha asın. Göze çarpan bir yere, misafirler için bir levha asın. SAM'E GECE BOYUNCA UYUMAYI ÖĞRETİYORUZ. BULAŞIKLARA, AĞLAYAN BEBEKLERE VE MUTSUZ EBEVEYNLERE HAZIRLIKLI OLUN. LÜTFEN DESTEK VERİN.

Gülümseyin. Kendinizi kötü hissettiğinizde gülümsemek yapılacak en iyi şeydir. Gülümsüyorken, kendinizi mutsuz ya da gergin hissedemezsiniz. Gülümsemek içinizden gelmese de yine de yapın. Gülümsemek daha iyi hissetmenizi sağlayacak ve tekrar gülümsemek için size daha fazla neden sağlayacaktır. İlk başta aptal gibi hissedebilirsiniz, fakat yine de deneyin. Gerçekten işe yarıyor.

Müzik dinleyin. Müzik gerçekten ruhumuzun gıdasıdır. Araştırmalar, müziğin ruh halimiz üzerinde hem olumlu hem de olumsuz yönden çok büyük etkisi olduğunu ortaya koymuştur. Yüksek sesli, kalitesiz müzik bizi kötü bir ruh haline sokacaktır. En sevdiğimiz müzikse bizi iyi bir ruh haline sokar. Kötü veya bitkin hissettiğinizde ya da bebeğiniz hiç susmayacak gibi geldiğinde, en sevdiğiniz müzikleri dinleyin. Gergin hissettiğinizde, yumuşak, sakinleştirici müzikler dinleyin. Devam edecek gücünüz kalmadığını hissederseniz, eğlenceli, hareketli müzikler dinleyin. Bu, temizlik için ya da sadece dans etmek için sizi motive edecek en mükemmel yoldur. Bu, büyük çocukların moralini düzeltmede de işe yarayacaktır. Dans etmek herkese iyi gelir.

Sakin Ana-baba, Sakin Bir Bebek Demektir

Sakin bir ana-baba, bebeğin de sakin olmasına yol açar, ama tam tersi de doğrudur: Üzgün bir ana-baba da bebeğin üzülmesine neden olur. Bebeğiniz sizin ruh halinizi hisseder. Siz üzgünseniz, o da üzgün olacaktır. Eğer siz sinirliyseniz, o da sinirli olacaktır. Ama siz mutluysanız, o da mutlu olacaktır.

Bebeğiniz, dünyaya nasıl tepki vereceğinin işaretlerini sizde arar. Uyku vakti yaklaşınca gerginleşmeye başlarsanız, bebeğiniz de bunu hissederek üzülecek ya da korkacak bir şey olduğunu düşünecektir. Bununla birlikte, eğer siz uyku vaktine sakin bir şekilde yaklaşırsanız, bunu hissedecek ve o da sakin olacaktır.

Olumsuz Düşüncelere Meydan Vermeyin

Düşüncelerimiz çok güçlüdür. Düşündüğümüz şey bizi mutlu ya da mutsuz edebilir. Ağlayan, özellikle de uyumayan bir bebekle uğraşmak olumsuz düşüncelere sebep olur. Sürekli ağlayan bebeğinizin yanında kırkıncı dakikayı doldurduğunuzu düşünün ve daha sırada ikinci gece var. " Bu işkence hiç bitmeyecek," diye düşünmeye başlayabilirsiniz. Bir noktada herkes bu düşünceye kapılır. Düşünceleriniz olumsuz olabilir: "Ağlamayı hiçbir zaman kesmeyecek," ya da "Herkesin bebeği uyurken benim bebeğimin uyumaması hiç de adil değil," gibi şeyler düşünebilirsiniz. Uyumadığı ve sizin uyumanıza izin vermediği için bebeğinize kızabilirsiniz. Bu düşünceler, durumla başa çıkmanızı daha da zorlaştırır. Siz de bu kişilerden biri misiniz? Kötü hissetmenize sebep olan olumsuz düşüncelere kapılıyor musunuz? Olumsuz düşünceleriniz ne bebeğinizin ağlamasını durduracak, ne de uyumasını sağlayacak. Aksine, durumu daha kötü hale getirecektir. Bebeğiniz gerginliğinizi hissedecek ve daha çok üzülecektir. Kötü hissetmenize sebep olan düşüncelerinizin tehlikeli çemberinden çıkmak için, olumsuz düşüncelerinizle savaşmanız gerekir.

Olumsuz düşüncelerle savaşmanın ilk adımı, ne düşündüğünüzü fark etmenizdir. Düşüncelerinizi yazın. Aklınızdan geçen fikirlere şaşırabilirsiniz. Düşüncelerinizi tespit ettikten sonra onlarla savaşmaya başlayabilirsiniz. Kendinizle tartışın. Meselenin mantıklı yönünü düşünün: "Bebeğim ağlamayı kesecek. Eninde sonunda uyumak zorunda kalacak.", "Bir ebeveyn olarak başarısız değilim, sadece bebeğim uyumakta güçlük çekiyor. Yoksa bebeğim gayet mutlu ve sağlıklı.", "Uyuyamaması benim suçum değil ve onun da suçu değil. Sadece bazı kötü alışkanlıkları var," veya "Bu program neden benim bebeğim için de işe yaramasın? Diğer pek çok bebek için işe yaradı. Bunu yapabilirim," gibi şeyler düşünmeye çalışın.

Bebeğinize gece boyunca uyumasını öğretmek kolay bir süreç değildir. Çaba gerektirir ve muhtemelen biraz gözyaşı içerecektir (muhtemelen her iki taraf için de). Kendinizi olumsuz düşünceler girdabına kaptırdığınızı fark ettiğinizde, onlarla savaşın. Olumlusunu vurgulayın: "Bu yöntem işe yarayacak," ya da "Bu sadece ikinci gece. Gelecek hafta bu saatlerde herkes uyuyor olacak." Olumlu şeyler söyleyerek daha iyi hissedecek ve daha iyi üstesinden geleceksiniz.

Kendiniz İçin Biraz Uyku

Önemli bir diğer mesele de hem sizin hem de eşinizin biraz uyumanız gerektiğidir. Uykusuzken bir şeyle uğraşmak çok zordur. Eşinizle görevleri paylaşmak ve her birinizin mümkün olduğunca çok uyumasını sağlamak için, bir sistem oturtmaya çalışın. Bir kişi gece görevini, diğeri sabah görevini almalıdır. Bu şekilde biriniz gece erken uyurken, diğeri de sabah uyuyabilir. Geceleri değiş tokuş edin; bebekle uyanmayı nöbetleşe yapın. Hafta sonlarında, biri cuma gecesini, diğeri cumartesi gecesini alabilir.

Bu sisteme girişildiğinde, sıklıkla iki problem ortaya çıkar. Birincisi, görevli olan ebeveynin bebek ağladığında uyanmamasıdır. Bu durumda, uyanan ebeveyn görevli olan eşi kaldırmaya çalışmaktan usanır ve çoktan uyanmış olduğu için bebeğin bakımını kendi yapar. Bu ikilem konusunda bir çözüm üretmeniz gerekecek. Eşinizi uyandırın ve kalkmasını sağlayın. Sürekli siz kalkmaya devam ederseniz, bir süre sonra eşiniz gürültüye rağmen uyumayı öğrenecek ve hiçbir zaman bebeğin ağlamasına uyanmayacaktır. Bu yüzden, görevli olanın uyandırılması çok önemlidir. Biraz çaba göstererek, görevli olan yetişkin, bebek ağladığında uyanmalıdır.

Diğer bir sorun da, bir ebeveyn çalışıyor, diğeri evde kalıyorsa ne yapılacağıdır. Bu gibi durumlarda genellikle evde kalan kişi bebekle birlikte uyanır, çünkü diğer kişinin bir sonraki gün çalışması beklenmektedir. Fakat, bir bebekle evde kalmanın ne kadar büyük bir iş olduğunu genelde kimse fark etmez. Evet, bütün gün geceliklerinizle dolaşabilirsiniz, fakat bir bebeğe bakmak hem fiziksel hem de duygusal olarak çok büyük emek gerektirir. Adil çözüm uzlaşmaktır fakat uzlaşma tam olarak eşit olmak zorunda değildir. Çalışan eş, (geleneksel anlayışa göre) hafta sonuna sadece bir gün kaldığından perşembe gecelerini ve hafta sonlarını alabilir. Başka bir çözüm, çalışan eşin gün aşırı değil de üç günde bir görevi üstlenmesidir. Çalışan eş, evde kalan eşe dinlenme fırsatı vermek açısından görevi en azından hafta sonları devralabilir. Bu sorun için bir çözüm üretmek önemlidir. Bu problemin çözülmesinden çalışan partner de kârlı çıkacaktır, çünkü eve geldiğinde bitkin ve sinirli bir eşle karşılaşmak istemez.

Uykusuzlukla Baş Etmek

Eğer uykuluysanız, dikkatli olun. Uzun süre araba kullanmayın. Mutfakta dikkatli olun. Yorgun olduğunuzda kazalar meydana gelebilir. Sürekli bir şeyler yapmamız istenir, bir gece önce, bir hafta önce, hatta bir ay önce ne kadar uyuduğumuzun hiç önemi yoktur. Hemen işin üzerine atlamadan önce, gerçekten yapıp yapamayacağınızı bir düşünün. Güvende olacak mısınız? Diğerlerini tehlikeye atacak mısınız? Örneğin trafik kazaların çoğu alkollü araba kullanmaktan değil, uykusuz araba kullanmaktan meydana geliyor. Tahmin edebileceğiniz gibi, bu kazaların gece yarısı olma ihtimali daha fazladır. Şaşırtıcı bir şekilde, bundan sonra gelen en tehlikeli zaman dilimi öğleden sonra üç ve beş arasıdır. Radyonun sesini ya da arabanın camını açmanın, direksiyonda uyuyakalmanıza pek fazla faydası olmayacaktır. Yapılacak tek şey durup, on-on beş dakikalık bir şekerleme molası vermektir. Tabii ki daha fazla şekerleme yapabiliyorsanız yapın. Eğer uykunuzu almıyorsanız, mantıklı ve güvenli olarak yapabileceğiniz şeylerin sınırlarını belirleyin.

Gevşeme Yöntemleri

Psikiyatristler, insanların stresli durumlarda rahatlamasını sağlayacak yöntemler geliştirmede büyük bir başarı göstermişlerdir. Bu yöntemler genellikle, kaygı bozukluğu olan, stresli bir tıbbi tedavi sürecine girmek üzere olan ya da stresle mücadele yöntemlerini öğrenme ihtiyacı duyan kişiler tarafından kullanılır. Birkaç tanesini deneyin ve sizin için hangisinin işe yaradığına karar verin. Bir gevşeme yöntemi kullanmak, üzgün bir bebekle uğraşırken size yardımcı olacaktır.

Aşamalı Kas Gevşetme

Bazı kişiler, aşamalı kas gevşetmenin, gevşeme yöntemlerinin en iyisi olduğunu söylemektedir. Biraz çaba gerektirir, fakat öğrenildiğinde, stresi azaltmanın mükemmel bir yoludur. Aşamalı kas gevşetme, kaslarınızdaki gerginliği saptamayı ve rahatlatmayı öğretir. Üzgün veya sinirli olduğunuzda, kaslarınızı ne kadar çok gerdiğinizin farkına bile varmayabilirsiniz. Bu yöntem size gergin olduğunuz zamanları belirlemeyi ve gevşemeyi öğretecektir.

Aşamalı kas gevşetme yönteminde, gerginliği belirlemeniz ve daha sonra gevşetmeniz için, her bir adale sırayla kasılır ve gevşetilir. Aşamalı kas gevşetme, başlangıçta yirmi ila otuz dakika sürer. Ne kadar çok alıştırma yaparsanız, bu süre o kadar kısalacaktır. Sonunda, birkaç dakika içinde gevşeyebiliyor olacaksınız.

Verilen tabloyu takip edin. İsterseniz bir kasete de kaydedebilirsiniz. Eğer pek çok kişi gibi kendi sesinizi duymaktan hoşlanmıyorsanız, sizin için başka biri de kasete kaydedebilir. Kişi yavaş ve sakin bir şekilde konuşmalıdır. Aynı kelimelerin kullanılması önemli değildir, önemli olan işlemdir. Hatta, kaslarınızı sırasıyla kasıp gevşettiğiniz sürece, tabloyu tam olarak takip etmeniz de gerekli değildir. Her bir adaleyi kastığınızda, on saniye kadar kasılı tutun.

Aşamalı Kas Gevşetme Tablosu

Kas Gurubu	Kasılma Egzersizi
Kolun alt kısmı	Yumruk yapın
Kolun üst kısmı	Kolun üst kısmını kasın
Bacağın alt kısmı	Ayak parmaklarınızı gerin
Kalçalar	Bacaklarınızı birbirine bastırın
Mide	Mide adalelerini kasın
Göğüs	Derin bir nefes alın
Omuzlar	Omuzları kulaklara doğru çekin
Çene	Çeneyi göğse doğru yaklaştırın
Çene kemikleri	Sıkıca ısırın
Dudaklar	Dudakları birbirine bastırın
Gözler	Gözleri sıkıca kapatın
Alın	Kaş çatın, kaşlarınızı birbirine doğru çekin

Bu alıştırmaya başlamak için, rahat bir yer bulun. Yatağa uzanarak ya da rahat bir koltukta oturarak da yapabilirsiniz. Gözlüklerinizi çıkartın (eğer kullanıyorsanız), rahat olun ve gözlerinizi kapatın. Gevşeme işlemi boyunca gözlerinizi kapalı tutun.

Burada aşamalı gevşeme yöntemini uygularken kasede kaydedebileceğiniz bir örnek metin verilmiştir:

Birkaç kere derin nefes almakla başlayın. Gevşemeyi içinize çekin ve gerginliği dışarı verin.
(20 saniye bekleyin.)

Şimdi, yumruk yaparak sağ elinizin kaslarını gerin. Gerginliği hissedin... gerginliği inceleyin... ve gevşeyin. Gerginlikle gevşeme arasındaki farkı hissedin.
(20 saniye bekleyin.)

Şimdi, sağ kolunuzun kaslarını, adalenizi çıkararak gerin. Gerginliği hissedin... gerginliği inceleyin... ve gevşeyin. Farkı hissedin.
(5 saniye bekleyin.)

Gittikçe daha çok gevşeyin. Kaslarınızın gevşediğini... ve ağırlaştığını hissedin.
(5 saniye bekleyin.)

Şimdi, yumruk yaparak sol elinizin kaslarını gerin. Gerginliği hissedin... gerginliği inceleyin... ve gevşeyin. Gerginlikle gevşeme arasındaki farkı hissedin.
(20 saniye bekleyin.)

Şimdi, sol kolunuzun kaslarını adalenizi çıkararak gerin. Gerginliği hissedin... gerginliği inceleyin... ve gevşeyin. Farkı hissedin.
(5 saniye bekleyin.)

Gittikçe daha çok gevşiyorsunuz, uykulu ve rahatsınız.
(5 saniye bekleyin.)

Şimdi, ayak parmaklarınızı ileriye doğru iyice uzatarak sağ ayak kaslarınızı gerin. Gerginliği hissedin... gerginliği inceleyin... ve gevşeyin. Gerginlikle gevşeme arasındaki farkı hissedin.
(20 saniye bekleyin.)

Şimdi, ayak parmaklarınızı ileriye doğru uzatarak sağ ayak kaslarınızı gerin. Gerginliği hissedin... gerginliği inceleyin... ve gevşeyin. Farkı hissedin.
(5 saniye bekleyin.)

Gevşemeye devam edin.
(5 saniye bekleyin.)

Şimdi, bacaklarınızı birbirine bastırarak üst bacak kaslarınızı gerin. Gerginliği hissedin... gerginliği inceleyin... ve gevşeyin. Gerginlikle gevşeme arasındaki farkı hissedin.
(20 saniye bekleyin.)

Şimdi mide kaslarınızı gerin. Gerginliği hissedin... gerginliği inceleyin... ve gevşeyin. Farkı hissedin.
(5 saniye bekleyin.)

Gevşeme gittikçe artıyor. Kendinizi uykulu ve sakin hissediyorsunuz. Aldığınız her nefeste biraz daha gevşiyorsunuz. Verdiğiniz her nefesle gevşeme bütün vücudunuza yayılıyor.
(5 saniye bekleyin.)

Şimdi, derin bir nefes alarak göğüs kaslarınızı gerin. Gerginliği hissedin... gerginliği inceleyin... ve nefes verin. Gerginlikle gevşeme arasındaki farkı hissedin.
(20 saniye bekleyin.)

Şimdi, omuzlarınızı kulaklarınıza doğru çekerek omuz kaslarınızı gerin. Gerginliği hissedin... gerginliği inceleyin... ve gevşeyin. Farkı hissedin.
(5 saniye bekleyin.)

Gittikçe daha çok gevşeyin.
(5 saniye bekleyin.)

Şimdi, çene kemiklerinizi sıkıca birbirine bastırarak kaslarınızı gerin. Gerginliği hissedin... gerginliği incele-

yin... ve nefes verin. Gerginlikle gevşeme arasındaki farkı hissedin.
(20 saniye bekleyin.)

Şimdi, dudaklarınızı sıkıca birbirine bastırarak, yüzünüzün alt kısmındaki kasları gerin. Gerginliği hissedin... gerginliği inceleyin... ve gevşeyin. Farkı hissedin.
(5 saniye bekleyin.)

Şimdi kaslarınız tamamen gevşerken, çok büyük bir gevşeme vücudunuzun her bölümüne yayılıyor.
(5 saniye bekleyin.)

Şimdi, sıkıca kapatarak göz kaslarınızı gerin. Gerginliği hissedin... gerginliği inceleyin... ve gözlerinizi açın. Gerginlikle gevşeme arasındaki farkı hissedin.
(20 saniye bekleyin.)

Şimdi, kaşlarınızı çatarak alın kaslarınızı gerin. Gerginliği hissedin... gerginliği inceleyin... ve gevşeyin. Farkı hissedin.
(5 saniye bekleyin.)

Gittikçe daha çok gevşeyin.
(20 saniye bekleyin.)

Şimdi vücudunuzdaki bütün kasları gevşetin; gittikçe daha çok gevşeyin.
(20 saniye bekleyin.)

İyice gevşeyip öyle kalın. Nefes alış verişinizi hissetmeye başlayın. Burnunuzdan nefes alın. Nefes alırken serin havayı, nefes verirken sıcak, nemli havayı hissedin. Nefes alış verişinize yoğunlaşmaya devam edin. Şimdi her nefes verişinizde içinizden *sakinleş* kelimesini tekrarlayın. Nefes al, nefes ver, sakinleş... nefes al, nefes ver, sakinleş.
(20 saniye bekleyin.)

> Şimdi, normal, uyanık halinize döneceksiniz. Ben geri sayarken, gittikçe daha uyanık hale geleceksiniz. İki dediğimde gözlerinizi açın. "Bir" dediğimde tamamen uyanık olacaksınız. "Beş... dört... Uyanıyorsunuz... üç... Çok dinçleşmiş hissediyorsunuz... iki... Şimdi gözlerinizi açın... bir."

Nasıl hissediyorsunuz? Son derece rahatlamış olmalısınız. Alıştırmaya devam edin. Bu teknikte başarılı olmanın tek yolu budur. İlk seferden sonra tamamen rahatlamış hissetseniz bile, her bir alıştırmada daha da gevşemiş hissedeceksiniz. Bir çok denemeden sonra (en az iki hafta) kas gruplarının sayısını yarıya indirin (her iki yumruk birlikte, her iki kol birlikte, her iki ayak birlikte, baldırlar, göğüs, çene, dudak, gözler). İki hafta böyle gidin. Sonra kas gruplarını tekrar yarıya indirin (her iki kol, her iki bacak, göğüs, dudaklar). Şu ana kadar gevşeme konusunda bir uzman olmuş olmanız gerekiyor. Aşamalı kas gevşetme yönteminde başarılı olduğunuzda, sakin kelimesi, tamamen gevşeme haliyle birleşecektir. Günlük hayatınızda sakin kelimesini, gergin durumlarda gevşemenize yardımcı olması için kullanın. Bebek ağladığı an bunu denemenin en iyi zamanıdır.

Diyafram Solunumu

Nefes almak bile sakinleşmenin mükemmel bir yoludur. Fakat insanların iki nefes alma şekli vardır. İlki, göğsünüzden nefes almaktır. Bu nefes alış şekli aşırı solunum sorununa yol açabilir. Nefes almanın en iyi şekli diyaframdan nefes almaktır. Bu tekniği öğrenmek sadece birkaç dakikanızı alacaktır.

Önce, sırt üstü yere ya da sert bir yatağa uzanın. Ellerinizi göğsünüzün üzerine koyun ve göğüs kaslarınızı kullanarak nefes alın. Bu şekilde her nefeste göğsünüzün inip çıktığını hissedersiniz. Şimdi, bir elinizi göğsünüzde tutarak diğer elinizi karnınızın üzerine koyun. Göğsünüzden nefes almaya devam edin ve karın kaslarınızın hemen hemen hiç hareket etmediğini hissedin. Şimdi diyaframınızdan nefes alın. Bu daha derin nefes almanızı gerektirir. Diyaframınızdan nefes aldığınızda, göğsünüz hiç hareket etmeyecek ve karnınız inip çıkacaktır. Birkaç dakika bunu yapmaya devam edin ve bu duyguyu hissedin. Yapabildiğinizi düşünüyorsanız, ellerinizi göğsünüzde ve karnınızda tutarak doğrulun. Diyafram solunumu yani diyaframdan nefes alma çalışmasına devam edin. Hazır olduğunuzda ayağa kalkın. Yine ellerinizi aynı yerde tutun. Eğer duyguyu kaybettiğinizi düşünüyorsanız, tekrar yatay pozisyona geçin.

Başlangıçta bu tekniği kullanırken, diyaframınızdan nefes aldığınızdan emin olmak için ellerinizi karnınızda tutmanız gerekecek. Tekniği iyice öğrendikten sonra buna ihtiyacınız olmayacak. Diyafram solunumu yaparken derinden ve yavaş nefes alın. Çok hızlı nefes almayın, yoksa daha da stresli hissetmenize sebep olacak nefes darlığı yaşayabilirsiniz. Birkaç derin nefes alın. Normal nefes alın. Tekrar birkaç derin nefes alın. Birkaç dakika içerisinde kendinizi daha sakin ve dünyayla ya da en azından ağlayan bir bebekle baş etmeye hazır hissedeceksiniz.

Diyafram solunumu sadece ağlayan bir bebekle karşı karşıya kaldığınızda sakinleşmek için kullanacağınız bir yöntem değildir. Diyafram solunumu, her durumda mükemmel bir stres azaltıcıdır. Eğer işte bir sunum yapmak üzereyseniz ve gergin hissediyorsanız diyafram solunumunu kullanın. Eşinize kızdınız ve gergin mi hissediyorsunuz? Birkaç dakika derin nefes alın. Bu derin nefes alma her yerde yapılabilir. Hiç kimse bir stres gevşetme yöntemi uyguladığınızın farkına bile varmaz. Bunu evdeyken, markette ya da bir restorandayken yapabilirsiniz. Derin nefes alma vücudunuza sakinleşmesi için mesajlar gönderecektir. Bu da vücudunuzun strese karşı tepkisini değiştirecektir.

Yönlendirilmiş Hayaller

Yönlendirilmiş hayaller sakinleşmenin bir diğer mükemmel yoludur. Bazen hepimiz kendimizi başka bir yerlerde hayal ederiz. Eğer kendinizi tehlikedeymiş, stresli bir sunum yapıyormuş gibi gergin bir durumda hayal ederseniz, gerginleşirsiniz. Vücudunuz gerçekten o durumdaymışsınız gibi tepki verecektir. Kalbiniz çarpar, nabzınız hızlanır ve heyecandan tamamen bitkin düşebilirsiniz. Bu, kendinizi ağlayan bebeğinizi dinlerken hayal ederseniz de olabilir. Kendinizi güzel ve sakin bir ortamda hayal ederseniz, bunun tam tersi olacaktır. Nefes alışınız daha düzgün hale gelecek ve nabzınız yavaşlayacaktır. Bu yüzden kendinizi güzel bir durumda hayal etmeniz rahatlamanıza yardımcı olacaktır.

Yapacağınız ilk şey güzel bir senaryo oluşturmaktır. Uzanın, gözlerinizi kapatın ve en sevdiğiniz yeri hayal edin. Örneğin Michael, kendisi için şu senaryoyu oluşturmuştu: "Hawaii'de kumsalda uzanıyorum. Hava sıcak. Sahil sakin. Uzaklarda birkaç kişinin konuşup gülüştüğünü duyabiliyorum. Havadaki tuzlu suyun kokusunu duyabiliyor, kuşların sesini işitebiliyorum. Ellerimin altındaki kum sıcak ve tüm vücudum rahat, anın tadını çıkarıyor." Michael, bu senaryoyu gergin olduğu her an düşünebilir. Ödemeler konusunda endişelenmeye başladığında ya da stresli bir iş toplantısında burayı hayal edebilir. Hatta bebeği çığlık çığlığa ağlarken bile, hayalinde oraya gidebilir.

Sizin sakinleştirici yeriniz belki bir dağ başı ya da şöminenin karşısıdır. Senaryonuz ne olursa olsun, onu tüm duyularınızla hayal edin. Ne duyuyorsunuz? Neyin kokusunu alıyorsunuz? Ne hissediyorsunuz? Senaryonuza ne kadar çok duyum dahil ederseniz, hayal etmeniz o kadar kolay olacaktır. Senaryonuzu oluşturduğunuzda kendinizi günde iki üç kere orada hayal edin. Biraz çalışarak, kendinizi bir anda sakin ortamınızda hayal edebilir ve çabucak rahatlayabilirsiniz. Ve bebeğiniz ağladığında ya da trafikte sıkıştığınızda, kendinizi senaryonuzun içinde hayal edin ve hissettiklerinizin keyfini çıkarın.

Diğer Gevşeme Yöntemleri

İnsanların rahatlayabileceği diğer pek çok yol vardır. Bazıları yoga yapar. Bazıları da meditasyon. Sizin için ne işe yarıyorsa onu yapın. Sakin olmak zihin sağlığınız için önemlidir. Bu, bebeğinize kendi başına uyumasını öğretmekle uğraşırken size faydalı olacak ve şaşırtıcı bir şekilde işlemin daha hızlı ve düzgün ilerlemesini sağlayacaktır. Siz ne kadar sakinseniz, bebeğiniz de o kadar sakin olacak ve sakin bir bebeğin de çabucak uykusu gelecektir.

Hatırlatmalar

- Bir bebeğe gece boyunca uyumasını öğretmek, anababalar için stresli olabilir.

- Stresle mücadelenin, mizah kullanmayı, düşüncenizi yönlendirmeyi ve sakin kalmayı içeren pek çok yolu vardır.
- Aşamalı kas gevşetmeyi, diyaframsal solunumu ve yönlendirilmiş hayalleri içeren gevşeme yöntemlerinin hepsi, stresli olaylarla başa çıkmanın mükemmel yollarıdır.

9. KISIM
"ANNEANNEYE GİDİŞİMİZ ERTELENDİ!"

İyi Uykuyu Sürdürmede Engeller

Ellen'ın iki yaşındaki oğlu Nathaniel, sonunda on dört aylıkken gece boyunca uyumaya başlamıştı. Fakat birkaç haftadır yatağa gitmeyi reddediyor ve odasında uyumuyordu. Bütün bu problemler, aile bir yaz tatilinden döndükten sonra başladı.

Kathleen ve Brian kısa bir süre önce boşandı. Üç yaşındaki kızları Courtney'nin bakımını ortaklaşa üstlendiler. Courtney, hafta içi Kathleen ile, hafta sonları ise Brian ile kalıyordu. Kathleen ve Brian, Courtney'nin her ikisinin de evinde kaldığı ilk gece uykuya dalmakta güçlük çektiğini fark ettiler.

Bebek gece boyunca uyumaya başladı mı, ana-babalar en kötü kısmını atlattık diye düşünürler. Bu bir bakıma doğrudur ama yine de karşılaşılacak sorunlar olabilir. Bu sorunlar, tatilleri, anneanne ya da babaannede gecelemeyi, bebek bakıcılarını, özel durumları ve bebeğinizin hastalanmasını içerir. Diğer yaygın sorunlar da yeni bebeğin doğumundan sonra büyük çocuğun uykusuyla baş etmek ya da ana-babanın boşanmasıdır. Bu durumların her biri bebeğinizde uyku problemleri yaratabilir.

Yatağa Geçiş

Her ana-babanın karşı karşıya kaldığı bir diğer sorun da, beşikten yatağa geçişle nasıl baş edileceğidir. Akla gelen en önemli iki soru "Ne zaman?" ve "Nasıl?" sorularıdır.

Geçişi Ne Zaman Yapacaksınız?

Beşikten vazgeçip, yatağa geçmeniz gereken belirli bir zaman olmamasına rağmen, çocukların çoğu bu geçişi bir buçuk ile üç buçuk yaşları arasında yapar. Geçiş zamanını tetikleyen pek çok şey olabilir. En yaygın geçiş zamanı başka bir bebeğin doğumudur. Eğer sebep buysa, geçişi, yeni bebeğinizin doğumuna en az altı ila sekiz hafta kala yapmalısınız. Büyük çocuğunuz yeni bebeğin beşiğini devralmasını görmeden önce, yeni yatağına iyice yerleşmiş olmalıdır. Bir seçenek de, yeni bebek üç-dört aylık olana kadar yatağa geçiş yapmamaktır. Yeni doğan bebeğiniz, o zamana kadar bir sepette uyuyabilir. Büyük çocuğunuz yeni bebeğe alışana kadar beklemek, geçişi kolaylaştıracaktır.

Yatağa geçişin en önemli ikinci nedeni ise, çocuğunuzun beşiğinden çıkmaya ya da atlamaya çalışmasıdır. Çoğu ana-baba, çocuklarının kendilerine zarar vermesinden endişe eder. Bu, yatağa geçiş için hem iyi hem de kötü bir zaman olabilir. Olumlu tarafından bakarsak, çocuğunuzun gecenin bir yarısı beşikten düşüp, kendine zarar vermesi gibi bir endişeniz olmayacak. Olumsuz yönden bakarsak, yatağa geçmek, çocuğunuzun gece kalkıp, sizin haberiniz olmadan etrafta dolaşması konusundaki endişelerinizi ortadan kaldırmayacaktır. Ayrıca gece süresince çocuğunuz üzerindeki kontrolünüzü kaybedeceksiniz. Çocuğunuz çok küçükse ve onu yatağa geçirmek istemiyorsanız, beşikten çıkma meselesiyle baş etmenin yolları 7. Kısım'da verilmiştir. Ayrıca beşiği alçaltabilirsiniz; böylelikle yatağa geçmeden de çocuğunuz kolaylıkla aşağı inebilir.

Pek çok ana-babanın yatağa geçişe karar vermelerinin diğer bir sebebi de, çocuklarının tuvalet eğitiminin ortasında olmaları ya da tuvaletlerini yapmayı zaten öğrenmiş olmalarıdır. Çocuğunuz tuvalet eğitimi alırken, onun gerektiğinde banyoya kendi başına gidebilmesini istersiniz. Beşikte olmak bunu imkânsızlaştırabilir. Daha önce de bahsedildiği gibi, beşiğin yatağını en yüksek seviyeye getirip, beşiğin yan tarafına bir tabure koymak çözüm olabilir. Bu, hem çocuğunuzun gerektiğinde dışarı çıkmasına, hem de beşikte uyumaya devam etmesine olanak sağlar. Eğer bu yöntem, tehlikeli görünüyorsa ya da çocuğunuzun bunu başarabileceğinden emin değilseniz, birkaç deneme yapın ve çocuğunuza deneme şansı verin. Siz istemeseniz de çocuğunuz bankonun ya da yüksek şeylerin üzerine çıkacaktır, bu yüzden beşikten inmek nispeten daha kolay olabilir.

Ana-babalar bazen, doğru zaman olduğu için ya da çocukları beşiğe sığmıyor gibi göründüğünden, çocuklarını yatağa geçirmeye karar verirler. Bunlar geçiş için iyi sebeplerdir.

Geçişi Nasıl Yapacaksınız?

Bazı çocuklar için beşikten yatağa geçiş kolay bir şekilde gerçekleşir. Bazıları içinse çok daha zor olur. Yine de geçiş, genellikle ana-babaların tahmin ettiğinden daha kolaydır. En yaratıcı fikirlerden birini, üç yaşındaki oğlu için 'büyük çocuk yatağı' partisi düzenleyen bir ebeveynden duydum. Mağazadan yatak seçmek için oğlunu da götürmüştü ve en geç bir hafta içinde yatağın gelmesi kararlaştırıldı. Büyük gün, arkadaşların, büyükanne ve büyükbabaların davetli olduğu bir parti düzenledi. Partide pasta ve balonlar vardı. Büyük oğlan yatağını aldığı için öyle heyecanlıydı ki, herşey çok kolay oldu.

Çocukların çoğu geçişten zevk alırken, bazıları buna direnir. Her çocuk farklıdır. İlk çocuğunuzun geçişe direnme ihtimali çok daha yüksektir. Beşiğine çok bağlanmış olabilir ve geçiş büyük ihtimalle yeni bebeğin gelmesine yakın yapılacaktır. Artık ailenin biricik bebeği ve ilgi odağı olmaması gibi, yatakta uyumaya geçiş de onun hayatındaki en büyük değişikliklerden biri olacaktır. Bu, onun için 'büyümüş' olmanın diğer bir baskısı olan tuvalet eğitimiyle de aynı zamana denk gelebilir. Daha sonra doğan çocuklar geçişi genellikle daha kolay yaparlar, çünkü tıpkı ağabeyleri ya da ablaları gibi olmak isterler. Kardeşleri yatakta uyuduğu için onlar da yatakta uyumak isteyeceklerdir. Küçük bir çocuğa göre beşik 'bebekler için' olabilir.

Beşiği yerinde bırakmalı mısınız? Bu, cevaplaması zor bir soru. Cevabı çocuğunuza bağlıdır. Her zaman önerilen, yatağı koyduğunuzda beşiği kaldırmanızdır. Bazı kişilerin beşiği koyabilecekleri bir odaları olmadığından fazla bir seçenekleri de yoktur. Fakat fazla odanız olduğu halde beşiği yine de olduğu gibi bırakmak, çocuğunuz için sorun yaratabilir. Nerede uyumak istediği konusunda çelişki yaşayabilir ve zaten stresli olan bu zamanda bu seçim onu daha da baskı altına sokabilir. Birkaç hafta içinde yeni bir bebek bekliyor olsanız bile, çocuğunuz onun artık kendisinin olmadığını ve uyuyacağı yerin orası olmadığını fark edene kadar beşiği odadan kaldırmalısınız. Eğer beşiği çıkarırsanız, çocuğunuz için ek bir değişiklikten kaçınmak için yeni yatağı beşiğin olduğu yere koyun. Yatak için çok küçük olsa bile, çocuğunuz beşikte kullandığı battaniyeyle uyumaya devam etmeyi sakinleştirici bulabilir. Bazı çocuklar içinse ne yaptığınızın bir önemi yoktur. Onlar bir yatağa geçmeye hazırdırlar ve konumlarındaki bu değişiklikten zevk alacaklardır.

Çocuğunuz yatağa geçmeye ne kadar hazır olursa olsun, onun yeni yatağından düşmesini engellemek için her zaman koruyucu bir parmaklık takmalısınız. Bazı çocuklar uyku vaktinde bu koruyucu parmaklığın takılmasına direnebilirler.

Jessica üç yaşında 'büyük kız yatağı'na geçmişti. Üç ay sonra, parmaklık inmiş olduğu için pek çok kez yataktan düşmüş olmasına rağmen, uyku vaktinde annesinin koruyucu parmaklığı kaldırmasına direnmeye başladı. Annesi, kavga etmektense parmaklığı uyku vaktinde inik bıraktı. Jessica uykuya daldıktan sonra, annesi geri gelip parmaklığı kaldırdı. Bu, sadece Jessica'nın güvenliğini sağlamakla kalmamış, aynı zamanda uyku vaktinde tartışma çıkmasını da engellemiştir. Jessica sonunda bunu fark etti, fakat bu vakte kadar annesi koruyucu parmaklığı yataktan tamamen çıkartmaya karar vermişti. O zamana kadar Jessica yatakta uyumaya daha çok alışmıştı ve artık koruyucu parmaklığa gerek kalmamıştı.

Çocuğunuz yatağa geçtikten sonra, ilk zamanlarda, onun başka birilerinin evinde ya da tatildeyken kendi yatağından başka bir yatakta uyuması ihtimaline karşı tetikte olun. Bir parmaklık takın ya da bir çeşit duvar oluşturun, böylelikle çocuğunuz yataktan düşmez. En azından düşüşü hafifletmek için yere battaniye ya da yastık yerleştirin, böylece düşse bile yaralanmayacaktır. Yabancı bir yatakta uyuyan bir çocuk için yataktan düşmek daha da korkutucudur.

Yataktan düşme başka zamanlarda da olabilir. Sarah'ın annesi, yatağa geçtikten bir sene sonra neden Sarah'ın aniden yataktan düşmeye başladığını anlayamamıştı. Daha sonra, Sarah'ın yatak odasını yeniden düzenlerken, yatağın farklı bir tarafını duvara dayanmış olduğunu fark etti. Daha önce Sarah güvenli bir şekilde sağa dönebiliyordu, çünkü duvar sağ tarafında kalıyordu. Şimdi yeni düzenlemeyle duvar Sarah'ın sol tarafında kalıyordu. Uykusunda güvenli olduğunu düşünerek hâlâ sağına dönüyor, fakat onun yerine kendini yerde buluyordu. Sarah bu yeni düzenlemeye alışana kadar annesi birkaç haftalığına yatağa tekrar koruyucu bir parmaklık taktı.

Yeni Bir Bebeğin Gelmesi

Yeni bir bebeğin doğumu, büyük çocukta uyku problemlerine sebep olabilir. Çocukların, evdeki yeni bebeğin varlığına alışmaları biraz zaman alacaktır. Bir anne kardeşinin doğumunu bekleyen on iki aylık oğlu hakkında şöyle söylemiştir; "Yemin ederim, bana kardeşinin ne zaman gönderileceğini bilmek isteyen meraklı gözlerle bakıyor." Yeni bir bebeğin doğumu, herkesin rutinini bozar. Yeni bir bebeğin ve yürümeye yeni başlamış bir çocuğun bir arada olması daha da zordur. Yeni doğan bir bebek özellikle de ilk aylarda çok bakım gerektirir. Aynı zamanda büyük çocuğunuz ya da çocuklarınız da öncekinden daha fazla ilgiye ihtiyaç duyar. Siz ve yeni doğan bebeğiniz gece boyunca uyumuyorsanız, gün içinde de uyuma şansı bulamayacaksınız, çünkü büyük çocuğunuz ortalıkta dolanıyor olacak.

Yine de geçişi kolaylaştırmak için yapabileceğiniz birkaç şey vardır. Herşeyden önce, diğer çocuklarınızı yeni bebeğin gelişine elinizden geldiği kadar hazırlayın. Açıkçası bu, büyük çocuğunuzun yaşına göre değişecektir. Büyük ağabey ya da abla olmak hakkında çok sayıda kitap okuyun. Annenin birkaç günlüğüne gideceği ve yeni bir bebekle eve döneceği konusunda konuşun. Annenin karnındaki yeni bebek hakkında konuşun. Yeni bebeğin odasını hazırlarken büyük çocuğunuzun da yardım etmesini sağlayın. Onu bu sürece mümkün olduğunca çok dahil edin.

Uyku meselesine gelince, büyük kardeşliğe geçişini kolaylaştırmak için yapabileceğiniz birkaç şey vardır. Diğer çocuğunuzun, ayrılan zaman ve şefkat açısından yeni bebeğin onun yerini aldığını düşünebileceğini unutmayın. Çocuğunuz harekete geçtiğinde bu aklınızda bulunsun. Çocuklar bu dönemde çok ilgiye ihtiyaç duyarlar. Evet, "Peki bunu nasıl yapacağım?" dediğinizi biliyorum. En basit çare, yardım almaktır, tabii mümkünse. İkinci ya da üçüncü çocuğun doğumundan sonra eşinizin yardımcı olması ilk çocukta olduğundan çok daha önemlidir. Yeni doğan bebeğin bakımında bir yardımcı çok büyük bir avantaj olabilir. Dürüst olmak gerekirse, iki yaşında bir çocuk onu yatağa kimin yatırdığına çok önem verirken, bir haftalık bir bebeğin, bezini kimin değiştirdiği pek umurunda değildir. Büyük çocuğunuzun gece boyunca uyumasını sağlamak için, uyku vakti ve uyku vakti alışkanlıklarını bozmamaya dikkat edin. Siz büyük çocuğunuzla vakit geçirirken bebeğinizi başka birine emanet etmeye çalışın. Huzur içinde kitaplar okuyun. Pijamaları giyip büyük çocuğunuzla biraz oyun oynayın. İlk başlarda bunların hepsini yalnız başınıza yapamayabilirsiniz, özellikle de hiçbir şeyi ihmal etmenize izin yoksa. Fakat bu doğaldır. Elinizden geleni yapın ve bebeğinizi beşiğine yatırması için başka birini bulun.

Diğer bir iyi fikir de uyku vakti kurallarının sürekliliğini sağlamaktır. Siz diğeriyle dışarı çıktığınızda, büyük çocuğunuzun bakımıyla başka biri ilgilenecektir. Çocuğunuzun uyku vakti alışkanlıklarıyla ilgili bilgileri vermeyi unutmayın. Siz yokken herşeyin mümkün olduğunca aynı şekilde yapılmasını sağlayın. Çocuğunuz daha iyi olacaktır.

Eve döndüğünüzde, çocuğunuz sınırları test edecektir. Yine aynı ana-baba olup olmadığınızı kontrol etmek isteyecektir. Eğer daha önce uyku vaktinde sadece fazladan iki kucaklama talebine izin veriliyorsa, şimdi fazladan iki kucaklama daha verin. Onu rahatlatmaya çalışmak için dört kucaklamaya izin vermek, sadece kafasını biraz daha karıştıracaktır ve onu daha çok kaygılandıracaktır. Eğer kötü davranmaya yöneliyorsa, kafasında bir şeyler gerçekten yanlış olmalı. Herşeyin aynı olduğundan emin olmak istiyordur ve çizilmiş sınırlar güven verici olacaktır. Sınırları belirlemek onu daha fazla üzmeyecektir.

Karşı karşıya kalınan diğer bir sorun da, gecenin yarısında bir çocuğun diğerini uyandırıp uyandırmayacağıdır. Düşünülenin aksine, genellikle büyük çocuk yeni doğan bebeği uyandırır. Yine de yeni doğan bebeğiniz büyük çocuğunuzu uyandırıyorsa, büyük olanı rahatlatın ve mümkün olduğunca çabuk yatağına geri koyun. Gece uyanmalarını pekiştirmek istemezsiniz. Büyük çocuğunuzun, yeni doğan bebeğin gece yarısı ağlamasına alışması birkaç hafta alabilir, özellikle de bu ağlamalar sizin ilginizle sonuçlanıyorsa. Fakat emin olun, bu da geçecek ve herşey normale dönecek. İnancınızı koruyun ve çok fazla sıkılıp cesaretinizi kırmayın. Herşey yoluna girecek ve sonunda herkes biraz uyuyacak.

Tatiller

Becky sekiz aylık olduğunda Francine ve George, Becky doğduğundan beri ilk kez tatile çıkmaya karar verdiler. Florida'ya gittiler ve George'un ailesinin sahildeki evlerinde kaldılar. Tatilden önce Becky çok güzel uyuyordu. Onu saat 20:00'da yatırıyorlar ve sabah 6:30'a kadar hiç sesini duymuyorlardı. Tatilde uykusu bozulmaya başladı. Çünkü George'un ailesinin evinde sadece iki yatak odası vardı ve Becky, George ve Francine ile aynı odada uyumak zorundaydı. Ana-babasıyla aynı odada kalmak ve yeni bir yerde olmanın üzüntüsüne bir de sık sık geç vakitlere kadar arkadaş ziyaretleri ya da yemeğe çıkmalar eklenince, Becky'nin uyku düzeni iyice bozulmuştu. Tatillerinin sonuna doğru, George ve Francine eve ve rutinlerine dönmeye hazırlardı. Becky'nin uyku problemlerinin sürmesi tahmin etmedikleri bir şeydi. İlk gece zordu, çünkü akşam uçağıyla dönmüş ve ancak 23:00'de eve gelmişlerdi. Becky o sabah 9:00'a kadar uyudu ve bu, gündüz uykusu vakitlerinin kaymasına sebep oldu. Önceden Becky kendi başına uyuyabiliyordu. Şimdi ise uykuya dalana kadar birinin kucağında tutulmayı talep ediyordu. Ayrıca her gece iki kez uyanıyordu. Francine ve George, Becky on sekiz yaşına girmeden önce bir daha asla tatile çıkmamaya yemin ettiler.

Tatiller bebeklerin uyku düzenlerini bozmakla ünlüdür. Bu yaygın problemin pek çok nedeni vardır. Francine ve George'un öyküsü oldukça tipiktir. Ana-babalar tatilde genelde çocuklarıyla uyurlar. Gece esnasında uyanan bebekleriyle ilgilenmek zorundadırlar, çünkü otelde ya da başka birinin evinde kaldıklarından, bebeğin ağlamasından endişe ederler. Normal uyku ve şekerleme vakitlerini bozan planlar yüzünden bebeğin uyku düzeni sık sık değişir. Gün boyunca yapılacak şeyler ve akşamları gidilecek yerler vardır. Bir bakıcı olmayabilir, bu yüzden ana-babalar bebeklerini de beraberlerinde götürmek zorunda kalırlar. Bebek yabancı bir çevrede uyuduğu için gece uykuya dalmakta zorluk çekebilir ve gece boyunca uyanma konusunda problem yaşamaya meyilli olabilir. Yeni bir yerde uyumanın bebek için zor olduğunu bildiğiniz için ebeveyn olarak sizin de sınır koymanız pek olası değildir. Siz bile farklı bir yerde uyumakta güçlük çekebilirsiniz ve bebeğinizin uyku problemi yaşamasını hoş karşılayabilirsiniz. Eğer uzağa gidiyorsanız, karşılaşılabilecek diğer bir sorun da saat farkıdır; bu herkesin, özellikle de bebeğinizin düzenini bozacaktır.

Çoğu ana-baba eve döndüklerinde uykunun normale döneceğini umarlar. Ama genellikle dönmez. Bebeğiniz onu sallamanıza ya da en azından uyuyana kadar yanında kalmanıza ve gece boyunca her uyanışında onunla ilgilenmenize çabucak alışacaktır. Ayrıca sizinle aynı odada kalmaya da alışacaktır, siz hoşlansanız da hoşlanmasanız da, o buna bayılacaktır.

Bir daha asla tatile gitmemek en iyi çözüm değildir. Tatillerle ilgili uyku problemlerini en aza indirmek için yapabileceğiniz şeyler vardır. Tatilde gece boyunca uyumanın sırrı, herşeyin mümkün olduğunca evdeki düzenle aynı kalmasını sağlamaktır. Burada bazı öneriler verilmiştir.

Oda Düzenlemeleri: Mümkünse bebeğinizle aynı odada kalmamaya çalışın (tabii eğer evde de bebeğinizle aynı odayı paylaşmıyorsanız). Bu konuda fazla bir seçeneğiniz olmayabilir. Eğer varsa, aynı odayı paylaşmaktansa, bebeğinizin ayrı bir odada kalmasını tercih edin. Bu çok daha alıştığı gibi olacak ve geçişi kolaylaştırmaya yardımcı olacaktır. Geceleri onu duyma konusunda endişeleniyorsanız, yanınızda bir bebefon getirin. Eğer paranız varsa otelde bir süit tutun, böylelikle bebek ayrı bir bölümde uyuyabilir. Bazı otel odalarının ayrı oturma bölümleri vardır, süitten ya da iki ayrı odadan daha ucuz bir seçenektir. Küçük bir otelde ya da pansiyonda kalmak da işe yarayabilir. Böylece bebeğiniz sizin odanızda uyurken, akşamları oturma odasında şöminenin keyfini çıkarır, belki de kitap okur ya da pansiyonun restoranında geç bir akşam yemeği yiyebilirsiniz. Yanınızda bebefon getirmeyi unutmayın, böylece bebeğinizin neler yaptığını duyabilirsiniz. (Rezervasyon yaptırırken öncelikle pansiyonda bebeklere izin olup olmadığını sorun).

Uyku seti ve sevilen nesneler: Bebeğinizin battaniyesini ya da diğer uyku takımlarını yanınızda getirin. Özellikle de uçakla seyahat ediyorsanız taşımak zahmetli olabilir fakat buna değeceğini göreceksiniz. Bebeğiniz kendisine ait, alıştığı yatak takımlarıyla daha iyi uyuyacaktır. Kokusu, verdiği duygu ve kumaş onun sakinleşmesine yardımcı olacaktır. Ayrıca bebeğiniz bir oyuncakla ya da başka bir şeyle uyuyorsa, onu almayı sakın unutmayın. Bir çok aile 'küçük tavşancığı' ya da 'küçük ayıcığı' unuttukları için yarı yoldan geri dönerler.

Uyku Düzeni: Tatildeyken zor olmasına rağmen, bebeğinizin uyku düzeninin mümkün olduğunca evdekiyle aynı olmasını sağlayın. Bu, istediğiniz gibi bir tatil yapma düşünüzü engellese bile, huysuz ve yorgun olmayan bir bebekle daha mutlu olacaksınız. Bu durum, bakıcı tutmanızı ya da bebeğinizin bakımını eşinizle paylaşmanızı gerektirebilir. Biriniz bebekle kalırken, diğeriniz eğlenceye gidebilir. Bebeğe nöbetleşe bakın, böylece herkesin eğlenceye vakti olur. Evet, tatiller alıştığınızdan farklı olacak, fakat bir bebeğe uyum sağlamak bazı değişiklikler gerektirir.

Uyku Vakti Rutini: Umarım evde bir uyku vakti rutini oluşturmuşsunuzdur. Tatilde aynı rutine devam edin. Eğer bebeğinizin rutini banyo yapmak, pijamalarını giymek, bir kitap okumak ve şarkı söylemekse o zaman tatildeyken de aynılarını yapın. Tatilde herşey öyle yenidir ki, bebeğiniz birkaç tanıdık rutine minnettar olacaktır.

Seyahat düzeni: Seyahat programını yaparken bebeğinizin uyku düzenini göz önünde bulundurun. Eğer sadece iki saatlik bir araba ya da tren yolculuğu yapacaksanız, bunu bebeğinizin gündüz uykusu vaktine denk getirin. Bu şekilde bebeğiniz yolda uyuyacak ve oraya vardığınızda düzeniniz bozulmamış olacaktır. Eğer uçak yolculuğu yaparsanız, mümkünse yine gün içindeki uyku vakitlerinde yapın. Bebeğinizin uyku vaktini normalden birkaç saat geciktirecek olan akşam geç saatlerdeki uçaklardan da kaçının. Eğer uzun mesafeli bir yolculuk yapıyorsanız, tabii ki fazla bir seçeneğiniz olmayacaktır.

Eve Dönüş: Normal uyku düzenine kavuşmanın anahtarı eve döner dönmez her zamanki rutininize bir an önce geri dönmektir. Her zamanki vakitte bebeğinizi uyanık olarak beşiğine koyun ve her zamanki uyku vakti rutinini sürdürün. Eğer her zaman yapmıyorsanız, 'bir kereliğine' bile olsa onunla kalmayın. Eğer kalırsanız, bebeğiniz yeni kuralların uygulandığını varsayacak ve kendinizi bir mücadelenin içinde bulacaksınız. En baştan her zamanki ev halinize geri dönerseniz, uzaktayken bazı şeylerin değişmesine rağmen, evdeki rutinin hâlâ uygulandığını anlayacaktır. Tabii ki bebeğinizin eve dönüşe uyum sağlaması bir-iki gece sürebilir, fakat gece boyunca uyumaya geri döneceğinden ümidinizi kesmeyin (tabii daha önce de gece boyunca uyuyorsa.)

Gecelemek

Gece bir başkasının evinde ya da bir otelde kalmak uğraştırıcı olabilir. Çoğu yetişkin yeni bir yerde uyumakta güçlük çeker, bu yüzden çocuğunuz da problem yaşarsa sakın şaşırmayın. Diğer yandan pek çok ana-babanın sinirini bozan bir şekilde, çocukları başka birinin evinde daha iyi uyuyabilir. Bu genellikle sadece ebeveynlerin her ikisinin de bulunmadığı zamanlarda geçerlidir.

Lorraine'in bebeği Timmy hiçbir zaman beşiğinde uyumaz, her zaman ayakta sallanmak isterdi. Sabaha karşı genellikle 2:00 ile 4:00 arasında iki ya da üç kez uyanırdı. Timmy ne zaman anneannesinde kalsa, çabucak uykuya dalar ve gece boyunca uyurdu. Tahmin edebileceğiniz gibi, Lorraine yanlış bir şey mi yapıyorum diye endişeleniyordu ve gerçekten gece boyunca uyuyabildiğini bildiği için Timmy'nin evdeki uyku problemlerini çok sinir bozucu buluyordu.

Çocuğunuzun başkalarının evinde daha iyi uyuyabilmesinin nedeni, sizinle birlikteyken var olan köklü uyku alışkanlıklarına başka bir yerdeyken sahip olmamasıdır. Eğer çocuğunuz uyumak için sizin onu sallanmanıza ya da emzirmenize gerek duyuyorsa, siz olmadığınızda uyurken kendini sakinleştirmek için başka yollar bulmak zorunda kalacaktır. Bu da, bebeğinizin kendini sakinleştirme ve uyutma kabiliyeti var anlamına gelir. Sadece ona bunu kendi evinde de yapmayı öğretmeniz gerekiyor.

Başka yerlerde uyuma problemi olan çocuklar içinse yapabileceğiniz birkaç şey var. İlk olarak, çocuğunuzun tanıdık eşyalarının yanında olmasını sağlayın. Battaniyesini ya da en sevdiği oyuncağını beraberinde gönderin. Çocuğunuzun yanında kaldığı kişiye, onun her zamanki uyku rutininden bahsedin. Eğer başka birinin evinde onunla birlikteyseniz, zaman ayırın ve uyku vakti rutinini atlamayın. Eğer onu sıkboğaz ederseniz, çocuğunuz bunu hissedecektir ve bunun bedelini uyumak istemediği zaman ödersiniz. Çocuğunuz evinizden başka bir yerde ne kadar iyi ya da ne kadar kötü uyursa uyusun, eve döndüğünüzde hemen olağan rutininize dönün. Alışma sürecine izin vermeyin. Bu sadece çocuğunuzun kafasını karıştırır. Çocuğunuzun evde belli kuralların uygulandığını öğrenmesine yardımcı olmanız gerekiyor. Sadece bir gece ara verip uykuya dalana kadar onunla kalmak, sonraki gecelerde kaldığınız yerden devam etme olasılığını azaltacaktır.

Çocuğunuz için başka yerlerde uyuyabilmenin önemli olduğunu unutmayın. Başka bir yerde uyumakta zorlanıyor ve eve döndüğünde uyum sağlamakta güçlük çekiyor olması, pes etmeniz ve hiçbir zaman evden başka bir yerde kalmasına izin vermemeniz anlamına gelmez. Sadece biraz alıştırmaya ihtiyacı var ve geçiş sürecinin üstesinden birkaç kez geldikten sonra herşey yoluna girecektir.

Bebek Bakıcıları

Geçen iki hafta boyunca bebeğinizin yaygara koparmadan uykuya dalması için gayretle çalıştınız ve sonunda sekiz aydır ilk defa gece boyunca uyuyor. Fakat gelecek cumartesi gecesi bir aile toplantısı var ve bu yüzden bir bakıcı tuttunuz. Bütün çabalarınız boşa gideceği ve başladığınız yere geri döneceğiniz için endişeleniyorsunuz. Ne yapmalısınız?

Yapılacak en iyi şey, hazırlıklı olmaktır. Çocuğunuz öğrettiklerinizi kavramış olmasına rağmen, başka biri tarafından yatırıldığı ilk gece zor olabilir. Bakıcının baktığı gece çocuğunuz uyku problemi yaşayabilir, fakat sizinle olduğu zaman iyi uyumaya devam edeceğini unutmayın. Yine de çocuğunuzun, sizin kurallarınızla bakıcının kuralları arasındaki farkı anlaması biraz zaman alabilir. Fakat bunun için endişelenmek yerine, bu durumu engellemeye çalışın. Eğer bakıcınız yeniyse, eve biraz erken çağırın. Bebeğinizin yeni alışkanlıklarını ve bu konuda yaptıklarınızı anlatın. Bakıcıya bebeğinizin yeni uyku vakti rutini hakkındaki bilgileri ayrıntılarıyla verin. Bebeğinizin yatağa uyanık koyulduğunu bakıcıya bildirin; odadan çıkarken ne söyleyeceğini ve çocuğunuz ağlarsa ne yapacağını ona anlatın. Bunun zor olacağı ve ağlamalarla nasıl baş edeceği konusunda ona destek verin. Bunu neden yaptığınızı ve neden önemli olduğunu eksiksiz bir şekilde açıklayın.

Eğer parayla tuttuğunuz bir bakıcıysa, onun talimatlarınızı uygulaması konusunda çok fazla problem yaşamazsınız. Eğer bakıcı aileden biriyse, özellikle de bir büyükanne ise bu daha zor olabilir. Aileden birinin bu işlem hakkında fikir beyan etmesi ve yaptığınız şeyden hoşlanmaması daha muhtemeldir: "Torunumun ağlamasına nasıl izin verebilirim? Bu çok zalimce," diyebilirler. Bu durumda iki seçeneğiniz var. Birinci seçenek, işlemi açıklamak ve uzun vadede yaratacağı olumlu sonuçlarını vurgulamaktır. Diğer seçenek, herşeyi oluruna bırakmaktır. Büyükanne ve büyükbabayla geçirdiği bir geceden sonra, sizin yeni kurallarınıza uyum sağlaması bir ya da iki gece alsa da, siz ısrarlı olduğunuz sürece çocuğunuz sizin istediğiniz şekilde uyuyacaktır. Ayrıca çocuğunuz kolayca uyumaya başladığında, büyükanne de değişikliği görecek ve herşeyin böyle düzgün gitmesini isteyecektir. Bebeğiniz de uyuyabilmek için her zamanki uyku vakti rutininde ısrarcı olacaktır. İyi uyku alışkanlıklarının bozulması kötü uyku alışkanlıkları kadar zordur.

Özel Günler

Özel günlerin beraberinde getirdiği şeylerden biri de gece geç vakitlere kalmaktır. İster bir doğum günü kutlaması, ister bir yılbaşı gecesi olsun, çocuklar böyle günlerde genelde geç vakte kadar uyanık kalıp uyku vakti rutinlerini kaçırırlar. Ayrıca geç vakte kadar uyanık kalıp, eve dönerken arabada uykuya dalınca yatağa çoktan uyumuş bir şekilde yatırılırlar.

Çocuğunuz gece geç vakte kaldığında, aşırı yorgun ve huysuz olabilir. Bu durum çocuğunuzun uyumasını daha da zorlaştırabilir. Çok geç olsa bile uyku vakti rutininden vazgeçmeyin. Biraz kısaltmak isteyebilirsiniz, iki öyküyü bir öyküye düşürebilirsiniz, fakat tamamen kaldırmayın. Uykuya dalmak ve gece boyunca uyumak için çocuğunuzun eski rutinine ihtiyacı var. Rutin olmazsa bunun bedelini gecenin bir yarısı uyanarak ödersiniz. Ayrıca çocuğunuzu acele ettirmeyin. Bu sadece onun huzursuz olmasına sebep olacak ve acele yüzünden rutini uygulayamazsanız, bütün süreç daha da uzayacaktır.

Eğer çocuğunuz evin dışında bir yerde geç saate kadar kalırsa ve eve gelmeden uyuyakalırsa ne yapmalısınız? Bazı ana-babalar eve geldikten sonra onu uyandırıp uyku vakti rutininin en azından bir bölümünü yaparlarsa, çocuklarının daha iyi uyuduğunu fark etmişlerdir. Çocuğunuz uyanmak istemeyebilir ve biraz huysuz olabilir, fakat uyandırmak uyum sağlamasına yardımcı olacaktır. Ayrıca hatırladığı son şey araba olduğundan, gecenin bir yarısı uyanıp kendini yatağında bulduğunda daha az sorun yaşayacaktır. Yeni doğmuş bir bebeği uyandırmaya gerek yok, fakat bir yaşını geçmiş çocuklar için faydalı olabilir. Bazı çocukları uyandırmak, çok yorgun ve huysuz oldukları için daha fazla probleme neden olabilir ve tekrar uykuya dalmaları uzun zaman alabilir. Çocuğunuz için en çok hangisinin işe yaradığını anlamak için biraz deneme yapmanız gerekecek.

Hastalık

Sekiz aylık olan Janine sık sık kulak enfeksiyonuna yakalanıyordu. Ne zaman enfeksiyon olsa, uykuya dalmakta güçlük çekiyor ve gece esnasında sürekli uyanıyordu. Janine çok küçük olduğundan anne ve babası kulak enfeksiyonu temizlendikten sonra, Janine'in sadece alışkanlıktan mı, yoksa yine enfeksiyon yüzünden mi uyandığına karar vermekte zorlanıyorlardı.

Hastalık her zaman uykuyu bozar. Bir hastalık süresince bebeğinizin uykuya dalmakta zorlanması, gece boyunca sık sık uyanması ve herşeyden önemlisi huysuz olması çok muhtemeldir. Uyku düzeni bozulduğunda, bunun normale dönmesi biraz zaman alacaktır. Ve bebeğinizin hastalığının ne zaman geçtiğini ve tekrar iyi hissettiğini tahmin etmek genellikle çok zordur.

Bebeğiniz hastayken, gece uyandığında yanına gitmekten başka çareniz yoktur. İyi hissetmiyor ya da acı çekiyor olabilir. Sakinleştirilmeye ihtiyaç duyacaktır. Fakat iyileştiğinden emin olduğunuzda, normal uyku vakti rutinine ve geceki davranışlarını sınırlamaya hemen başlayın. Birkaç kulak enfeksiyonu ya da soğuk algınlığından sonra kuralları anlamaya başlayacaktır. Hastayken ilgi görecek. Hasta değilse kurallar uygulanacak. Eğer uyku eğitiminin tam ortasındaysanız ya da çocuğunuzu gece boyunca uyumaya yeni alıştırmışsanız umutsuzluğa kapılmayın. Çocuğunuz, iyileştiğinde, önceden gösterdiği ilerlemeyi kısa sürede geri kazanacaktır.

Bebeğiniz sık sık hastalanıyorsa, onun uyku problemleri olmasına şaşırmayın. Araştırmalar, sık sık hastalanan ya da kolikli bebeklerin gece boyunca uyumasının pek muhtemel olmadığını gösteriyor. Fakat umutsuzluğa kapılmayın; yalnız değilsiniz.

Saat Değişiklikleri ve Daha Uzun Günler

Saatler değiştiğinde çocuğunuzun uyku düzeni bozulabilir. İlkbaharda saatler ileri alınır. Bu, bebeğiniz saat 19:30'da uyuyorsa, saat değişikliğinden sonra onu yatağa yatırdığınızda, saatin aslında 18:30 olacağı anlamına gelir. Çocuğunuz muhtemelen yorgun olmayacak ve uykuya dalması zaman alacaktır. Bunu önlemek için uyku vaktini değiştirmeyin, yoksa uyum sağlaması çok daha uzun sürecektir. Onu, her zamanki saatte, yani 19:30'da yatağa koymayı sürdürün. Geçişi çabuk sağlamasında ona yardımcı olmak için, kaybettiği uykuyu almasına izin vermektense, her zamanki saatte uyandırın. Yorgunluktan huysuz olabilir, fakat bu sadece bir-iki gün sürecektir.

Sonbaharda saatler geri alınır. Saat 19:30 iken 20:30 olacaktır. Uyku vakti problem olmayacaktır. Bu vakte kadar çocuğunuz yorulacak ve uyumaya hazır olacaktır. Ana-babaların sonbaharda karşılaştıkları problem, bu kez çocuklarının sabah çok erken kalkıyor olmasıdır. Çocuğunuzun 6:30'da kalkması gerekirken, saat 5:30'da güne başlamaya hazır olacaktır. Yine bu da zaman içerisinde düzelecektir. Birkaç gün ila bir hafta sürebilir, ancak normal uyuma ve uyanma vakitlerine sadık kalırsanız herşey normale dönecektir.

Saat değişikliklerinin yanı sıra uykuyu etkileyebilecek diğer bir şey de, yaz aylarındaki kısalan geceler ve uzayan günlerdir. Uzun yaz günlerinde çocuğunuzu, henüz dışarısı aydınlık ve güneşliyken, saat 19:30'da yatağa koymak tuhaf görünebilir. Fakat yine de yapın. Çocuğunuzun uykuya ihtiyacı var. Eğer ışık onu rahatsız ediyorsa kalın perdeler takın. Bebeklerin, dışarısı aydınlıkken uyumaya alışık olduklarını unutmayın. Gündüz uykularında bunu hep yaparlar. Eğer şekerleme vaktinde dışarısı aydınlıkken uyuyabiliyorlarsa, akşam uyku vaktinde de dışarısı aydınlıkken uyuyabilirler. Bu kitabın ana konusu istikrarlı olmaktır. İstikrarlı olursanız, hepsi işe yarayacaktır.

İşe Geri Dönmek

Anneleri çok üzen bir durum da işe geri dönmeleridir. Anneler ya mecbur oldukları ya da istedikleri için işe geri dönerler. Sebep ne olursa olsun, işe geri dönüşünüz zor ve duygusal olarak sinir bozucu olabilir. Bu değişikliğin bir sonucu, bebeğinizin uyku düzeninin bozulmasıdır. Bebeğiniz daha önceden uyku problemi yaşamıyorsa, siz işe döndüğünüzde yaşamaya başlayabilir. Diğer yandan bebeğiniz daha önce uyumuyorsa, problem aynı kalabilir ya da daha kötüye gidebilir.

Bebeğinizin uyku düzeni, pek çok sebeple işe dönüşünüzden etkilenir. Öncelikle bebeğinizin rutini değişir. İster kreşte ister evde başka biri tarafından bakılıyor olsun (bebeğin babası bile olsa), herkes biraz farklı bir rutin uygulayacaktır ve bebeğiniz bu farkı anlayacaktır. Özellikle sabahki uyku düzeni sizin işe dönüşünüzden etkileniyorsa, gün içindeki uyku vakitleri günün farklı saatlerine kayabilir. Muhtemelen farklı bir şekilde yatırılacaktır. Emzirilmek ya da şarkı söylenmek yerine, bir biberon mama verilebilir ya da kucağa alınabilir. Farkın ne olduğunun bir önemi yok, bebeğiniz bir geçiş dönemi yaşayacaktır. Bu kötü bir şey değildir. Bebeklerin, farklı çevrelere ve farklı kişilere alışabilmesi gerekir.

Sık sık karşılaşılan bir durum da, annelerin davranış değişikliğidir. Davranışınız, hayatınızdaki yeni düzenlemelere bağlı olarak değişecektir. Artık pek çok rolünüz ve sizden istenen çok çeşitli talepler vardır. Muhtemelen daha yorgun olacaksınız. Ayrıca annelerin çoğu işe döndükleri ve bebeklerini bıraktıkları için kendilerini suçlu hissederler. Bu suçluluk, duygularınızı bebeğinize yansıtmanıza neden olabilir. Çocuğunuzun size ihtiyacı olduğu için acı çektiğini ya da siz yokken üzgün olduğunu düşünüyor olabilirsiniz. Bunlar doğru olabilir, fakat çocuğunuz uyum sağlayacaktır ve muhtemelen sizden daha çabuk uyum sağlayacaktır. Çocuğunuz başka birinin bakımına çok iyi uyum sağladığı için bile üzülebilirsiniz. Bu, size gerek olmadığı anlamına gelmez. Yokluğunuzu kurallar koymayarak affettirmeye çalışabilirsiniz. Çoğu ana-baba çocuklarını gündüz yeterince görme imkânı bulamayacaklarını düşünür, bu yüzden onu gece geç vakte kadar uyanık tutarlar. Ayrıca davranışınızın değişmesi de muhtemeldir. Çocuğunuzun size ihtiyacı olduğunu ve geceleri ağladığında ilgilenmezseniz ve bütün gün dışarıda olursanız, onu tamamen terk etmiş olacağınızı düşünerek gecenin bir yarısı çocuğunuza koşmanız çok muhtemeldir.

Donna işe geri dönüşe uyum sağlamakta zorlanıyordu. Bebeği Megan altı haftalık olunca, işe dönmesini şart koşan büyük bir şirkette çalışıyordu. İşe dönüşünden kısa zaman sonra Megan koliğe yakalandı. Megan iki ay boyunca her gün 15:30'dan gece yarısına kadar ağladı. Donna'nın Megan ile iyi vakit geçirdiği tek zaman, Megan'nın sabah 4:00'ten 6:00'ya kadar uyanık olduğu ve Donna'nın onu emzirdiği zamanlardı. Bunlar zor günlerdi. Gün boyunca Megan'dan uzak ve çalışıyor olmak Donna için sıkıntı vericiydi. Sonunda saat 17:30'da eve döndüğünde, feryat eden bir bebek ve bitkin düşmüş bir bakıcıyla karşılaşıyor, ondan sonra da ağlayan bir bebekle altı saatlik bir kuşatma içinde kalıyordu. Megan bu dönemde bir gece bebeği haline gelmişti. Günün bütün bölümünde uyuyor ve bütün geceyi uyanık geçiriyordu. Gün boyunca bakıcıyla beraberken biberonu isteksiz de olsa kabul ediyor, fakat gece Donna varken biberonu reddediyordu. Kolik sona erdikten sonra bile Megan gece bebeği olmaya devam etti. Sabah 8:00'den 15:00'e kadar uyuyor ve sadece saat 11:30'da beslenmek için uyanıyordu. Donna eve geldiğinde Megan'ı emziriyordu ve daha sonra tekrar 19:00'dan 22:00'ye kadar uyumaya devam ediyordu. Bu durumda Megan, emmek ve oyun oynamak için gece boyunca her iki saatte bir uyanıyordu. Donna gün boyunca evde onunla olmadığı için suçlu hissediyor ve Megan'ın sadece Donna'nın orda olduğu zaman onu emzirdiğinde beslendiğine inanıyordu. Altı aylık olduğunda Megan iyileşmiş gibiydi, fakat Donna da tükenmişti.

Donna'nın Megan ile yaşadığı türden olaylar çok sık görülür. İşe dönüş genellikle anne ve bebeğin her ikisi de buna hazır olmadan gerçekleşir. Anne kendini tamamen iyileşmiş gibi hissetmeyebilir ve bebeğinden ayrılmaya duygusal olarak hazır olmayabilir. Bebeğin henüz oturmuş bir düzeni bile olmayabilir. Ve anne genelde suçluluk duyar. Suçluluk duygusuyla baş etmek için bebeğinize bakan kişi konusunda güvenli ve rahat hissetmelisiniz. Bu, uzakta olduğunuz zamanların daha kolay geçmesini sağlar. Daha sonra işe dönüşe alıştığınızda bir adım geri çekilip kendinizin ve bebeğinizin hayatını değerlendirin. Herkesin ihtiyacı karşılanıyor mu? Bu ihtiyaçları karşılamanın daha iyi bir yolu var mı? Bebeğiniz geceleri gerçekten beslenmeye ihtiyaç duyduğundan mı, yoksa bu bir alışkanlık haline geldiği için mi kalkıyor? Bebeğinizin, sabahın 3:00'ünde sizi görmekten çok, mutlu ve görevlerini yerine getirebilen bir anneye ihtiyacı var. Bu geçiş dönemi sizin için zor olabilir, fakat ailenin iyiliği için herkes mutlu ve görevlerini yerine getirebilir durumda olmalı.

Akşamları çalışan ya da gece vardiyasına kalan ebeveynler bebeklerinin uykusu açısından daha çok problem yaşayabilirler. Bu kişiler genelde kendi uykularıyla ilgili de problem yaşarlar çünkü izin günlerinde gündüz düzenine uyum sağlar. Ayrıca izinli olduklarında çocuk bakımı gibi diğer talepler nedeniyle yeterli uyku da alamayabilirler. İşlerindeki değişen vardiyalar, uykularında tam bir kargaşaya neden olabilir. Kendi uyku düzenleri o kadar karmaşıktır ki, kaçınılmaz olarak bebeklerinin düzenini de etkilerler. Kendi günlük düzeniniz konusunda yapabileceğiniz çok fazla bir şey olmamasına rağmen, bebeğinizin düzenini mümkün olduğunca istikrarlı tutmaya çalışın. Kim bakarsa baksın, bebeğinizi her gece aynı saatte yatırın ve gün içinde sıkı bir uyku düzeni kurun. Bunu başarmak biraz çaba gerektirebilir, fakat bebeğiniz için buna değecektir. Gelişmesi ve mutlu bir şekilde büyümesi için düzenli ve tutarlı bir düzene ihtiyacı var.

Ayrılık ve Boşanma

Malesef ayrılıklar ve boşanmalar olabiliyor. Bu ayrılık dönemleri, hem ebeveynler hem de çocuklar için büyük değişiklik zamanları olabilir. Çocuklar genelde neler olduğunu pek anlamazlar. Çoğu çocuk annelerinin ya da babalarının gidişinden kendilerini sorumlu tutar. Ayrılığa ya da boşanmaya sebep olacak yanlış bir şey yaptıklarına inanırlar. Küçük çocuklar genelde çok daha bağımlı hale gelirler. Eğer çok fazla tartışma varsa, çocuklar içine kapanık ya da yaramaz olabilirler. Ana-baba için çok zor bir dönem olmasına rağmen, bu durumda çocuklara çok daha fazla ilgi gösterilmelidir.

Ayrılık sırasında ya da sonrasında birçok nedenden ötürü uyku problemleri meydana gelebilir. Çocuğunuzun günlük rutini bozulabilir ve bu yüzden belirli uyku ve şekerleme vakitleri olması pek olası değildir. Çocuğunuza karşı daha yumuşak olabilir ve pek kural koymazsınız. Böyle büyük değişiklikler yaşayan ebeveynlerin çocuklarının kendileriyle beraber yatmasına izin vermesi ve hatta istemesi daha olasıdır. Ayrıca iki ayrı ev olduğunda, uyku konusunda iki ayrı kurallar bütünü ve çocuğunuzu endişelendiren başka meseleler olabilir.

Başlangıçta sürekli yanlış şeyler yapabilirsiniz, endişelenmeyin, bu anlayışla karşılanabilir. Fakat işler yoluna girdiğinde, uyku problemleri gibi konularla ilgilenmeye başlamalısınız. Yine de engellemenin, çoğu problemde en iyi çözüm olduğunu unutmayın. Problemleri en başında ya da devamında engellemeniz hem sizin için hem de çocuğunuz için en iyisidir.

Öncelikle, çocuğunuz zaten iyi uyuyorsa o zaman her zaman yaptığınız şeyi yapmayı sürdürün. Eğer düzen aynı kalırsa çocuğunuz kendini çok daha güvende hissedecektir. Çocuğunuzun günlük düzenine sadık kalmaya çalışın. Gün içinde uyku vakitleri aynı olsun. Onu her gece aynı saatte yatırın. Aynı gece rutinini uygulayın. Gece rutinine dahil olan ebeveyn artık evde değilse, aynı rutini diğer ebeveyn uygulamaya çalışmalıdır. Eğer rutinin bazı bölümleri o ebeveyn için uygun değilse, o zaman kendisi için hangisi rahat ve uygunsa onu yapmalıdır. Örneğin eşiniz bebeğinize her gece şarkı söylüyorsa ve siz söyleyemiyorsanız, o zaman kitap okumak ya da öykü anlatmak gibi sizin yapabildiğiniz bir şeyler bulun.

Çocuğunuz her bir ebeveynin evinde farklı saatlerde uyursa işler daha zor hale gelebilir. Hem kendi iyiliğiniz hem de çocuğunuzun iyiliği için, ailevi konular hakkında diğer ebeveynle iletişim kurmayı öğrenin. Ailevi konular, evlilik problemleriniz hakkında savaşa gireceğiniz bir alan değildir. Evliliğiniz bitmiş olabilir, fakat hayatınız boyunca anababa olarak kalacaksınız. Çocuklarınız için yapabileceğiniz en iyi şey, onlarla nasıl baş edeceğinizle ilgili barış ortamını biraz da olsa kurmaktır. Uyku konusunda aynı kuralları uygulamaya çalışın, çocuğunuz önceleri uyumakta zorlanabilir, bu yüzden her ebeveyn, çocuğun aynı saatte uyumasına ve benzer bir uyku vakti rutinini sürdürmeye çalışmalıdır.

Uyku konusunda pes edip, çocuğunuzun geç vakitlere kadar ayakta kalmasına ya da kendi yatağında uyumak istememe talebine göz yumma konusunda dikkatli olun. Çocuğunuzla bir eğlenme vakti, uyuması gereken zamanlarda değil, uyumadığı zamanlarda olmalıdır. Bebeğinizin her iki evde de uyumasına yardımcı olmak için en sevdiği oyuncağını ve battaniyesini yanında götürmesine izin verin. Bir evde beşikte uyuyorsa, diğer evde de aynı şekilde uyumasını sağlayın. Yatakta uyuyorsa diğer evde de aynı şekilde uyumasını sağlayın.

Ayrılık ya da boşanmadan sonra çocuğunuzun sizinle uyumaya başlamasına izin vermeli misiniz? Eğer çocuğunuz her zaman sizinle beraber uyuyorsa, o zaman bunu sürdürün. Eğer daha önce sizinle uyumuyorsa, bu neden şimdi oluyor, diye kendinize sormanız gerek. Sizin hatırınız için mi, yoksa çocuğunuzun hatırı için mi? Bir ebeveyn olarak geceleri yanınızda sıcak bir vücudun olması çok güzeldir, özellikle de biriyle uyumaya alışıksanız. Fakat çocuğunuzu eşinizin yerime koymaya çalışmayın. Ayrıca birden sizinle uyumaya başlamak, çocuğunuzun kafasını karıştırabilir. Bu özellikle, çocuğunuz boşanmadan kendini sorumlu tutuyorsa geçerlidir. Giden ebeveynin yerini alıyormuş gibi hissedebilir. Bu her iki ebeveynle olan ilişkileri ve kendi rolü hakkında çelişkili duygulara yol açabilir. Onun bir çocuk olduğunu ve çocuk olarak kalması gerektiğini unutmayın (birlikte uyuma konusunda daha fazla bilgi için 4. Kısım'ı okumalısınız.)

Eğer çocuğunuzun her zaman uyku problemleri olduysa, şimdi bu konuda bir şeyler yapma zamanı değildir. Evet, uyku problemlerinin çözülmesi, çocuğunuza kendi başına ve gece boyunca uyumanın öğretilmesi gerekiyor. Fakat şimdi bunun sırası değil. Ayrılığın üzerinden zaman geçene kadar ve işler yoluna girene kadar bekleyin. Öte yandan, eğer ayrılığın ya da boşanmanın üzerinden bir süre geçmişse çocuğunuzun uyku problemleri konusunda bir şeyler yapmayı fazla ertelemeyin. Ayrılığı ya da boşanmayı, eğitimi ertelemek için bir mazeret olarak kullanmayın.

Ailede Ölüm

Ani veya umulmadık da olsa, aileden birinin ölmesi trajik bir olaydır. Yaşı ne olursa olsun, çocuğunuz muhtemelen acıyı tadacaktır. İster dört aylık, ister üç yaşında olsun, çocuğunuz bir şeylerin kötü gittiğini anlayacak ve ölen kişiyi özleyecektir. Eğer bu bir büyükanne veya büyükbaba ya da çocuğunuzun pek tanımadığı bir akrabaysa sizin acınızı ve bunalım hissinizi sezinleyecektir. Ölen kişi anne ve babasından biriyse, bu daha da zordur. (Bu kitap uyku üzerine olduğu için sadece ilgili konular aktarılacaktır. Yine de çocuğunuzun yanındaki birinin acısı ve ölümüyle nasıl baş edeceğiniz konusunda bilgi edinmelisiniz.)

Uykuyla ilgili en önemli şeylerden biri de, insanların küçük çocuklara ölümü genellikle uyku olarak açıklamalarıdır: "Büyükbabada uyudu ve bir daha uyanmayacak." Çocuklar somut düşünür. Bu onların olayları yüzeysel algıladıkları anlamına gelir. Çocuğunuz, siz ve çocuğunuz da dahil herkesin uyuyup bir daha tekrar uyanmayacağını düşünecektir. Çocuğunuz uykusunda öleceği endişesiyle geceleri uyumaktan birden bire korkmaya başlayabilir. Bu nedenle ne yaparsınız yapın, ölümü çocuğunuza uyku olarak açıklamayın.

Bir ölümden sonra çocuklarda oluşması muhtemel uyku problemleri, yukarıda bahsedilen ana-babanın ayrılması ya da boşanmasıyla ilgili problemlere benzer. Bu problemlerin çoğu, rutindeki değişiklikler çevresinde oluşur. Ölümden sonraki dönemde cenaze ve yas süresi boyunca çocuğunuzun uyku düzeninin her zamankinden farklı olması muhtemeldir. Gün içindeki uyku saatleri kaçırılabilir ve gece geç vakitlere kalınabilir. Çocuğunuz çoğu zaman evde kendi yatağında ya da beşiğinde uyuyamayacaktır. Eğer cenaze töreni şehir dışındaysa, çocuğunuz otelde, bir akraba ya da arkadaşın evinde uyumaya uyum sağlamak zorunda kalabilir. Cenaze töreni yaşadığınız yerde bile olsa, bazı aileler çocuklarının başkalarının evinde kalmasını daha rahat bulurlar. Eğer durum bunlardan biriyse, yanınızda çocuğunuzu rahatlatacak bildik bir şeyler götürmeye çalışın. Yanınıza çocuğunuzun en sevdiği oyuncağını, battaniyesini ve yastığını alın. Bu aşinalık hissi geçişin daha kolay olmasını sağlayacaktır. Çocuğunuzun şekerleme ve uyku vakitlerini mümkünse aynı düzende sürdürmeye çalışın. Eğer çocuğunuzu uyutmak için orada bulunamayacaksanız, bunu, çocuğunuzun tanıdığı ve kendini rahat hissedeceği birinin yapmasını sağlayın. Eğer ölüm bir ebeveynin, özellikle de uyku vakti rutinini gerçekleştiren ebeveynin ölümü ise, çocuğunuzun her zamanki rutinini mümkün olduğunca taklit etmeye çalışın. İşleri aynı düzende yapın. Eğer çocuk mesela, "Bu babamın yaptığı gibi değil," diye ısrar ediyorsa, çocuğunuzun istekleri doğrultusunda devam edin. Herşeyi yeni baştan oluşturmanın zamanı değil. Bu dönemde özellikle uyku vaktinde çocuğunuzun huysuz olmasını bekleyin. Her zamanki kadar çok ilgi göremeyeceği çok muhtemeldir, kaçırılan uyku vakitleri nedeniyle aşırı yorgun ve huysuz olabilir, çevresindeki strese ve gerginliğe tepki gösteriyor olabilir. Mümkünse kucaklamaya fazladan birkaç dakika ayırın; uyku vakti rutinini aceleye getirmeyin ve aşırı derecede huysuz ve aptal hale gelse bile sakinliğinizi koruyun. Eğer çocuğunuz zaman çalıyor ya da inatlaşıyorsa, bunu savaş olarak algılamak yerine, çocuğunuzun ölüme tepki gösterme şekli olarak görün.

Ölümü takiben ortaya çıkabilecek diğer bir sorun da, çocuğunuzun sizinle uyumasına izin verip vermemektir. Eğer bu sizin her zamanki uygulamanızsa çocuğunuzun yalnız uyuması konusunda birdenbire ısrar etmeyin. Eğer çocuğunuz normalde kendi yatağında ya da beşiğinde uyuyorsa, uyku düzenindeki bu değişikliğin sonuçlarını hesaba katmanız gerekecek.

Bir ölüm yaşandığında iki yaşından büyük çocuklarda yaygın olarak görülen diğer bir uyku problemiyse, ölümle ve ölen kişiyle ilgili kabuslar görmeye başlamaktır. Çocuğunuz rüyasında sadece ölen kişiyi değil, diğer kişilerin bile öldüğünü görebilir. Rüyasında kendisinin öldüğünü ya da kaybolduğunu görebilir. Ayrıca başka kötü kabuslar görülmesi de olasıdır. Böyle dönemler çocuğunuzu bol bol rahatlatmanız gereken zamanlardır. Kabuslarla nasıl baş edileceği hakkındaki diğer bilgiler için 12. Kısım'ı okuyun.

Ölüm, herkesin bazı dönemlerde başa çıkmak zorunda kalacağı bir durumdur. Ölümü henüz anlayamadıkları için bu, özellikle küçük çocuklar için zor olabilir. Bu dönemin herkes için zor olacağını bilin ve ortaya çıkacak herhangi bir uyku problemiyle nasıl başa çıkacağınızı önceden düşünün.

Hatırlatmalar

- Bebeğiniz gece boyunca uyumaya başladıktan sonra bile, tatiller ve hastalıklar gibi iyi uyku alışkanlığını devam ettirmede karşılaşılabilecek engellere hazırlıklı olun.
- Beşikten yatağa geçmek bebeğiniz için de sizin için de kolay bir geçiş olabilir.
- Yeni bir bebeğin doğumu gibi, işe dönmek de hepinizin düzenini bozabilir.
- Ailedeki ölüm, ayrılık ya da boşanma gibi değişiklikler uykuyu etkileyebilir.

ÜÇÜNCÜ BÖLÜM

DİĞER YAYGIN UYKU PROBLEMLERİ

10. KISIM
HORLAMAK VE HORULDAMAK

Uyku Apnesi

"Doktor, bana yardım etmelisiniz. Oğlum Stevie'in her gece nefesi kesiliyor. Bu o kadar uzun sürüyor ki, bir daha nefes almayacağını düşünüyorum. Onu yanımda uyutuyorum, böylece ne zaman nefesi kesilse nefes alması için onu sarsabiliyorum. Bazı geceler nefesi o kadar uzun süre kesiliyor ki, beni çok korkutuyor. Pediatristimizi aradım, fakat bana çocuğumun sağlığının çok iyi olduğunu söyledi."

Uyku Apnesi Nedir?

Uyku apnesi, obstruktif uyku apnesi olarak da bilinen, uyku sırasında nefes alışta durmaların yaşandığı ciddi bir rahatsızlıktır. Uyku apnesinin genelde bir yetişkin hastalığı olduğu düşünülür, fakat çocuklarda da çok sık görülür. Apne, Stevie gibi bazı çocuklar için ciddi bir sorundur ve problemin farkında olan ana-babalar yardım etmek için ne yapacaklarını bilemezler. Fakat pek çok ana-baba, çocuklarının uyku apnesi olduğunun farkında bile değildir ve tıbbi yardıma baş vurmazlar.

Çocuklarda Uyku Apnesinin Belirtileri

Çocuklarda yaygın olan uyku apnesini belirlemek için bakılacak pek çok belirti vardır. Bazı çocuklarda bu belirtilerin çoğu görülürken bazılarında ise sadece bir ya da ikisi görülür.

1) *Horlama*: Uyku apnesi olan hemen hemen bütün çocuklar ve yetişkinler horlar, bu nedenle çocuğunuzda uyku apnesi olup olmadığını öğrenmek istiyorsanız, ilk iş horlayıp horlamadığına bakabilirsiniz. Ama uyku apnesi olan bütün çocuklar horlamaz. Ve horlayan bütün çocukların uyku apnesi yoktur.

2) *Nefes Durmaları*: Nefes durmaları uyku apnesinin en belirgin özelliğidir. Düzgün ve devamlı bir şekilde nefes almak yerine, çocuğunuz kısa bir süreliğine nefes almayı kesiyor ve sonra tekrar nefes almaya başlıyor gibi görünebilir. Eğer böyle bir şey gözlemlerseniz, çocuğunuzun uyku apnesi olması ihtimali hemen hemen kesindir.

3) *Uyurken Nefes Almada Güçlük Çekmek*: Nefes durmalarını gözlemlemek yerine, çocuğunuzun uyurken

nefes almada güçlük çekiyor gibi göründüğünü fark edebilirsiniz. Nefes alışı düzenli ve normal gibi görünmeyebilir ya da gürültülü nefes alıyor olabilir.

4) *Ağızdan Solunum*: Obstruktif uyku apnesi olan çocukların çoğu geceleri ağızlarından nefes alırlar. Muhtemelen gündüzleri de.

5) *Öksürme ya da Tıkanma*: Çocuğunuz uykusunda sık sık öksürmeye ya da tıkanmaya başlıyorsa, bu bir solunum problemi belirtisi olabilir.

6) *Huzursuz Uyku*: Uyku apnesi olan pek çok çocuk uykusunda kıpır kıpırdır. Nefesleri her durduğunda kısmi uyanışlar yaşayacak ve kımıldanacaklardır.

7) *Alışılmamış Pozisyonlarda Uyuma*: Uyku apnesi olan çocukların bazıları alışılmamış pozisyonlarda uyur. Örneğin, başları yataktan sarkmış bir şekilde ya da başları bir sürü yastığın ve oyuncağın üzerinde yükseltilmiş şekilde. Bunu, uyurken nefes almalarına yardımcı olması için solunum yollarını açmaya çalışarak bilinçsizce yaparlar.

8) *Terleme*: Uyku apnesi olan çocukların pek çoğu uyurken çok fazla terler. Kesin nedeni bilinmemekle birlikte bu, uyku sırasında vücudun nefes almak için çok çaba harcamasından kaynaklanabilir.

9) *Kabuslar ve Gece Terörü*: Uyku apnesi olan çocuklar, bu iki uyku problemini yaşamaya daha yatkındır, çünkü bir uyku evresinden diğerine geçiş yapmaları

ya da sık sık uyanmaları daha olasıdır. Bu, nefes almak için uyanmalarından kaynaklanır. Bir sonraki kısımda kabuslar ve gece korkuları açıklanacaktır.

10) *Gece Uyanmaları:* Yeni doğan ve yürümeye yeni başlayan çocuklarda görülen sık gece uyanmaları, önceki konularda bahsedildiği gibi genellikle uyku alışkanlıklarıyla ilgilidir. Eğer çocuğunuzda bu bölümde bahsedilen diğer belirtiler varsa ve geceleri uyanıyorsa, çocuğunuzda uyku apnesi olup olmadığını araştırmaya değer. Bu çocukların uyanmalarının uyku apnesine bağlı olabileceğini, fakat yine de kendi başlarına uykuya dalabilmeleri gerektiğini unutmayın. Eğer uyku apnesine bağlı değilse, bir uyku alışkanlığı problemi olup olmadığını hesaba katmanız gerekir.

Çocuklarda Çoğunlukla Uyku Apnesine Bağlı Gündüz Belirtileri

1) *Gün boyunca uykulu görünme:* Uyku apnesi olan çocuklar, gece uykuları çok sık kesintiye uğradığı için uykularını alamazlar. Bunun için çocuğunuz gün boyunca uykulu görünebilir ve bu, onun yaşında oldukça normaldir.

2) *Gün boyunca hiperaktif (aşırı hareketli) görünme:* Uykusunu yeterince alamayan çocukların çoğu uykulu gibi görünmez ve öyle davranmazlar. Tam aksine hiperaktif ve zinde olurlar. Bu durum çok sık görülür. Çocuğunuzun hiç yorgun olmadığını, çünkü sürekli hareket halinde olduğunu söyleye-

rek kendinizi kandırmayın. Hareketlilik, aşırı yorgun olmasının bir belirtisi olabilir.

3) *Gün içinde davranış bozuklukları*: Bazı çocukların gündüzleri davranış bozuklukları olabilir. Örneğin, uyku apnesi olan bazı çocuklar alıngan ve huysuz olabilir ya da çabuk sinirlenebilir. Bazıları ise dikkatlerini toplamakta güçlük çekebilir.

4) *Davranışların belirgin bir şekilde değişmesi*: Eğer gün içinde çocuğunuzun davranışında daha huysuz görünme, alıngan ya da uykulu olma gibi önemli bir değişiklik olduysa ve yukarıda bahsedilen diğer belirtiler de varsa, problem uyku apnesine bağlı olabilir.

5) *Alışılmadık zamanlarda ya da gündüz uyuklamaları dışındaki zamanlarda uyuyakalma*: Çocuğunuzun uykusunu alamadığının bir diğer belirtisi de, olur olmadık zamanlarda uyuyakalmasıdır. Örneğin, çocuğunuz, arabayla gezdirilirken, iki dakika ya da yirmi dakika olması hiç fark etmez, uyuyakalıyor mu? Yemek vakitlerinde uyuyakalıyor mu?

6) *Sağlık problemleri*: Uyku apnesi olan çoğu çocuğun bademcik, adenoid ya da kulak enfeksiyonu gibi kronik problemlerle ilgili bir geçmişi vardır. Bu sağlık sorunları uyku apnesine sebep oluyor olabilir.

7) *Yemek yeme*: Uyku apnesi olan bazı çocuklar gürültülü yemek yerler, çünkü muhtemelen çiğnerken burunlarından nefes almakta güçlük çekiyorlardır.

Uyku apnesi olan diğer bir kısım çocuk ise yavaş yemek yer. Bazıları, özellikle büyük bir bademcikleri varsa, yutmakta bile zorluk çekerler.

8) **Büyüme geriliği:** Uyku apnesi varsa, çocuğunuzun yaşayabileceği diğer bir olası problem de büyüme geriliğidir. Büyüme geriliği olan çocuklar genellikle zayıf ve yaşlarına göre kısadırlar. Büyüme hormonu uyurken salgılandığı için, uyku apnesi bazı durumlarda büyüme geriliğine yol açabilir. Böyle durumlarda, uyku apnesi tedavi edildiğinde bu çocuklarda ani büyüme atakları olacak ve yaşıtlarını yakalayacaklardır.

Daha Büyük Çocuklarda (Altı Yaş ve Üzeri) Uyku Apnesine Bağlı Belirtiler

1) **Yatağı ıslatma:** Uyku apnesi olan büyük çocuklar, bütün gece kuru kalmalarını beklediğiniz çağa geldiklerinde de yataklarını ıslatmaya devam ederler genellikle. Eğer çocuğunuz yatağını hâlâ ıslatıyorsa yukarıda bahsedilen belirtilerin herhangi birinin olup olmadığını kontrol edin.

2) **Sabah Baş Ağrıları:** Bazı çocuklar sabahları baş ağrısından yakınacaklardır. Baş ağrısına gece boyunca beyne giden oksijenin azalması neden olur. Korkutucu boyutlara gelmediği südece bu oksijen azalması zararlı değildir. Bu belirti yeni doğanlarda ve yürümeye yeni başlayan çocuklarda da görü-

lebilmesine rağmen, bu yaşlardaki çocukların baş ağrıları olup olmadığını anlamak zordur.

3) **Okulda zorlanma**: Daha büyük çocuklarda uyku apnesinin etkileri okulda performans düşüklüğüne sebep olabilir. Bu çocuklar ağır kanlı ve tembel olarak tanımlanabilir ve derslere konsantre olmakta zorlanabilirler.

Solunumu Tamamen Duracak Mı?

"İki yaşındaki çocuğumun nefesi, gece esnasında pek çok kez kesilir gibi oluyor. Bir daha nefes alamayacağından korkuyorum!"

Ani Bebek Ölümü Sendromu (SIDS*) dışındaki durumlarda bebeğiniz her zaman yeniden nefes almaya başlayacaktır. Vücut, solunumun devamlılığını sağlamak için, kendi içsel mekanizmasına sahiptir. Solunumdaki duraklama vücudu uyanması için tetikler ve bu uyanış, kas gücünün solunuma dönmesi ve solunumun devamı ile sonuçlanır. Bu uyanmalar o kadar kısadır ki, siz ve çocuğunuz bunun farkına dahi varmayabilirsiniz.

Çocuklarda Uyku Apnesinin Nedenleri

Çocuklarda obstruktif uyku apnesinin en yaygın sebebi bademcik ve adenoidlerin büyümesidir. Uyku süresince kas hareketinde, solunum yolunu ve solunumu etkileyen büyük bir düşüş yaşanır. Bu çocukların çoğu uyanıkken pek zorluk çekmemelerine rağmen geceleri kas güçlerindeki

---

*) İngilizce açılımı: Sudden Infant Death Syndrome. (ç.n.)

azalmayla solunum yolları daralarak hava akışını ve nefes alma işini zorlaştırır. (Bu konuda hava akışını engelleyen ve zorlaştıran, dar ve dayanıksız bir kamıştan nefes alma benzetmesi yapılabilir.) Bu engeller sıkça kısa süreli uyanışlara sebep olur. Bu kısa süreli solunum duraklamalarının çoğu (birkaç saniye ila yirmi saniye ya da daha fazla süren) kas gücünü arttıran, solunum yolunu açan ve çocuğun tekrar nefes almasına olanak sağlayan kısa süreli uyanmalara sebep olur. Gece boyunca oluşan bu uyanışlar kısa süreli, art arda ve kronik olmasına rağmen, uykudaki bu kısa bölünmeler çocuklarda önemli gündüz belirtilerine sebep olabilir. (Bu durum çalan telefona bir gecede on beş yirmi kez cevap vermeye benzer.) Çocuk genellikle uyandığının farkında değildir ve ebeveynler çocukların huzursuz uyuduğunu fakat tam anlamıyla uyanmadığını düşünürler.

Kimler Uyku Apnesi Riski Altındadır?

Çocukları uyku apnesi riskine sokan pek çok faktör vardır. Burada bunların bir kısmı incelenecektir.

Bademcik ve adenoidler: Yukarıda bahsedildiği gibi uyku apnesi olan çocukların çoğu büyümüş bademcilere ya da adenoidlere sahiptir. Uyku sırasında boğazdaki kaslar gevşediğinden, büyük bademcikler ya da adenoidler solunum yolunu tıkar ve solunumu engellerler.

Hastalık: Sıkça kulak enfeksiyonu ve bademcik iltihabı geçiren, hassas bir boğaza sahip çocukların da uyku apnesine yakalanmaları çok daha muhtemeldir. Solunum daha zorlaşacağından, alerjiler de uyku apnesine katkıda bulunabilir.

Kilo: Aşırı kilolu çocukların da uyku apnesi olma ihtimali daha fazladır. Bunun nedeni boğaz çevrelerindeki fazla kilonun solunum yolunu daraltabilme ihtimalidir. Yine de uyku apnesi olan bütün çocuklar aşırı kilolu değildir. Normal kilodaki pek çok çocukta uyku apnesi görülür ve uyku apnesi olan çocuklar zayıf bile olabilir.

Fiziksel yapı: Uyku apnesine yakalanma riski çok fazla olan diğer bir kısım çocuklar, çene bölgelerinde normal olmayan kemik yapısına sahip olanlardır. Örneğin çenesi içeri doğru olan çocuklar daha dar solunum yoluna sahip olabilirler. Diğer bir sebep de yarık damak olabilir, özellikle de düzeltildikten sonra.

*Dawn Sendromu**: Dawn Sendromu olan çocuklar uyku apnesi riski altındadırlar çünkü, genelde biraz kiloludurlar ve uyku esnasında solunum yolunu tıkayabilecek büyük bir dile sahiptirler. Araştırmalar Dawn Sendromu görülen çocukların hemen hemen yarısında uyku apnesi görüldüğünü ortaya koymuştur.

Çocuklarda Uyku Apnesinin Yaygınlığı

Ender görüldüğü düşünülse bile yapılan son araştırmalar çocuklarda uyku apnesinin tahmin edilenden daha yaygın olduğunu göstermiştir. Uyku apnesinin bütün çocukların yaklaşık yüzde ikisinde görüldüğü sanılıyor. Bu orana göre, her elli çocuktan birinde, yani, Amerika'daki bir ve dokuz yaşları arasındaki toplam 640.000 çocukta uyku ap-

---

*) Dawn Sendromu: Kromozom fazlası olup, 46 kromozom yerine 47 kromozoma sahip olmaktan kaynaklanan, doğuştan gelen mental gerilik. (ç.n.)

nesi var. Uyku apnesi yeni doğan bebeklerde bile görülebilir, fakat ilk atak ortalama on dört aylıkken ortaya çıkar. Uyku apnesinin görülmesinde cinsiyet farkı yoktur, yani kızların ve erkeklerin uyku apnesi olma olasılığı eşittir.

Aile Geçmişi

"Kocam gibi, on bir aylık bebeğim de horluyor. Horlama irsi midir?"

Uyku apnesi genellikle ırsidir. Gördüğüm ve uyku apnesi tanısı koyduğum çocukların çoğunun ebeveynlerinden biri ya da her ikisi de bu problemden yakınıyordu. Bu nedenle eğer size uyku apnesi tanısı konulduysa, yukarıda bahsedilen belirtilerden herhangi birinin çocuğunuzda olup olmadığına bakmak iyi bir fikirdir. (Yetişkinlerdeki uyku apnesi hakkında daha fazla bilgi için 14. Kısım'a bakın.)

Yardım İçin Kime Başvurabilirsiniz?

Uyku apnesi olduğu düşünülen çocuklar, onlara teşhis koyup tedavi edebilecek bir uyku uzmanı tarafından muayene edilmelidir. Kapsamlı bir görüşme, fiziksel muayene ve bir gecelik uyku incelemesi muhtemelen yardımcı olacaktır.

Çocuklarda Uyku Apnesi Tanısı

Tara iki yaşında. Ana-babası Tara'nın gün içinde sürekli uykulu göründüğünü fark etti. Önce Tara'nın diğer yaşıtlarından daha fazla uykuya ihtiyacı olduğunu düşündüler, fakat daha sonra Tara'nın gece çok uyumasına ve gündüz uzun şekerlemeler yapmasına rağmen hâlâ uykulu göründüğünü fark ettiler. Her zaman arabada uyuyakalıyor ve yemek vaktinde mama sandalyesinde sık sık uyukluyordu. En sevdiği çizgi film olan, Güzel ve Çirkin *'i seyrederken bile uyuyakalıyordu. Ana-babası Tara'yı uykusunda gözlemlemeye başladılar ve birkaç alışılmamış şey fark ettiler. Öncelikle Tara ağzından nefes alıyordu ve gürültülü bir şekilde uyuyordu. Ayrıca çok huzursuz uyuyordu, gece boyunca beşiğinde dönüp duruyordu. Sonunda Tara'nın uykusundan endişe ederek problemi pediatristlerine açtılar. Tara'nın doktoru onları bir uyku bozuklukları merkezine yönlendirdi.*

Tara'nın annesi uyku bozuklukları merkezini arayarak gelecek hafta için bir randevu aldı. İçinde merkez hakkında bilgiyle birlikte, Tara ve uykusu ile ilgili on sayfalık bir anket olan bir posta aldılar. Anket, televizyon seyretme, uyku vakti ve uyku vakti rutinleri; uykuya dalmasının ne kadar sürdüğü, gece esnasında oluşan alışılmamış davranışların detayları ve gece uyanmalarının süresi gibi, Tara'nın akşam aktiviteleri hakkındaydı. Ankette ayrıca Tara'nın sabah kaçta kalktığı, gün içinde ne kadar uykulu göründüğü ve gün içinde uyuyup uyumadığı da soruluyordu. Tara'nın ana-babası anketi randevudan önce tamamladılar. Ayrıca paketi aldıkları zamandan randevu gününe kadar uyku günlüğü tutarak Tara'nın uykusunun bir kaydını almak zorundaydılar. İlk görüşmede doktor, Tara'nın uykusu ve hatta kendi uykuları hakkında olası bütün soruları sordu. Ayrıca Tara da, boyunun ve kilosunun ölçülmesini, kulak ve boğaz kontrolünü içeren kısa bir fiziksel muayeneden geçti. Uyku bozuklukları merkezindeki doktor, Tara'nın büyümüş bademcikleri olduğunu fark etti ve belirtilerin Tara'nın uyku apnesi olduğunun göstergesi olduğunu düşündü. Yine de emin olmak için, kendi merkezlerinde yapılacak bir gece uykusu incelemesi sırasında polisonografi (PSG) çekmek istediler.

Tara'nın uyku incelemesinin üç hafta sonra yapılması planlandı. Ana-babasının onu uyku merkezine 18:30'da getirmesi is-

tendi. Tara evde uyurken babasının tişörtlerinden birini giymekten hoşlandığı için, Tara'nın annesinin, doktorun tavsiye ettiği gibi altlı üstlü bir pijama almak için alışverişe gitmesi gerekiyordu. Herşey tamamdı. Yanlarına Tara'nın oynaması için oyuncaklar, beraber uyuduğu oyuncak ayısını, çok miktarda meyve suyu ve yiyecek aldılar. Gece, Tara ile annesinin kalmasına karar verildi, çünkü ertesi gün için işten izin almıştı.

Tara'yı uyku incelemesine almak ve vücuduna birçok elektrot yapıştırmak çok zor oldu. Başta korktu ve o kadar uzun süre oturmaktan hoşlanmadı. Fakat uyku merkezindeki teknisyenler çok iyiydi. Ona elektrotların iğne olmadığını ve vücuduna batmayacaklarını sadece yapıştırılacaklarını açıkladılar. Tara'nın korkusunu yenmesine yardımcı olmak için önce annesine birkaç elektrot yapıştırdılar, sonra Tara'nın, elektrotları ayısına da yapıştırmasına izin verdiler. Ayrıca oynaması için sık sık mola verdiler. Tara, vücuduna yapıştırılmış bir tomar kablo ile değişik bir beşiğe konulduğunda on dakika kadar huysuz göründü, fakat çabucak sakinleşti ve uyudu. Monitörler gece boyunca, Tara'nın oksijen seviyesini, ağzından ve burnundan ne kadar hava girip çıktığını (ağızdan ve burundan hava akışı), solunumunu, kol ve bacak kaslarının hareketlerini ve bir elektroensefalograf yardımıyla beyin dalgalarını kaydetti. Sabah Tara uyandığında bütün elektrotlar çıkartılmıştı, Tara ve annesi gidebilirlerdi. Tara gündüz bakımı için izinliydi.

Tara ve ana-babası bir hafta sonra durum değerlendirmesi için geri döndüler ve Tara'nın kesin olarak uyku apnesi olduğu söylendi. Bir kulak burun boğaz uzmanına yönlendirildiler. Sonuç olarak Tara'nın bademcikleri ve adenoidleri alındı. Gün içinde uykulu görünmesi gibi uyku problemleri çözüldü. Bundan kısa bir süre sonra kontrol için babası da uyku merkezine gitti çünkü o da horluyor ve gün boyunca uykulu oluyordu.

Tara'ya yapıldığı gibi, uyku bozuklukları merkezlerinde tam bir değerlendirme; (1) çocuğunuzun uykusunun detaylı bir geçmişini elde etmeyi, (2) bir-iki haftalık bir uyku günlüğü tutulmasını ve (3) eğer altında yatan herhangi bir fiziksel problemden şüpheleniliyorsa bir gece uykusu incelemesini kapsar. Bütün bu bilgilerin toplanmasının ardından bir tanı ve tedavi programı uygulanır. Ayrıca uyku bozuklukları merkezi çalışanları, bütün bu bilgileri pediatristinize postalayacaktır.

Çocuklarda Görülen Uyku Apnesinin Tedavisi

Uyku apnesi olan çocukların çoğu için ilk tedavi, büyümüş bademciklerin ve adenoidlerin alınmasıdır. Bir kulak burun boğaz uzmanı, çocuğunuzun bademcik ya da adenoid ameliyatı olup olmaması gerektiğini değerlendirecektir. Bademcikler her doktor tarafından görülebilir, fakat adenoidleri görmek için özel donanıma ihtiyaç vardır. Bademcikler ve adonoidler alındığında, solunum yolu kapanmayacak ve uykuda solunum normale dönecektir. Ameliyat genelde ayakta tedavi şeklinde yapılır, yani çocuğunuz ameliyat için hastaneye sabah girer ve öğleden sonra taburcu olur. Ağır uyku apnesi olan bazı çocuklar, ameliyat sonrası şişliğin çocuğun apnesini daha kötü hale getirmemesinden emin olmak için yine de bir gece hastanede tutulabilir. Şişlik ortadan kalktığında, uyku apnesi genelde iyileşir. Bu tip ameliyatlar çok az risk taşırlar, fakat olası komplikasyonlar için mutlaka doktorunuza danışmalısınız. Tıkanmaya sebep olabilecek diğer fiziksel nedenler mevcutsa başka ameliyatlar önerilebilir. Örneğin çocuğunuzda genizsel polip ya da burnunda veya boğazında başka bir büyüme varsa, bunların alınması gerekecektir. Doktor, bademcik büyümesi ya da adenomadan* şüphelendiğinde bu tip büyümeler için tam bir kontrol yapılır. Bazen, genellikle burun kırılmasından kaynaklanan nazal septum deviasyonunun düzeltilmesi gerekecektir. Ciddi durumlarda çenedeki ya da üst damaktaki yapı bozukluklarının düzeltilmesi gerekebilir.

Eğer çocuğunuzun uyku apnesinin nedeni alerjiye bağlıysa, bunun kontrol altına alınması gerekir. Bu tür problemler için bir alerji uzmanına başvurmak gerekir. Uyku apnesinden kurtulmak için zayıflamak bazı çocuklarda yararlı olabilir, fakat çocuğunuz için bir zayıflama programına girişmeden önce mutlaka pediatristinize danışın.

Uyku apnesi için yetişkinlere önerilen etkili diğer bir tedavi yöntemi de, devamlı pozitif solunum yolu basıncıdır (GPAP) ve bu tedavi yöntemi şimdilerde çocuklarda da yaygın olarak kullanılmaktadır. Oldukça etkili olan bu tedavide, uyurken burnun üzerine bir maske takılır ve bir hava kompresöründen verilen basınç, havanın burun kanallarından solunum yoluna gitmesini sağlar. Bu hava basıncı, solunum yolunu açık tutar ve çocuğun gece boyunca uyanmadan normal bir şekilde nefes almasına olanak sağlar.

Ani Bebek Ölümü Sendromu (SIDS)

Bebek uyurken çok sık meydana gelen bir trajedi olan Ani Bebek Ölümü Sendromu'ndan bahsetmeden bebek uykusu konusu bitmiş sayılmaz. Bu muhtemelen sizin bebeğinizin başına gelmeyecektir, fakat hesaba katmanız gereken bir ihtimaldir ve engellemek için elinizden geleni yapmanız gerekir.

---

*) Adenoma: Lenf bezlerinin şişmesi veya büyümesi. (ç.n.)

İki yıl uğraştıktan sonra Lisa sonunda hamile kalmıştı ve John ile Lisa, Courtney adını koydukları 3 kilo 200 gr doğan bebeklerine hoşgeldin demekten dolayı çok mutluydular. John ve Lisa, uykusuz kaldıkları için ilk birkaç hafta çok zorlanmalarına rağmen, Courtney harika bir bebekti. Sağlıklıydı ve kilo alıyordu. Herkes onun çok güzel olduğunu, pediatristi de sağlıklı ve normal olduğunu söylüyordu. Zamanla gülümsemeye ve başını kaldırmaya başladı. On haftalık olduğunda gece boyunca uyumaya başladı. John ve Lisa sonunda bir aile oldukları için çok mutluydular. Courtney on üç aylık olduğunda, bir salı gecesi Lisa, Courtney'i saat 20:30'da yatırdı. Sabah saat 8:00 olduğunda Courtney hâlâ uyanmamıştı ve bu pek olağan değildi. Lisa onu kontrol etmeye gittiğinde, Coutney'in nefes almadığını ve cansız olduğunu fark etti. İlkyardım geldi, fakat yapabilecekleri bir şey olmadığını söylediler. Polis geldi ve otopsi yapıldı. Courtney'in ölümüne sebep olabilecek hiçbir şey bulunamadı. Son karar Ani Bebek Ölümü Sendromu idi.

Bebekler, ne yazık ki uykularında ölebilirler. Beşik ölümü diye de adlandırılan Ani Bebek Ölümü Sendromu, bir aylıkla bir yaş arasındaki bebeklerin ölümüne sebep olur. Amerika'da her sene SIDS nedeniyle yaklaşık beş yüz ila bin bebek ölmektedir. Bu, doğan her bin bebekten bir ila ikisi ölüyor demektir. Ulusal Sağlık Enstitüsü'ne göre SIDS'in tanımı, 'ölüm yerinin incelenmesini ve vakanın geçmişinin gözden geçirilmesini içeren kapsamlı bir ölüm sonrası araştırılmasından sonra hâlâ teşhis konulamayan bir yaş altındaki bir bebeğin açıklanamayan ani ölümüdür.' Yani ölümün kesin bir nedeni yoktur.

SIDS nedeniyle ölen bebeklerin çoğu iki aylık ila dört aylıktır. SIDS'ten ölen bebeklerin yaklaşık yüzde doksanı altı aylıktan küçüktür. Yıl içinde herhangi bir dönemde olabilmesine rağmen, SIDS daha çok kış aylarında meydana gelir. Bu genelde, bebeğin uyuduğu düşünülen zamanlarda ortaya çıkar.

SIDS, çocuğu ihmal etmekten kaynaklanmaz. Ayrıca, kusmaktan, boğulmaktan ya da enfeksiyon veya soğuk algınlığı gibi küçük hastalıklardan da olmaz. SIDS bulaşıcı veya ırsi değildir ve difteri veya tetanos gibi hastalıklara bağışıklık kazanmaktan da kaynaklanmaz.

Hangi Bebekler Ani Bebek Ölümü Sendromu Riski Altındadır?

Hangi bebeklerin Ani Bebek Ölümü Sendromu riski altında olduğunu kesin olarak saptamak imkânsızdır. Yine de SIDS hakkında birkaç şey biliyoruz. Örneğin, genç annelerin bebekleri daha fazla SIDS riski altındadır. Sigara içen annelerin, hamilelik süresince uyuşturucu madde kullanan, cinsel yolla bulaşan bir hastalık geçiren, idrar yolları enfeksiyonu olan ya da doğum öncesi yeterli bakım göremeyen annelerin SIDS'den ölen bebeklere sahip olması daha büyük bir olasılıktır. Memeden beslenen bebeklere nazaran, biberondan beslenen bebeklerin SIDS kurbanı olmaları daha olasıdır. Çok zayıf doğdukları için, ikizler ve üçüzler daha fazla risk altındadır. SIDS kurbanının kardeşlerinin SIDS'e yakalanma riskleri daha fazladır, özellikle de ailede birden fazla SIDS kurbanı varsa. Son olarak, kız bebeklerden çok erkek bebeklerin SIDS nedeniyle ölmesi daha sık görülür.

SIDS kurbanı olan bebeklerin çoğunun sağlıklı, iyi beslenmiş ve iyi gelişmiş olması şaşırtıcıdır. Ayrıca bu bebeklerin çoğu, zamanında doğanlardır, yani bir erken doğum söz konusu değildir. Çoğu burada sözü edilen risk faktörlerine sahip bile değildir.

Ani Bebek Ölümü Sendromu'na Ne Sebep Olur?

SIDS'e neyin yol açtığını hiç kimse gerçekten bilmiyor. Aslında, bebeklerin SIDS'ten ölmelerinin tek bir nedeni yoktur; buna birçok şey neden olabilir. SIDS'in, en azından ölüm anında bir çeşit solunum ve kalp problemine bağlı olarak ortaya çıktığı biliniyor. Bu bebeklerin bazıları çok yüksek ateşli ya da ter içinde bulunur, bu nedenle ateşle ortaya çıkan problemler bu talihsiz ölümlerin bazılarının nedeni olabilir.

SIDS, uykuyu ve solunum problemlerini de içerdiği için, uyku apnesinin bu hastalıkta bir rolünün olduğu belirtilir. Yine de araştırmalar bu varsayımı doğrulamamaktadır. SIDS kurbanlarının yüzde doksandan fazlasının ölmeden önce uyku apnesinden şikâyetçi oldukları bilinmektedir. Yine de bazı ebeveynlerin, çocuklarının uyku apnesi olduğunu bilmediklerini unutmamalıyız.

Ani Bebek Ölümü Sendromu'nu Önlemek İçin Ne Yapılabilir?

Ne yazık ki SIDS'i tamamen önlemenin bir yolunu bilmiyoruz. Yine de aşağıda verilen öneriler bebeğinizin bir SIDS kurbanı olması riskini azaltmada faydalı olacaktır.

Uyuma pozisyonu: Öncelikle yeni doğan bebeğinizin sırt üstü ya da yan yatmasını sağlayın. Yüz üstü yatan bebekler SIDS'e daha eğilimlidirler. Önceden pediatristler bebeklerin yan ya da yüz üstü yatırılmasını tavsiye ederlerdi, çünkü sırt üstü yatarlarken kusarlarsa bebeklerin boğulabileceği endişeleri vardı. Bu varsayımı destekleyen kırk araştırma başarısızlığa uğradığı için şimdi bu olanaksız gibi görülüyor. Bununla birlikte araştırmalar yan veya sırt üstü uyuyan bebeklerde SIDS'in önemli oranlarda azaldığını göstermiştir; hatta bebekleri sırt üstü yatırmak konusunda, bebekler için önerilen uyuma pozisyonu hakkında ebeveynleri bilgilendirmek üzere bir girişim olan 'Sırt Üstü Uyumak' adlı ulusal bir kampanya başlatılmıştır.

Bebeğinizi sıkıştırabileceği için Amerikan Pediatristler Birliği tarafından tavsiye edilmemesine rağmen, bebeğinizi uyurken yan pozisyonda tutmayı sağlayan ucuz araçlar mevcuttur. Daha basit bir yöntem, bebeğinizin sırtını beşiğe dayamak ve altta kalan kolunu vücudundan ileriye uzatmaktır, böylece dönemeyecektir. Alttaki, çarşafa değen omzu, üstteki omzundan daha ileride olmalıdır böylelikle dönse bile sırt üstü dönecektir. Bebeğinizi bu pozisyonda tutmak için asla bağlamayın ya da beşiğini battaniyelerle doldurmayın. İpe dolanabilir ya da dönerse bütün bu battaniyelerin içinde havasızlıktan boğulabilir.

Eğer bebeğiniz yüz üstü uyumayı tercih ediyorsa, bu şekilde uyumasına izin verebilir, sonra onu yavaşça sırt üstü çevirebilirsiniz. Bir noktada bebeğiniz yüz üstü uyumak istediğine karar verebilir ve gece boyunca bu pozisyona dönmeyi sürdürecektir. Yüz üstü dönebilen bebeklerin çoğu SIDS'in yüksek riskli dönemini atlatmıştır. Yine de bebeğinizin SIDS riski altında olmadığından emin olmak için pediatristinizle görüşün. Pediatristinizin onayıyla bebeğiniz bu şekilde uyuyabilir.

Bebeğinizin yanında sigara içmeyi bırakın: Araştırmalar, gebelik boyunca ve doğumdan sonra sigara içen annelerin bebeklerinin SIDS'ten ölme riskinin üç kat daha fazla olduğunu ortaya koymuştur. Şaşırtıcı bir şekilde, gebelik döneminde sigara içmeyen ve doğumdan sonra sigaraya tekrar başlayan annelerin bebekleri iki kat daha fazla SIDS riski altındadır. Bu yüzden bebeğinizin yanında sigara içmemelisiniz.

Sert yatak kullanın: Bebekler sert ve düz yataklarda uyumalıdır. Bebekler, yumuşak minderler, köpüklü yastıklar, yorganlar, yastıklar ya da başka bir yumuşak malzeme üzerinde uyumamalıdır. Bebeğiniz kolaylıkla boğulabileceğinden bu yumuşak malzemeler tehlikeli olabilir.

Bebeğinizi aşırı sıcak tutmaktan kaçının: SIDS, bebeklerin çok fazla giydirilerek, çok fazla battaniyeyle ya da çok sıcak bir odada aşırı sıcak tutulmasına bağlı olarak ortaya çıkabilir. Bu durum özellikle, enfeksiyonlu ya da soğuk algınlığı olan bebekler için geçerlidir. Bebeğinizin aşırı sıcak hissedip hissetmediğini, terlemesinden, saçının nemli olmasından, isilik olmasından ya da sık nefes almasından anlayabilirsiniz. Bebeğinizi kendi giyindiğiniz gibi giydirin. Yatak odalarının sıcaklığını normal oda sıcaklığına ayarlayın.

Bebeğinizi anne sütüyle besleyin: Anne sütüyle beslenen bebeklerin SIDS'ten ölme olasılıkları daha düşüktür. Bu, anne sütünün bağırsak ve solunum hastalıklarını engellemeye yardımcı olmasından kaynaklanabilir.

Apne denetleyici monitör: Bazı ana-babalar, bebekleri nefes almayı keserse ya da bebeğin kalp atışında bir problem olursa onları uyaran ev denetleyicilerinden yararlanırlar. Bütün SIDS oluşumlarını önlemek için garanti vermemelerine rağmen, bu denetleyiciler faydalıdır. Ev denetleyicisiyle kontrol edilmesi gereken bebekler, geçmişte tehlikeli bir olay geçiren, apnesi olan prematüre bebekler, bir SIDS kurbanının ikizi olan, daha önce iki ya da daha fazla SIDS kurbanı vermiş bir ailede doğan bebeklerle, kalp ve solunum problemi olan bebeklerdir. Ev denetleyicisi normal ve sağlıklı bebekler için tavsiye edilmez.

Ani Bebek Ölümü Sendromu'nun Etkisi

SIDS umulmadık ve ani bir şekilde gerçekleşir. Bebeklerin öleceği umulmaz. Bebeğin doğumundan sonraki ilk birkaç ay bir mutluluk ve yeni bebeğe bağlanma zamanıdır ve bir bebeğin ani ölümü gerçekten sarsıcıdır. İlk tepkiler uyuşma ve şaşkınlıktır. Bir ebeveyn duygularını, "Bunun olacağı hiç aklımıza gelmezdi," diye ifade etmiştir. Ölüm için suçlanacak kimse olmadığı için, ana-babalar "Keşke onu kontrol etseydim," diye düşünerek kendilerini suçlarlar. Ana-babalar genelde kendilerini hatalı görür ve neden bir problem fark etmediklerini ya da bebeklerini korumak için bir şey yapmadıklarını sorgularlar. Ve sanki acıyı arttırmak istermişçesine bazı SIDS ölümleri, ana-babalar üzerinde yasal soruşturmalar yapılmasına yol açar.

İlk şokun ardından çoğu ana-baba ciddi bir depresyona girer. Dikkatlerini toplamakta ve uyumakta zorluk çekebilirler. Yorgun ve alıngan hale gelebilirler. Evde ve iş yerinde görevlerini yerine getirmekte zorlanabilirler. Eğer ailede başka bir çocuk daha varsa, ebeveynler aşırı korumacı hale gelebilirler ve onları hiçbir zaman gözlerinin önünden ayırmazlar.

Bir çocuğun SIDS'ten ölmesinden sonra meydana gelen diğer yaygın bir olay da yeni bir eve taşınmaktır. Pek çok ebeveyn çocuklarının hatıralarıyla yaşayamaz ve hayatlarını mümkün olduğunca değiştirmeye çalışırlar. Bu genellikle bir kaçış girişimidir. Böyle bir tecrübenin ardından ileriki yaşlarda hamilelik ve başka bir bebek sahibi olmak konusundaki korkular da çok yaygındır.

Bir bebeğin SIDS'ten ölmesi ailedeki diğer çocuğu da etkileyecektir. Ölüm diğer kardeşler için de sarsıcı olacaktır. Bazı çocuklar, özellikle de ilginin odağı olan yeni bebeğe karşı bir kızgınlık duymuşlarsa, bunun kendilerinin hatası olduğunu düşünürler. Uykularında öleceklerinden endişe edebilirler. Çoğunun ölüm konusunda kafası karışacak ve neler olduğunu anlayamayacaklardır. Bazı çocuklar içine kapanacaktır. Bazıları, kendileri ve diğer çocuk için yaşamaları gerektiğini düşünecektir. Ailedeki diğer çocuğun desteğe ihtiyacı olacaktır. Ölümün onlara, yaşlarına uygun bir şekilde açıklanması gerekecektir. Acı çekmenin ve üzüntülü olmanın önemli olduğunu anlamaları gerekecektir. Ana-babaların, kendi duygularıyla başa çıkmaları konusunda çocuklarına yardımcı olmaları gerekecektir.

Eğer bebeğiniz bir SIDS kurbanıysa, psikolojik yardım alın. Bebekleri SIDS'ten ölen çoğu ebeveyn suçluluk hisseder, fakat bunun sizin hatanızdan kaynaklanmadığını ve engellemek için yapabileceğiniz hiçbir şey olmadığını unutmamanız gerekir.

Eğer bebeğini SIDS yüzünden kaybeden birini tanıyorsanız, o ailenin desteğe ihtiyacı olduğunu bilmelisiniz. Bu, o kişinin kendini iyi hissetmesini sağlamanız gerekiyor anlamına gelmez. Bebeğin ölümünden sonra aylar ve yıllar boyunca sürebilen acı ve keder, iyileşmelerinin önemli bir parçasıdır. SIDS kurbanlarının ana-babaları genelde bebek hakkında konuşmak isterler ve diğerleri çocuklarından bahsettiğinde önemsemezler. Bebek hakkında konuşmaktan çekinmeyin. Bu ana-babayı üzmeyecektir. Böylelikle bebekleri yaşayacaktır ve ana-babalar ondan bahsetmekten zevk alacaklar ve birinin hikâyelerini dinlemesini takdir edeceklerdir. Ebeveynler, bebeklerini hatırlatan somut bir anıyı da sevinerek karşılayacaklardır, bu yüzden, onlara bebeklerinin çerçevelenmiş bir fotoğrafı gibi bir hediye vermekten çekinmeyin. Bebeğin anısına bir bağış yapın ya da bir ağaç dikin. Bütün bu incelikler takdir görecektir. Yine de, yanında olmak ve dinlemek muhtemelen yapabileceğiniz en iyi şeydir.

Hatırlatmalar

- Uyku apnesi, uyku sırasında solunumun durakladığı ciddi bir rahatsızlıktır.
- Çocuklardaki uyku apnesinin yaygın gece belirtileri, horlama, solunumun duraklaması, ağızdan nefes alma ve uyurken nefes almakta zorlanmadır.
- Uyku apnesinin yaygın günlük belirtileri, uykulu görünme, hiperaktivite ya da umulmadık zamanlarda uyuyakalma gibi davranış değişiklikleridir.
- Çocuklardaki uyku apnesi genellikle büyümüş bademcikler ve adenoidlerden kaynaklanır.
- Uyku apnesi tanısı, uyku bozuklukları merkezinde konulmalıdır.
- Ani Bebek Ölümü Sendromu (SIDS), bir aylık ila bir yaş arası bebeklerin ölümünün en önemli sebebidir. SIDS'i önlemek için yapabileceğiniz şeyler vardır.

11. KISIM
GECELERİ ŞAŞKINA DÖNEN BEBEKLER

Parasomniler

"Billy, her gece 22:30 civarında yataktan çılgınca fırlıyor ve kontrolsüzce çığlık atmaya başlıyor. Ben, onu genelde odada çılgın gibi koştururken buluyorum. Onu tutmaya çalışıyorum, fakat beni itiyor. Ne olduğunu anlamıyorum. Çok korkmuş görünüyor ve bu beni ürkütüyor."

Uyku sırasında meydana gelen olağan dışı davranışlar parasomni olarak adlandırılır. Billy'nin, yukarıda bahsedilen gece davranışı uyku ya da gece terörü (korkusu) diye bilinen bir bozukluğa işarettir. Bunlar bebeklerde ve yürümeye yeni başlayan çocuklarda yaygındır. Çocukların çoğu, zaman içinde bu alışılmadık uyku rahatsızlıklarından kurtulur. Bununla birlikte, çocuklarını gece korkusu yaşarken izlemek, ana-babalar için çok korkutucu bir deneyimdir.

Parasomniler

'Parasomni' terimi, uyku sırasında meydana gelen çok çeşitli davranışları kapsar. Parasomninin en yaygın türü, aklı karışmış biçimde (şaşırmış) uyanma, uyurgezerlik ve uyku terörlerini (korkularını) kapsayan 'kısmi uyanma rahatsızlığı'dır. Uzmanlar, bu tür uyanma rahatsızlıklarının bazı belirtilere bağlı olduğunu düşünmektedirler. Bunlar özellikle, çocuk karmaşık durumdayken, hem uyur hem de uyanık haldeyken, genellikle de rüyasız uykunun en derin evresinden çıkarken meydana gelir. Çocuk, karmaşık davranışlar sergileyecek kadar uyanık, fakat bunların farkında olmayacak ya da hatırlamayacak kadar da uykudadır. Bu olaylar genelde ender görülür ve sakin biçimde gerçekleşir. Bununla birlikte, tıbbi müdahale gerektirecek kadar sık ve şiddetli de olabilirler.

Şaşırmış Biçimde Uyanma

Şaşırmış biçimde uyanmalar genellikle ağlama ve yatakta ya da beşikte dövünmeyle başlar. Çocuğunuz uyanıkmış gibi görünür ve üzgün, aklı karışmış bir şekilde bakabilir. Gelmeniz için ağlayıp inleyebilir, fakat onu sakinleştirmeye çalışırsanız size karşı koyabilir ve avutmanıza izin vermeyebilir. Yarı uyur olduğunu ve onu uyandırmanın zor olduğunu fark edeceksiniz. Bu olaylar yarım saat kadar sürebilir. Bunlar genellikle, çocuğunuzun sakinleşmesi ve derin uykuya geri dönmesiyle sonuçlanır. Çocuk bazen, sadece çabucak uykuya dalmak üzere kısa bir süreliğine uyanacaktır.

Bebeklerin ve yürümeye başlayan çocukların çoğu en az bir kere bu olayı yaşar. Bu, siz farkına bile varmadan olabilir. Bu size sadece çocuğunuzun uyanıp biraz huysuzlaştıktan sonra tekrar uykuya dalması gibi görünebilir. Daha önce de ifade edildiği gibi, çocukların çoğu bu olayı yaşar. Bunlar oldukça yaygındır ve özellikle üç yaşın altındaki çocuklarda görülür.

Uyurgezerlik

Uyurgezerlik genellikle büyük çocuklarda görülür ve dört ile sekiz yaş arasındaki çocuklarda doruk noktasına ulaşır. Bütün çocukların hemen hemen yarısı en az bir kere bunu yaşar. Bazı çocuklar sadece yataktan çıkıp odanın içinde dolaşırken, bazılarında ise bu uzun sürebilir ve evin başka yerlerine, hatta evin dışına bile çıkabilirler. Uyurgezer, yatağa dönebilir ya da tuvalet veya başka birinin evi gibi bir yerde de uyanabilir. Uyurgezerler ayrıca anlaşılması güç konuşmalar da yapabilirler. Uyurgezer çocuklar, mobilyaların yerini değiştirmek gibi karmaşık davranışlarda bulunabilirler Çocukların tuvalete gitmeleri ya da başka bir yere tuvaletlerini yapmaları da oldukça sık görülen bir durumdur. Çocuğunuzun gözleri açık olacaktır, fakat 'donuk' görünebilirler. Çocuğunuz gezerken önünü görebildiği için yaralanma ihtimali pek yoktur. (Bu konu, daha sonra detaylı olarak açıklanacaktır.)

Uyku Terörü

Uyku terörü ya da gece terörü, kısmi uyanma bozukluklarının en şiddetli ve dramatik olanlarıdır. Ayrıca bunlara tanık olmak anne baba için çok acı vericidir. Uyku terörü, hemen hemen her zaman 'tüyler ürpertici' bir çığlık ya da bağırışla başlar. Bu olay süresince çocuğunuz aşırı korku yaşıyor gibi görünecektir. Sık nefes alacak, kalbi çok hızlı atacaktır, ayrıca göz bebekleri büyüyebilir ve terleyebilir. Herşeyden önemlisi aşırı derecede acı çekiyor gibi görünecektir. Bir çocuk, uyku terörü sırasında yataktan çılgınca fırlayıp odada veya evin içinde koşuşturabilir. Bu çılgın olay sırasında çocuklar kendilerini ya da onları sakinleştirmeye çalışan kişiyi incitebilirler. İzleyen kişiye ne kadar rahatsızlık verici ve korkunç görünse de olayı yaşayan çocuklar, sabah uyandıklarında olayı ve ne yaptıklarını hatırlamayacaklardır. Uyku terörünü izlemek gerçekten de yaşamaktan çok daha kötüdür. Uyku terörü çocuk için, kötü bir rüyadan ya da kabustan çok daha az sarsıcıdır. Kabuslarla gece terörlerini ayırt etmenin en kolay yolu, sabah kimin daha üzüntülü olduğuna bakmaktır. Eğer çocuğunuz daha üzgünse, o zaman bir kabus görmüştür. Eğer siz daha üzgünseniz, o zaman bir uyku terörüne tanık olmuşsunuzdur.

Çocukların yaklaşık %5'i uyku terörü yaşar. Daha küçük yaştaki çocukların da yaşayabilmesine rağmen, uyku terörü en çok beş ve yedi yaşları arasında görülür. Araştırmalar, uyku terörü yaşayan çocukların %96'sının ailelerindeki diğer bir üyenin de bir kısmi uyanma bozukluğu yaşadığını ortaya koymuştur.

'Parasomni' terimi çok geniş bir uyku bozuklukları yelpazesini kapsadığından, parasomni konusunun geri kalanında, konfüzyonlu kısmi uyanmalar, uyurgezerlik ve uyku terörü problemlerini de kapsayan kısmi uyanma bozuklukları ele alınacaktır.

En Önemli Özellikler

Konfüzyonlu (şaşırmış biçimde) uyanma, uyurgezerlik ve uyku terörünün diğer uyku bozukluklarından farklı bazı ortak özellikleri vardır. Bu özellikleri bilirseniz, bu rahatsızlıkları ayırt etmeniz oldukça kolaylaşır.

Gece Meydana Geldikleri Saatler: Parasomniler genellikle uykuya daldıktan sonraki bir-iki saat içinde gerçekleşir. Ayrıca bunlar saat gibidirler. Yani, çocuğunuzun ne zaman bir tane yaşayacağını dakikası dakikasına tahmin edebilirsiniz.

Don'un oğlu Matthew her gece saat 20:30'da yatar ve 21:00'a kadar uyur. Matthew saat 22:15'te bağırmaya başlar. Bu haftada iki kere olur. Eğer Don, 22:30'a kadar Matthew'un sesini duymazsa, o gece uyku terörü yaşanmayacağını bilir.

Amnezi (bellek kaybı): Parasomnilerin diğer bir özelliği de çocuğunuzun bu olayları hatırlamamasıdır. Sabah olduğunda sanki hiçbir şey yaşanmamış gibi olacaktır. Eğer çok sık yaşanıyorsa, bazı çocuklar olanları belli belirsiz hatırlayabilir, fakat hepsi bundan ibarettir.

Teselli etmekten kaçının: Üzgün olan çocuklar genelde ana-babalarına sığınırlar. Parasomnisi olan çocuklar bunu yapmaz. Onlar sizi fark etmezler bile. Onları tuttuğunuzda ya da kucaklamaya çalıştığınızda, muhtemelen çok daha fazla bağıracaklardır. Eğer onlarla konuşur ve sakinleştirmeye çalışırsanız, daha rahatsız olabilirler. Onları sadece yalnız bırakın. İzleyin, fakat müdahale etmeyin.

Parasomni Nedir ve Ne Değildir?

Parasomninin ne olduğunu kesin olarak bilmiyoruz, fakat onlar hakkında bir şeyler biliyoruz. Bütün parasomniler non-REM uykusundan çıkışta gerçekleşir. Bunlar bir uyku evresinden diğerine geçiş esnasında meydana gelir. Genellikle, derin uyku diye bahsedilen üçüncü ya da dördüncü uyku evresinden çıkışta oluşurlar. Kişi, tam anlamıyla uyumakla uyanmak arasında bir yerde sıkışır kalır. Ne tam olarak uyuyordur, ne de tam olarak uyanıktır.

Bazı çocuklar her gece uykusunda gezer ya da uyku terörü yaşar. Diğer bir kısım çocukta ise bu azalıp çoğalacak, 'iyi' ve 'kötü' haftalar olacaktır. Her çocuk farklıdır. Bazı çocuklar ise bunu hayatlarında sadece bir kez yaşar.

Ayrıca parasomnilerin aşağıdakilerden herhangi biri olmadığını da biliyoruz:

Bir kabus değildir. Uyku terörü kabus değildir. Öyle görünmesine rağmen, bu olaylar sırasında çocuğunuz rüya görmüyordur. Kabuslar REM uykusu sırasında gerçekleşir. Çoğu REM uykusu, genellikle sabaha karşı, uyku periyodunun sonunda oluşur. Bu, kabusların gecenin ikinci yarısında oluşmasının daha muhtemel olduğu anlamına gelir. REM uykusunun en belirgin özelliklerinden biri tam anlamıyla felç olmanızdır. Gözleriniz kıpırdar, kalbiniz çarpar, nefes alabilirsiniz, fakat kıpırdamanız olanaksızdır. Bu yüzden bağıramaz, yatakta doğrulamaz ve kesinlikle yürüyemezsiniz. Uyurgezerlik, şaşkın bir şekilde uyanma ve uyku korkuları, rüya görmediğiniz ve hareketli olduğunuz non-REM uykusu sırasında meydana gelir.

Psikolojik bir rahatsızlık değildir. Pek çok ana-baba, uyku terörünün ve uyurgezerliğin çocuklarında ciddi psikolojik problemlerin belirtisi olduğundan endişe eder. Çocuklar çok korkmuş ve ürkmüş görünür. Bu, bazılarına gündüzleri oluşan bazı problemleri ya da endişeleri gece taklit ediyorlarmış gibi gelebilir, fakat böyle değildir. Pek çok araştırma yapılmış ve parasomnilerin psikolojik problemlere bağlı olmadıkları kararına varılmıştır. Bu dertten şikâyetçi insanların kaygı hastalıkları yoktur ya da depresyonda değildirler, kesinlikle psikozlu değildirler ve halüsinasyon görmüyorlardır. Onlar sadece uyku ve uyanıklık arasında sıkışmışlardır.

Delilik değildir. Bazı ebeveynler, çocuklarının çılgın gibi göründüğünü ya da 'yabancı bir dil' konuştuğunu söylerler. Rita, Mark'ın çok ilginç bir dil konuşuyor gibi göründüğünü ifade etmişti. Bunun gerçek olamayacağı çok açıktır. Çocuğunuz sadece, gece terörü sırasında farklı davranır ve öyle gibi görünür.

Parasomnileri Diğer Problemlerden Ayırt Etmek

Kabuslar. Eğer neye bakmanız gerektiğini biliyorsanız, parasomnileri kabuslardan ayırt etmek çok kolaydır. Yan sayfadaki tablo, burada bahsedilen uyku bozukluklarıyla kabusları birkaç kilit noktası ile karşılaştırmaktadır.

Krizler. Ayrıca parasomniler gece yaşanan ani hastalık nöbetleriyle de karıştırılabilir. Çocuğunuzun bir nöbet yaşıyor olması pek muhtemel değildir, çünkü bu çok ender görülür. Fakat yine de arayacağınız belirtinin ne olduğunun bilincinde olmalısınız. Hastalık nöbetleri gece herhangi bir vakitte olabilir, fakat genelde çocuk uykuya daldıktan kısa bir süre sonra meydana gelir. Bu davranış basmakalıp ve tipiktir, yani çocuğunuz sürekli aynı hareketi tekrar edip durur. Parasomnilerde olduğu gibi, çocuğunuzu uyandıramayacaksınızdır ve çocuğunuz sabah uyandığında olayı hatırlamayacaktır. Eğer çocuğunuz uyku esnasında nöbet geçiriyorsa, o zaman gün için de uykulu görünebilir. Nöbetler, yaygın olan parasomnilere ve kabuslara göre oldukça nadir görülür. Eğer çocuğunuzun nöbet geçirdiğine dair herhangi bir endişeniz varsa, hemen pediatristinize baş vurun.

	Parasomniler	Kabuslar
Gece görülme zamanı	Gecenin ilk 1/3'lük bölümü	Son 1/3'lük bölümünün ortaları
Davranış	Değişken	Çok az hareket
Bilinçlilik düzeyi	Uyandırılamaz ya da uyandırılırsa çok şaşkın görünür	Tamamen uyanıktır
Olayın hatırlanması	Amnezi (bellek kaybı)	Net hatırlama
Ailede görülme	Evet	Hayır
Yaralanma ihtimali	Yüksek	Düşük
Görülme sıklığı	Yaygın	Çok yaygın
Uyku evresi	Derin non-REM	REM
Gündüz uykulu görünme	Az ya da hiç	Hiç

Nedenleri

Parasomnilerin ne olduğunu tam olarak bilmediğimiz gibi, bunlara kesin olarak neyin sebep olduğunu da bilmiyoruz. Bunların ırsi olduğunu biliyoruz. Eğer iki yaşındaki bir çocukta varsa, çok şiddetli olmasa da ebeveynlerinden birinde olma ihtimali de yüksektir. Bazı ailelerde bu belli bir düzeyde çocukların her birinde vardır. Ayrıca bunlar çoğunlukla belli yaşlarda görüldüğü için gelişimsel bir olgu gibi de görünebilir.

Bu uyku rahatsızlıklarının oluşmasına ya da daha kötüleşmesine sebep olan belli etkenler vardır.

Uykusuzluk: Yeterince uyumama, bir çocuğun gece terörü yaşamasının ya da uykusunda yürümesinin bir numaralı sebebidir. Eğer çocuğunuz çarşamba gecesi uykusunu alamazsa, perşembe gecesi uyku korkusu (terörü) yaşaması daha olasıdır. Bunun nedeni, kısmi uyanma rahatsızlıklarının, uyurgezerliğin ve uyku terörlerinin derin uykuda meydana gelmesidir. Uykusuz kalındığında, vücut daha fazla derin uykuya ihtiyaç duyar ve normal bir geceden daha fazlasını alır. Bu nedenle çocuğunuz ne kadar fazla derin uyku alırsa, bir parasomni yaşaması o kadar olasıdır.

İlaçlar: Bazı ilaçlar parasomniye neden olabilir. Lityum, Prolixin ve Desipramin, bu parasomnilerden birine neden olabilir ya da şiddetlendirebilir.

Yabancı yerler: Büyükannenin evinde, bir arkadaşın evinde ya da başka bir yerde uyumak uyku korkusuna ya da uyurgezerliğe yol açabilir.

Stresli dönemler: Parasomniler genelde stresli dönemlerde görülür. Uyku problemlerine neden olan sadece stres değil, sıkça buna eşlik eden uykusuzluktur. Eğer taşınıyorsanız, boşanıyorsanız ya da ailede bir ölüm olayı varsa, çocuğunuz yatağa istediğiniz kadar erken gidemeyecek ve uykusunu alamayacaktır. Eğer çocuğunuz uykuya dalmadan önce endişeleniyorsa, ihtiyacı olan uykuyu alamayacaktır. Her ne zaman bu yaşansa, olağan dışı uyku davranışlarının meydana gelmesi daha muhtemel hale gelir.

Diğer uyku bozuklukları: Altta yatan diğer uyku bozuklukları, bazı çocukların parasomnilerini daha kötüleştirir. Örneğin, eğer çocuğunuzun uyku apnesi varsa, bu onun daha sık uyanmasına sebep olabilir. Bu uyanma onun daha fazla uyku geçişi yaşamasına sebep olur. Parasomniler uyku geçişlerinde meydana geldiği için, apne, uyku korkusunu tetikliyor olabilir. Onun için çocuğunuzun başka uyku problemleri olup olmadığını bilmek önemlidir. Diğer uyku bozuklukları hakkında daha fazla bilgi edinmek için bu bölümdeki diğer konuları mutlaka okuyun. Herhangi bir endişeniz varsa pediatristinize ya da en yakın uyku bozuklukları merkezine başvurun.

Çocuğunuzun Güvenliğini Sağlayın

Stephanie dört yaşındaydı. Gece boyunca sıkça uyanır ve uykusunda gezerdi. Genelde odasından çıkar, sola döner ve hemen sağdaki banyoya giderdi. Bir gece büyükannesinin evinde kaldı. Her zamanki gibi saat 22:30'da kalktı ve gezmeye başladı. Odadan çıktı ve sola döndü. Sonra da banyoya gideceğini umarak sağa döndü. Ne yazık ki büyükannesinin evinde o yönde alt kata inen merdivenler vardı. Stephanie merdivenlerden düştü ve sağ kolunu kırdı.

Stephanie'nin öyküsü tipiktir. İster büyükannenin, ister bir arkadaşın evinde olsun, uyurgezerler yabancı bir yerde kolaylıkla yaralanabilirler. Eğer çocuğunuzun uyku korkusu varsa ya da bir uyurgezer olduğu biliniyorsa, hem evde hem de diğer yerlerde mutlaka güvenlik önlemleri alın.

En yaygın kazalar, çocuk ikinci kattan, yüksek bir pencereden düştüğünde ya da dışarı çıktığında meydana gelir. Şaşırtıcı bir şekilde, çocuğunuz uyuyor olmasına rağmen yine de görebilir. Mobilyalara çarpmamasının ve merdivenlerden düşmemesinin nedeni budur. Fakat karanlıkta ya da yabancı bir yerde kazalar olabilir. Olaysız bir şekilde gezen çocukların bile rotası bir anda değişebilir. Çocuklar arabaların geçtiği caddenin aşağısındaki komşunun evinde bulunabilirler. Genelde dışarı çıkar, bir yerlere gider, uzanır, tekrar uykuya dalarlar ve sabah bilmedikleri bir yerde uyanırlar.

Yapabileceğiniz en önemli şey çocuğunuzun güvenliğini sağlamaktır. Çocuğunuzun geçmişte uyurgezer olmaması, bir hafta sonra uyurgezer olmayacağı anlamına gelmez. Sonradan pişmanlık duymaktansa, önceden güvenliğini sağlamak daha iyidir, özellikle de çocuğunuz bir parasomni olayı yaşadıysa. Çocuğunuzun güvenliğini sağlamak için yapabileceğiniz bazı şeyler vardır.

Engeller: Çocuğunuzun odasının kapısına ve merdivenlerin başına engeller koyun. Bu engeller küçük çocukların odasından çıkmasını ya da alt kata inmesini engelleyecektir. Engeller büyük çocukları durduramayabilir, fakat onları, birinin duymasını sağlayacak kadar yavaşlatabilir.

Alarmlar: Bir alarm, çocuğunuzun evden çıkmamasını sağlamada faydalı olabilir. Alarmın amacı çocuğunuzu değil, sizi uyandırmaktır. Pahalı hırsız alarmlarından basit ve ucuz seçeneklere kadar her çeşit alarm işinizi görecektir. Örneğin çocuğunuzun kapısına bir çan ya da ses çıkaran başka bir şey asın, böylelikle kapı açıldığında bu ses çıkaracaktır. Sesin çocuğunuzu uyandırması gerekmez, fakat sizi uyandıracak kadar gürültülü olmalıdır. Ayrıca kapı tokmaklarına takılan ucuz hırsız alarmları da vardır. Kapı koluna dokunulur ya da çevrilirse gürültülü bir alarm çalar. Çocuğunuzun odasına, yatağının üzerine kurabileceğiniz, çocuğunuzun kalkıp odasında dolaşmaya başlamasıyla harekete geçen karmaşık elektronik izleme sistemleri bile vardır. Bir uyarı: eğer bir alarm sistemine bel bağladıysanız, özellikle de hareket sensörü olan birine, çocuğunuz uykusunda gezdiği için hemen otomatik olarak polisin aranmamasına dikkat edin.

Pencereleri kilitleyin: Pencerelerin, özellikle de ikinci kattaki ya da daha yüksektekilerin çocuğunuzun atlayabileceği kadar açık olmamasına dikkat edin. Pencerelerin birkaç santimden daha fazla açılmasını engelleyen aletler mevcuttur. Pencere pervazına pencerenin açılmasını sınırlayan bir çivi çakmak hem ucuz hem de basit bir yöntemdir. Çivi dört-beş santim ileriye koyulmalıdır böylelikle pencere açıldığında çiviye çarpacak ve daha fazla açılmayacaktır.

Mobilyaları yeniden düzenleyin: Çocuğunuzun odasındaki mobilyaları düzenleyin, böylece karanlıkta bir şeye çarpmayacak ve yaralanmayacaktır. Gündüzleri resim yapmak için odanın ortasına bir sehpa koymak iyi bir fikir olsa da çocuğunuz gecenin bir yarısı uykusunda geziyorsa bu tehlikeli olabilir.

Ayak altındaki şeyleri kaldırın: Eğer çocuğunuz uykusunda geziyorsa, gece üzerine basabileceği ya da ayağı takılacak herşeyi ortadan kaldırın. Lego parçalarını yerde bırakmayın ve dağılmış oyuncakları mutlaka toplayın.

Birinci katta uyumak: Çocuğunuzun gerçekten de ikinci kat penceresinden düşme tehlikesi varsa, çocuğunuzu birinci katta uyutma seçeneğini düşünün. Tabi eğer apartmanın beşinci katında oturuyorsanız bunu yapamazsınız. Fakat diğer durumlarda bu mümkün olabilir.

Parasomnilerle Nasıl Baş Etmeli

Aşağıda çocuğunuzun parasomnileriyle baş etmek için yapabileceğiniz şeylerin bir listesi verilmiştir:

Çocuğunuzu uyandırmayın. Çocuğunuzu uyandırmak ona bir zarar vermeyecektir, bu bir koca karı masalıdır, fakat olayı uzatacaktır.

Yatağa dönmesi için çocuğunuza kılavuzluk edin. Öyle görünmemesine rağmen bu olaylar sırasında çocuğunuz uykudadır. Olayın sonunda ya da bazen aniden normal uykuya dönecektir. Bunu teşvik etmek için çocuğunuzu nazikçe yatağına yönlendirin. Direnirse kendi haline bırakın.

Çok fazla müdahale etmemeye çalışın. Parasomni olayı sırasında ana-babaların olağan tepkisi, çocuklarını sakinleştirmeye çalışmaktır. Bunu yapmaktan kaçının. Bunu yaparsanız, çocukların çoğu sadece daha fazla rahatsız olacaktır; bu, özellikle çocuğunuz zaten üzgün görünüyorsa geçerlidir. Yine de çocuğunuz zarar görmek üzereyse, size dirense bile onu mutlaka koruyun.

Uyku miktarını arttırın. Uykusuz kalmasını önlemek için çocuğunuzun daha fazla uyumasını sağlayın. Çocuğunuz uykusuzken parasomnilerin oluşması çok daha muhtemeldir. Bunun nedeni, bütün şaşırmış biçimde uyanmaların, uykuda gezmelerin ve gece terörlerinin derin uyku geçişlerinde meydana gelmesidir. Eğer çocuğunuz yeterince uykusunu alamıyorsa, daha fazla derin uyku yaşayacak ve bir parasomni yaşama ihtimali daha da artacaktır.

Muntazam bir uyku düzeni sağlayın. Çocuğunuz her zamankinden farklı bir vakitte uyuduğu gecelerde parasomnilerin görülmesi daha olasıdır.

Ertesi gün olaydan bahsetmeyin. Olaydan sonraki sabah problemi çocuğunuzla konuşmayın. Olaydan bahsetmek onu muhtemelen endişelendirecektir. Yapabileceği şeylerden korkacağı için, çocuğunuzun uyku konusunda kaygılanmasına yol açabilir. Eğer endişelenirse, gece uykuya dalması zorlaşacak ve daha fazla uykusuz kalacaktır. Ne yazık ki bu, daha fazla olay yaşamasına sebep olabilir. Ayrıca parasomnilerden bahsetmek, gece ne kadar 'garip' olduğu konusunda büyük kardeşlerinin onunla alay etmelerine sebep olabilir. Büyük çocukların kendilerinin de gece garip davranıp davranmadıklarını sormaları olasıdır.

Çocuğunuzun korkularını yatıştırın. Bu kitap bebeklere ve yürümeye yeni başlayan çocuklara yönelik olmasına rağmen, sizin parasomni yaşayan büyük çocuklarınız olabilir. Büyük çocuklarda ise bu davranışların ne kadar olağan olduğundan bahsetmek ve çocuğunuzun korkularını ya da farklı olduğu ve bir şeylerin kötü gittiği konusundaki endişelerini yatıştırmak faydalı olabilir. Büyük yaşlardaki pek çok çocuk delirdiği endişesine kapılabilir. Böyle bir konuşma sıradan günlük bir konuşmanın parçası gibi olmalıdır. Büyük çocuklarınıza bile geçen gece böyle bir olayın olup olmadığından bahsetmemeniz önerilir. Yine bu, çocuğun bilinçlenip, uykudan uzaklaşmasına yol açabilir.

Tedavi Seçenekleri

Çoğu durumda parasomnilerin, yukarıda verilen önerilerden başka bir tedavisi yoktur. Herşeye rağmen bu olayların altında yatan ciddi tıbbi ya da psikolojik bir rahatsızlık belirtisinin olması da çok enderdir. Dahası, büyüdükçe çocuklarda olayların sayısı azalma eğilimi gösterir; çocukların çoğu ergenlik döneminden sonra artık bunları yaşamaz. Yine de bazı durumlarda ilaç tedavisi ya da programlanmış uyandırma tavsiye edilebilir.

Parasomnilerin yaralanma ve şiddet içerdiği ya da diğerlerinin uykusunu bozduğu ciddi durumlarda tedavi gerekebilir. Bu tedavi ilaçlarla tıbbi müdahaleyi ya da davranış değiştirme yöntemlerini içerebilir.

İlaçla tedavi

Doktorlar genelde parasomnisi olan çocuklara ilaç vermekten kaçınır. Yine de kimi durumlarda, uyku korkuları çok aşırı olduğunda ya da çocuğun kendine veya başkasına zarar verme tehlikesi olduğunda ilaç tedavisi önerilebilir.

Kevin beş yaşında ve geçen on sekiz aydır her gece uyku terörü yaşıyor. Bu, gün geçtikçe daha da kötüleşiyor. Bazı geceler o kadar yüksek sesle bağırıyor ki öteki gün sesi kısılıyor. Ayrıca uyku terörleri şiddet içeriyor. Bir hafta önce bir uyku bozuklukları merkezinde muayene edildi, televizyonu iki yaşındaki kız kardeşine fırlatmaya çalışmıştı. Şimdi kız kardeşi ondan korkuyor. Annesi birinin yara-

lanacağından o kadar çok endişe ediyor ki, haftalardır uyumuyor. Kevin geceleri uyumaktan o kadar çok korkuyor ki, şu sıralar uykuya dalması saatler alıyor ve bu onun uyku terörünü daha da kötü hale getiriyor.

Kevin'ınki gibi bir durumda ilaç tedavisi mazur görülebilir. Verilen ilaç çeşitlerinden en yaygın olanı Restoril ya da Klonopin gibi benzodiazepinlerdir. Bu ilaçların yatıştırıcı etkileri vardır ve genelde korku için verilir. Fakat parasomnilerde korku üzerindeki etkileri nedeniyle değil, uyku korkularının en sık oluştuğu derin uykuyu bastırmak için kullanılır. Eğer çocuğunuz uyumaktan korkuyorsa, bu ilaçlar uykuya dalmasına da yardımcı olacaktır. Genelde etkisi kısa süren ilaçlar verilir, çünkü tek gereken, uyku terörünün oluştuğu ilk birkaç saat boyunca derin uykuyu bastırmaktır. Ayrıca bir ilacın çocuğunuzun bedeninde birkaç saatten fazla kalmasını istemezsiniz, çünkü öteki gün çocuğunuzun bitkin ve uyuşuk olmasını tercih etmezsiniz.

Programlanmış Uyandırma

Parasomnileri tedavi etmek için, 'programlanmış uyandırma' diye bilinen bir tedavi yöntemi kullanılabilir. Bu yöntemden başarıyla yararlanılmaktadır, fakat programlanmış uyandırmanın kesin olarak işe yaradığını gösterir kesin bir veri yoktur. Bu yöntem şaşkın uyanma (konfüzyonlu kısmi uyanma) ve uyurgezerlikte de işe yarar, fakat anlatımı kolaylaştırmak için burada uyku terörleri örnek olarak verilecektir.

Bu yöntem çocuğunuzu, uyku terörü yaşamadan yaklaşık on ila on beş dakika önce uyandırmayı içerir. Bu prosedürü yaklaşık bir hafta ila on gün tekrarlamanız gerekecek ve sonra uyku terörleri bitecektir. Bu yöntemi kullanmak için çocuğunuzun belirli bir düzende, haftada en az iki-üç kere ve gecenin belli bir saatinde uyku terörü yaşıyor olması gerekecektir. Programlanmış uyandırmanın çocuğunuz üzerinde etkili olup olmadığını anlamak için, çocuğunuzun uykuya daldığı ve gece terörü (ya da uyurgezerlik gibi durumlar) yaşadığı zamanları kaydedeceğiniz bir defter tutun. Bu defteri bir düzen ortaya çıkana kadar en az bir-iki hafta tutun. Çocuğunuzun ne kadar sık uyku terörü yaşadığını ve bunun gece hangi saatlerde olduğunu bulmaya çalışın.

Çocuğunuzun uyku terörü düzenini belirlediğinizde programlanmış uyandırmaya başlayabilirsiniz. İlk on gün çocuğunuzu uyku terörü yaşamadan on beş dakika önce uyandırın. Çocuğunuz her gece 20:30'da uyuyor ve genelde 21:45'te uyku terörü yaşıyorsa, onu saat 21:30'da uyandırın. Eğer çocuğunuz uyuduktan altmış beş dakika sonra uyku terörü yaşıyorsa, o zaman onu uykuya daldıktan elli dakika sonra uyandırın. Onu uyandıracağınız kesin vakit o gece uykuya daldığı saate bağlı olacaktır. Onu uyandırdığınızda, tamamen kaldırmanız gerekmiyor. Sadece mırıldanacak, kıpırdayacak ya da dönecek kadar uyandırmanız yeterlidir. Çocuğunuzu uyandırmayı hatırlatması için bir alarm kurmanız gerekebilir. Böylelikle saati kontrol etmek ve uyandırmanız gereken saati kaçıracağınız için endişe etmeniz gerekmeyecektir.

Bu yöntem göründüğü kadar basit değildir. Oluşabilecek ya da kötüye gidebilecek bazı şeyler vardır. O gece çocuğunuz, siz onu uyandırma şansını bulamadan uyku terörü yaşayabilir. Eğer böyle bir şey olursa, programlanmış uyandırmayı diğer geceye erteleyin ve her sonraki gece daha erken vakte çekin. Çocuğunuzu 21:30'da uyandırmayı planladıysanız ve 21:20'de uyku terörü yaşadıysa, o zaman programlanmış uyandırmayı 21:15'e çekin. Uyandırmanız başka bir uyku terörünü de tetikleyebilir. Bu olursa, yine programlanmış uyandırmayı gece daha erken vakte çekin. Programlanmış uyandırma, ayrıca uyku korkularının gece daha geç saatlere de kaydırabilir. Bu baş edilmesi en zor problemdir. Yapacağınız şey, programlanmış uyandırmayı yavaşça gece daha geç vakte çekmektir. Eğer çocuğunuzu 21:45'te uyandırıyorsanız, beş gün böyle devam edin. Daha sonra uyandırmayı on beş ila otuz dakika kadar sonraya ertelemeye başlayın. Bu şekilde onu üç gün boyunca saat 22:15'te ve daha sonraki üç gün 22:45'te uyandırın. Ve böyle sürdürün. Uyku terörü son bulana kadar buna devam edin.

Eğer programlanmış uyandırmadan on gün sonra uyku terörü devam ediyorsa, diğer hafta da çocuğunuzu uyandırmayı sürdürün. Eğer programlanmış uyandırma etkili olduysa, on günün sonunda uyandırmayı bırakın. Çoğu çocuk artık uyku korkusu yaşamayacaktır. Uyandırmayı bıraktığınızda rahatsızlık nüksederse, çocuğunuzu bir hafta daha uyandırmaya devam edin. Tekrar bırakmayı deneyin. Hâlâ devam ediyor fakat çocuğunuzu uyandırdığınız geceler uyku korkusu olmuyorsa, devam edin ve programlanmış uyandırmayı sürdürün.

Steve ve Mary programlanmış uyandırmayı, yaklaşık bir yıldır uyku terörü yaşayan, üç buçuk yaşındaki kızları Melissa'da uyuladılar. Başlangıçta Melissa iki buçuk yaşındayken, bu sorunu bazı haftalar sadece bir kez yaşıyordu. Fakat şimdi üç aydır her gece ve gecede hemen hemen üç-dört kez yaşıyor. Melissa acı bir çığlıkla uyanıyor, ağlıyor ve anlamsız sesler çıkarıyor. Sanki üşüyormuş gibi her yeri titriyor. Çok üzgün görünüyor, ana-babasının yatağına tırmanıyor ve tüm gücüyle onlara sımsıkı sarılıyor. İlk olay uykuya daldıktan yetmiş beş dakika sonra ve sonuncusu da sabaha karşı saat 3:00'da oluyor. Melissa'nın uyku terörleri kreşe gitmeye başlamasıyla sıklaşmış. Sabah bir buçuk saat daha erken kalması gerektiğinden, artık yatağa yarım saat erken gittiği için uyku düzeninde oluşan bir değişiklikle aynı zamana rastlıyor.

Steve ve Mary, Mellisa'nın uyku korkularının kaydını tutmaya başladı. Melissa'nın, bu korkuları sadece hafta içi uykusunu alamadığında yaşıyor olduğunu fark ettiler. Melissa hafta sonları, Cumartesi, Pazar sabah geç saate kadar uyuduğunda nadiren uyku korkusu yaşıyordu. Steve ve Mary, Melissa'yı erken yatırmaya ve ek olarak da programlanmış uyandırma yöntemini uygulamaya başladılar. Planları, Melissa'yı 19:45'e kadar yatırmak ve 20:45'te uyandırmaktı. İlk gece herşey olunda gitti. İkinci gece saat 20:40'ta, onu uyandırmayı planladıklarından beş dakika önce Melissa bir uyku terörü yaşadı. O zamandan sonra Melissa'yı her gece saat 20:35'te uyandırmaya başladılar. Onu sekiz gece uyandırdılar. 5. gün Melissa saat 22:15'te bir uyku korkusu yaşadı fakat onun dışında bütün hafta boyunca horul horul uyudu. Melissa'yı on gün uyandırdıktan sonra programlanmış uyandırmayı bıraktılar. Sonraki birkaç ay Melissa sadece iki kez uyku terörü yaşadı. Her ikisi de, Melissa'nın planlanan uyku vakti olan 19:45'ten çok daha geç uyumasından birkaç gün sonra gerçekleşti.

Programlanmış uyandırmanın niçin işe yaradığından tam olarak emin değiliz ama faydalı olmasının birkaç muhtemel sebebi olabilir. Uyku terörlerinin ve diğer benzer parasomnilerin uyku devirlerinin aynı noktasında ve derin uykudan uyanmaya ya da diğer bir uyku evresine geçişte oluştuğunu hatırlayın. Programlanmış uyandırma çocuğunuzun derin uykudan geçişte pratik yapmasını sağlıyor olabilir. Bu pratik, vücut mekanizmasının tıkanmadan ya da uyku terörü yaşamadan bunu etkili bir biçimde nasıl yapacağını öğrenmesine imkân sağlıyor olabilir. Diğer bir neden, uyku devrinin o noktasında, tam uyku terörü yaşayacağı sırada, vücudu pas geçmeye zorlaması olabilir. İşe yaramalarının son bir nedeniyse, programlanmış uyandırmanın yeni bir öğrenilmiş davranışa yol açması olabilir. Çocuğunuz uyku terörü yaşamaktansa, uyku devrinin o noktasında uyku terörünün oluşmasına izin vermeden uyanmayı öğrenebilir. İşe yaramasının nedeni ne olursa olsun, programlanmış uyandırma bazı çocuklarda uyku terörü ve benzer parasomnilerin tedavisinde çok etkili olabilir.

Yine de programlanmış uyandırma her çocuk için uygun değildir. Eğer çocuğunuzun uyku terörleri başkalarını etkiliyor ya da kendine zarar verme tehlikesi doğuruyorsa, daha etkili müdahaleler önerilebilir. Ayrıca çocuğunuzun uyku korkuları seyrekse, programlanmış uyandırmayı uygulamak zordur. Bu ayrıca, sizi güvenlik önlemleri almaktan kurtarmaz. Hangi tedaviyi seçerseniz seçin, buna hiçbir şey yapmamak da dahil, her zaman çocuğunuzun güvenliğini ve kendine zarar vermemesini sağlayın.

Hatırlatmalar

- Parasomniler gece oluşan olağandışı davranışlardır.
- Şaşırmış biçimde uyanma, uyurgezerlik ve uyku terörü çocukların sıkça yaşadığı üç parasomnidir.
- Parasomniler çocuğunuzun aynı anda hem uyanık hem de uyuyor olmasından kaynaklanır. Bunlar, hiçbir psikolojik problemin göstergesi değildir.

- Uykusuzluk, bazı ilaçlar, ateş ve hastalıklar da dahil pek çok şey parasomniye sebep olabilir.
- Parasomnilerle baş etmenin, çocuğunuzu uyandırmamak ve uykusuz kalmasını engellemek gibi yolları vardır.
- Parasomniler için programlanmış uyandırma ve ilaç tedavisi gibi diğer tedaviler de mevcuttur.

12. KISIM
MIRILDANMAK VE HOMURDANMAK

Çocuklarda Yaygın Uyku Problemleri

"Bütün gece kızım Tiffany'nin odasından inanılmaz gürültüler geliyor."
"Robert henüz sekiz aylık. Gerçekten kabus görüyor olabilir mi?"

Pek çok ana-baba başı çarpma, kabuslar ve hatta diş gıcırdatma konusunda kaygılanır. Malesef müstakbel ana-babalar bu davranışlardan pek haberdar değildirler ve eğer haberdar olan varsa, ki bunların sayısı çok azdır, bunları ana-babalık kitaplarından öğrenirler.

Kabuslar

Kabuslar, çocuğunuzu uyandırabilecek, üzebilecek ve teselliye ihtiyaç duyacağı korkutucu rüyalardır. Çocukların çoğu tekrar uyumaktan korkar ve genelde yalnız bırakılmak istemezler. Çok küçük çocuklar rüya ile gerçek arasındaki farkı bilmezler. Bu yüzden uyandıklarında, sadece rüya gördüklerini ve rüyanın artık bittiğini anlamazlar. Rüyalarda onları kovalayan korkutucu şeyin hâlâ üzerlerine geldiği konusunda ısrar etmeyi sürdürebilirler. Çocuğunuz bu yüzden korkabilir ve hâlâ bir şeylerin onu yakalamasından endişe eder.

Pek çok kişi küçük bebeklerin kabus görüp göremeyeceğini sorar. Bunu gerçekten bilmiyoruz. Bize rüya görüp görmediklerini anlatamadıkları göz önüne alındığında, kabus görüp görmediklerini anlamanın başka bir yolu yoktur. Yaşamlarının ikinci yılından itibaren bebekler kesinlikle rüya ve kabus görürler. Bundan daha küçükken görüp görmediklerini bilmek gerçekten zordur.

Bebekler hangi konuda kabus görürler? Yürümeye başlayan küçük çocukların çoğunun ailelerinden ayrı kalma konusunda endişeleri vardır ve kaybolma ya da ana-babalarına bir şey olması ile ilgili kabuslar görüyor olabilirler. Çocuğun yaşamındaki kimi güç olayların ardından kabusların görülmesi daha muhtemeldir. Örneğin çocuğunuz henüz kreşe başladıysa ya da ilk defa başka bir yerde kalıyorsanız, çocuğunuzun kabus görmesi daha olasıdır. Küçük çocuklar için kabuslar, kaybolma, doktordaki aşı vurulma ya da büyük bir köpeğin ona havlaması gibi sarsıcı bir olayın yeniden yaşanması da olabilir. İki yaşından itibaren görülen kabuslar, canavarları ve kendilerine zarar verebilecek korkutucu şeyleri içermeye başlar.

Kabuslar Nasıl Engellenir?

Bütün kabuslar engellenemez. Onlar doğal gelişimin bir parçası ve çocuğunuzun gelişen yaratıcılığının bir işaretidir. Yine de kabus görme olasılığını azaltmak için yapabileceğiniz birkaç şey vardır.

Uyku vaktinden önce korkutucu şeylerden kaçının. Uyku vaktinden hemen önce korkutucu hikâyeler okumayın ya da korkutucu filmler izletmeyin. Çocuğunuzun canavarlar ya da 'büyük kötü kurt' tarafından kaçırılmasını içeren oyunlar oynamayın. 'Seni şimdi yakalayacağım' oyunu oynamayın.

Güvende olduğuna ikna edin. Çocuğunuzun, güvende olduğunu ve size ihtiyaç duyduğunda anında yanında olacak kadar yakın olduğunuzu anlamasını sağlayın. Sizi çağırdığında hemen karşılık vermelisiniz, özellikle de kabustan sonra. Kabus gördükten bir sonraki gece, bu güvenceye çok daha fazla ihtiyacı olacaktır, bu yüzden ihtiyaçlarına mutlaka karşılık verin.

Stresi azaltın. Eğer çocuğunuzun hayatında bildiğiniz üzücü bir şey varsa, bununla ilgilenmeye çalışın ve çocuğunuzu rahatlatın. Eğer kreşte büyük bir çocuk tarafından eziliyorsa, kreş yöneticileriyle konuşun. Son günlerde bir köpek tarafından ısırıldıysa ve köpeklerden korkmaya başladıysa, korkusunu yenmesi için ona yardımcı olun. Köpekler hakkında öyküler okuyun. Bir köpek yavrusunu ziyarete gidin. Eğer çocuğunuzun kabuslarında aniden büyük bir artış olduysa, nedenini bulmaya çalışın. Sebep için size ipucu verebilecek, tekrar eden temalara bakın ve sonra problemi çözmeye çalışın.

Uykusunu aldığından emin olun. Uykunuzu alamadığınız gecelerden sonra vücudunuz uykudan, daha doğrusu REM uykusundan mahrum hale gelir. Yani vücudunuz REM uykusuna ihtiyaç duyar. Eğer bu uykuyu yeterince alamazsanız, vücudunuz bir sonraki geceyi yakalayacak ve REM uykusunda daha fazla zaman geçireceksiniz. Sonuç olarak, daha fazla rüya göreceksiniz ve bunlar genelde diğer gecekilerden daha tuhaf ve korkutucu olacaktır. Bu nedenle çocuğunuzun yeterli uyku almasını sağlayın. Bu önlem, kabusların sıklığını ve şiddetini azaltmaya yardımcı olabilir.

Uyku vaktinden hemen önce yemek vermeyin. Uyku vaktinde alınan yüksek dozdaki vitaminler uykuyu bozabilir. Vitaminler uyku vaktinde alınmamalıdır, çünkü bazı yiyeceklerle birlikte alındığında, kişinin metabolizmasının hızlanmasına ve bu nedenle kabuslar görmesine sebep olabilir. (Bazı ilaçların kabuslara neden olduğunu da hatırlatalım.)

Çocuğunuz Kabus Görürse Ne Yapmalı?

Eğer çocuğunuz kabus görürse, yapabileceğiniz en iyi şey onu teselli etmektir. Bebekler ve küçük çocuklar için sadece kucaklamak ve fiziksel rahatını sağlamanız yeterli olacaktır. Daha büyük çocuklar içinse konuşarak güven vermek de gerekebilir. Eğer çocuğunuz iki yaşından küçükse, gördüğünün, 'sadece bir rüya' olduğunu açıklamaya çalışmakla uğraşmayın. Bunu anlamayacaktır. Çocuğunuz ışığı açmanız ve açık bırakmanız konusunda ısrar ediyorsa, bu kabul edilebilir. Eğer açık bırakırsanız en loş ayarda bırakın ki, çocuğunuz tekrar kolaylıkla uykuya dalabilsin.

Ayrıca çocuğunuza, dolapta ya da yatağın altında canavar olmadığını göstermek zorunda kalabilirsiniz. Çocuğunuz rüya ile gerçeği ayırt etmekte zorlanabilir, bu yüzden çocuğunuzun, artık tehlikede olmadığını anlamasına yardımcı olun. Eğer rüyasında incindiğini gördüğü kardeşini ya da başka birini görmek için ısrar ediyorsa, o kişinin iyi olduğunu görmesine izin verin. (Ve eğer çocuğunuz diğer ebeveyni yanında istiyorsa kırılmayın. Bütün çocukların ebeveynlerden birini istediği dönemler vardır. Bu, çocuğunuzun her iki ebeveyne bağlanmasına yardımcı olan normal gelişimin bir parçasıdır.)

Çocuğunuzun Yanında Kalmak

"Çocuğum, kabus gördükten sonra yalnız kalmak istemiyor. Onunla kalmalı mıyım? Kendi yatağımıza götürmem doğru olur mu?"

Ana-babalar genelde, bir kabustan sonra onlarla kalma ve çocuklarının yataklarına gelmesine izin verme konusunda tartışırlar. Bu zor bir karardır, çünkü iki farklı ihtiyacı dengelemeye çalışırsınız. Bir taraftan çocuğunuzu sakinleştirmeye çalışırsınız, özellikle de korkmuşsa. Diğer taraftan sizin yatağınıza gelmesini ya da anne ve babayla uyumanın doğru olduğu mesajını vermek istemezsiniz (eğer size göre birlikte yatmak doğru değilse).

Çocuğunuz, çoğu kabustan sonra birkaç dakikalık teselli ile rahatlayacaktır. Odasında onunla kalın. Yakınında olduğunuzu, güvende ve emniyette olduğunu anlamasını sağlayın. Ama çok fazla da kalmayın. Yanında çok uzun kalmak ya da yatağınıza gelmesine izin vermek, çocuğunuzun gerçekten korkacak bir şey olduğu hissini körükleyebilir. Yine de çocuğunuz gerçekten çok korkmuşsa, çok sık olmamak şartıyla sizinle kalmasına izin verebilirsiniz. Sadece hasta olduğunda ya da çok korktuğunda yanında kalacağınız ya da yatağınıza gelmesine izin vereceğiniz konusunda net olun. Eğer olmazsanız, çocuğunuz her gece kabus görmeye karar verebilir.

Kabuslara Karşı Gece Korkuları

Bir kabus ile gece terörünü ayırt etmek önemlidir, çünkü bunlar birbirinden ayrı iki farklı durumdur ve farklı şekillerde müdahale gerektirirler. Kabuslar genellikle, gecenin ilerleyen bölümlerinde, uyuduktan birkaç saat sonra oluşur. Yanına gittiğinizde, eğer kabus gördüyse çocuğunuz sizi tanıyacak ve sizden teselli bekleyecektir. Tekrar uykuya dalması biraz zaman alabilir. Ayrıca bir sonraki gün kabus gördüğünü hatırlayacaktır. 11. Kısım'dan hatırlayacağınız gibi gece terörleri, uykuya daldıktan sonraki ilk bir-iki saat içinde meydana gelir. Çocuğunuz çabucak uyumaya geri dönecek ve olanları sabah hatırlamayacaktır.

Uyku Vakti Korkuları

Uyku vakti korkuları, küçük çocuklarda görülen en yaygın korkulardır. Uyku vakti korkuları tipik olarak karanlıktan korkmayı içerir. Bu normaldir ve doğal gelişimin bir parçasıdır. Karanlıktan korkma, çocuklar canlarının yanıp zarar görebileceklerini anlamaya başladıklarında gelişir. Çocuklar bu kavramı öğrendikten sonra onlara zarar verebilecek ve veremeyecek şeyleri ayırt etmeleri biraz zaman alacaktır. Yalnız oldukları ve etrafın karanlık olduğu durumlar, çocukların korkması için en önemli zamanlardır. Bununla beraber çocukların, bu korkuyla nasıl baş edeceklerini öğrenmeleri ve tehlikede olmadıklarını anlamaları önemlidir. Bu, çocuğunuzun muhtemelen korkmadığı, fakat tehlikede olabileceği bir durumdan farklıdır. Ana-babanızın size, bir yabancıdan asla şeker almamanızı ya da tanımadığınız birinin arabasına binmemenizi söylediği zamanları hatırlayın. Tanımadıkları yetişkinler çocuklara güvenli görünür, çünkü ilişki kurdukları yetişkinlerin çoğunun güvenli ve onlara karşı her zaman nazik olacağını düşünürler. Bu nedenle ana-baba olmanın bir parçası da çocuğunuza, gerçekçi korkular geliştirmesinde ve bunları gerçekçi olmayan korkulardan ayırmasında yardımcı olmaktır. Bu süreç biraz zaman alabilir.

Ayrıca pek çok uyku vakti korkusu basit koşullanma yoluyla da öğrenilebilir. Örneğin yatak odası bazı çocuklar için bir endişe kaynağı olabilir, özellikle de burası çocuğun cezalıyken gönderildiği yerse. Ayrıca çocuk gecenin bir yarısı kabus görüyor ya da üzüntülü uyanıyorsa, ebeveyn odaya gelir ve ışığı açar. Böylece çocuk ışığı huzurla, karanlığı da kabuslar ve sıkıntıyla bağdaştırabilir.

Çocuğunuz Uyku Vaktinde Korkuyorsa Ne Yapmalı?

Karanlıktan ya da yatağa gitmekten korkan bir çocukla uğraşmak cambaz ipinde yürümeye benzer. Korkularını pekiştirmek istememek ve ona güven vermek arasında çok ince bir çizgi vardır. Eğer korkularını görmezden gelirseniz, kendinizi soğuk ve duygusuz hissedersiniz. Eğer çok fazla teselli ederseniz, korkulacak bir şeyler olduğu mesajını verebilirsiniz. Çocukların çoğu zamanla bu korkularından kurtulur, fakat burada bu korkuları yatıştırmak için denemek isteyebileceğiniz bazı metodlar bulabilirsiniz.

Rahatlatmak: Çocukları rahatlatmak önemlidir. Korkutucu durumlarla nasıl baş edeceklerinin onlara öğretilmesi gerekir. Çocuğunuza korktuğunuz bir şeyle nasıl baş ettiğinizi anlatın. Korkan ve korkusunu yenen çocuklar hakkında öyküler okuyun.

Canavar spreyi: Pek çok ana-baba, bir çocuğun uyku vakti korkusuyla baş etmesine yardımcı olacak mükemmel bir yol olan 'canavar spreyi'ni keşfetmiştir. Sprey şeklinde bir şişe alın (içinde daha önce bitki besini gibi bir kimyasal madde olmadığından emin olun) ve bunu suyla doldurun. Bazı kişiler gıda boyası da ekler, fakat bu boyalar leke yapabilir. Üzerine büyük harflerle CANAVAR SPREYİ ya da çocuğunuz korktuğu şeyi nasıl adlandırıyorsa onun ismini yazın. Uyku vaktinde siz veya çocuğunuz canavarları uzak tutmak için odaya sprey sıkabilirsiniz. Sprey şişesini yatağın yanına koyun. Eğer çocuğunuz gece korkarsa, canavarı sprey sıkarak uzaklaştırabilir. Bu, çocuğunuzun korkusuyla baş etmesine yardımcı olacak ve sizi ona yardıma gitmekten kurtaracaktır.

Hayal gücünüzü kullanın: Canavarlarla savaşmak için hayal gücünüzü kullanın. Canavar spreyine ek olarak çocuğunuza faydalı olacak başka şeyler de bulabilirsiniz. Mantık önemli değil. İşe yararsa devam edin. Bir ailenin Opus adlı şişman ve yaşlı bir kedisi vardı. Oğulları Jason'a Opus'un gece uyumayıp herkesin güvenliğini sağlayacağını söylediler. Ayrıca Opus öcüleri de uzak tutacaktı. Böylece uyku vaktinde Opus'u içeri alırlar ve oğulları, gece uyanık kalıp evi koruması için ona talimatlar verirdi. Bu, oğullarını tatmin etti. Tabii ki Opus odadan çıkar ve salondaki koltuktaki her zamanki yerine uyumaya giderdi, fakat Joson, Opus'un evde devriye gezdiğini düşünerek kendini güvende hissederdi.

Sınır koyun: Çocuğunuzu rahatlatırken aynı zamanda sınır da koymanız gerekiyor. Çocuğunuzun korktuğunda sergilediği davranışları pekiştirmekten kaçınmak için sınırlar koymak önemlidir. Dolapları kontrol etmek ve ışığı açık bırakmak uygun olabilir, fakat çocuğunuzun her gece sizinle kalmasına izin vermek uygun değildir.

Yıldız sistemi: Bazı çocuklar karanlıktan korktukları için pekiştireç elde ederler. Çok fazla ilgi görebilir ya da korktukları için özel davranılabilirler. Durum böyleyse, senaryoyu değiştirin. Korkularıyla baş etmesi için kızınıza çok fazla ilgi gösterin. Ona, cesur olduğu için onunla ne kadar gurur duyduğunuzu söyleyin. Bir yıldız sistemi oluşturun. Örneğin, her kendi başına uyuduğu ve cesur olduğu zaman için bir yıldız kazanır. Belli miktarda yıldız kazandıktan sonra, bunları en sevdiği videoyu seyretmek, parka gitmek ya da sizinle çikolatalı kek pişirmek gibi güzel bir şeye çevirebilir.

Rahatlama Eğitimi: Ayrıca çocuğunuza, uyku vaktinde rahatlayıp uykuya dalmasına yardımcı olmak için rahatlama yöntemlerini de öğretebilirsiniz. Bu ona, yatakta uzanırken düşünebileceği başka bir şeyler sağlayacak ve onu korkunç düşüncelerden uzaklaştıracaktır. Ayrıca aynı anda hem sakin olmak hem de korkmak imkânsızdır. Vücutlarımız bu şekilde çalışmaz. Bu nedenle rahat olmak korkmayı etkisiz hale getirecektir.

7. Kısım'da farklı rahatlama yöntemleri verilmişti. Bu yöntemler yetişkinler için tasarlanmıştır, fakat kolaylıkla çocuklara uygun hale getirilebilir. Örneğin yönlendirilmiş hayal gücünü kullanın. Çocuğunuzun en sevdiği rahat ortamın bir hayalini geliştirmesini sağlayın. Küçük çocuklar, aşamalı kas gevşetmeyi öğrenmede de oldukça başarılıdır-

lar. 7. kısımda verilen aşamalı kas gevşetme tablosunu çocuklara uygun bir şekilde değiştirin. Çocuğunuza sadece belli bir adaleyi kasmasını söylemek yerine, çünkü bu bir çocuk için zor olabilir, adalelerini kasmasına yardımcı olmak için aşağıda anlatılan imgeleri kullanın.

Adale Grupları İçin Germe Egzersizi

Eller ve kollar: Elindeki bir limonu sık.

Kollar ve omuzlar: Tüylü, uyuşuk bir kedi gibi gerin. Kollarını öne ve başının üzerine uzat.

Bacaklar ve ayaklar: Büyük, çamurlu bir su birikintisinden geçiyormuş gibi yap. Parmaklarının üzerine bas ve kendini yukarı çekmek için bacaklarını kullan.

Karın: Yerde uzanıyorsun ve yavru bir fil karnına basmak üzere. Karnını sertleştir ki seni ezemesin.

Karın ve göğüs: Çok dar bir parmaklıktan geçmen gerekiyor ve kendini küçültmek zorundasın. Karnını içeri çek ve nefesini tut. Şu parmaklıktan geç, evet başardın.

Omuz ve boyun: Bir kaplumbağa gibi omuzlarını kulaklarına iterek başını sıkıca içeri çek. Başını sakla!

Çene: Çok sert, çene kıran büyük bir sakızı ısır.

Yüz: Ellerini kullanmadan burnuna konan yapışkan bir sinekten kurtulmaya çalış. Burnunu kırıştır ve onu uzaklaştırmaya çalış. Oh, hayır. Şimdi de alnına kondu. Bir sürü kırışıklık yap ve bu kırışıklıklarla onu yakalamaya çalış.

Diş Gıcırdatma

Lydia, on aylık. Annesi, Lydia'nın dişlerini gıcırdattığından emin. Her gece yapmıyor, fakat annesinin fark etmesi için yeterli olacak kadar gıcırdatıyor.

Evet bebekler dişlerini gıcırdatırlar. En azından, olan dişlerini. Çok sayıda bebek bunu yapar. Bebeklerin yaklaşık % 50'si bir yaşını doldurmadan önce dişlerini gıcırdatır. Diş gıcırdatma sesi kolayca tanınır; eğer bebeğiniz bunu yapıyorsa kolayca anlayabilirsiniz. Sesi çok yüksek olabilir ve sizi rahatsız edebilir, fakat endişe edilecek bir şey değildir.

Tıp dilinde diş gıcırdatma 'bruksizm' diye adlandırılır. Yetişkinlerin %95'i hayatlarında en az bir kez dişlerini gıcırdatmıştır ve çoğu bunu sıkça yapar. Bu çocuklarda da çok sık görülür, özellikle on yaşından sonra. Fakat bebeklerde bruksizm genelde on aylıkken başlar ve bebeğin geçici ön dişleri (iki ön üst ve iki ön alt diş) çıktıktan sonra görülür. Bebekler genelde altı aylıkken iki alt dişi çıkarmaya başlar ve on aylık oluncaya kadar üstteki iki dişi de çıkarırlar. (Yine de bebeklerin bir yaşına kadar hiç diş çıkarmamasının da olağan olduğunu hatırlatalım.) Bebekler dişlerini herhangi bir uyku evresinde gıcırdatabilir, fakat bunu non-REM uykusunda, özellikle de ikinci evresinde yapmaları daha olasıdır. Bu da, diş gıcırdatmanın gecenin herhangi bir vaktinde olabilmesine rağmen, ilk yarısında oluşmasının çok daha muhtemel olduğu anlamına gelir. Bazı bebekler dişlerini arada sırada gıcırdatırken, bazıları bunu bütün gece boyunca yapar.

Diş gıcırdatma yetişkinlerde diş problemlerine yol açarken, bebeklerde endişe edilecek bir durum yaratmaz. Çocuğunuzun dişlerine herhangi bir zarar vermesi olanaksızdır. Yine de, endişe ediyorsanız ya da çocuğunuzun dişlerinde herhangi bir değişiklik gördüyseniz, bir dişçiye gidin. Bazı bebekler yan yatarken dişlerini fazla gıcırdatmazlar, bu nedenle bebeğinizi uyumadan önce ya da uyuduktan sonra yan çevirmeyi deneyebilirsiniz. Bu davranış, her halükârda kendi kendine geçecektir.

Sallanmak ve Yuvarlanmak

Luther yirmi aylık. Ana-babası önceleri Luther'ın geceleri hiç uyumadığından emindi, çünkü geceleri sürekli hareket ettiğini duyabiliyorlardı. Sonunda babası odasına süzüldü ve Luther'ın hareket ettiğini keşfetti, fakat Luther derin uykudaydı. Luther öne arkaya dönüyor ve başını beşiğin kenarlarına çarpıyordu. Bunu, daha küçükken de yaptığını görmüşlerdi.

Bu tip sallanma ve dönmeler küçük çocuklarda sık görülür. Bu, 'ritmik hareket rahatsızlığı' olarak adlandırılır. Her çocuk farklı şeyler yapar, fakat bu genelde sallanmak, dönmek ve başını vurmak şeklinde olur. Garip bir şekilde, çocuklar uykuya dalmak için bunu sakinleştirici bulurlar. Bebeğiniz bunu gece ve gündüz uyku vakitlerinde kendini uyutmak için yapabilir. Ve bebeklerin gece çok sık uyandığını ve kendilerini tekrar uyutmaları gerektiğini unutmayın. Bebeğinizin başını vurması ya da sallanması, tekrar uykuya dalmasının bir yoludur. Bu yüzden, bu davranışın sadece uyku vaktinde değil, bütün gece boyunca meydana gelmesine şaşırmayın.

Kafasını vurmak ya da vücudunu döndürmek çoğu bebek için bir sorun değildir, fakat bu durum bazı çocuklar için bir sorun olabilir. Gelişimsel sorunu olan ya da otistik bazı çocuklar sallanır, kafalarını vurur ve kendilerine zarar verebilirler. Bu çocukların, kendilerini incitmelerini engellemek için kaska ya da koruyucuya ihtiyaçları olabilir. Kör ya da farklı bir nörolojik problemi olan çocukların da bu davranışları sergilemesi çok muhtemeldir.

Bununla birlikte başını vurması ya da yatakta dönmesi çocuğunuzun mutlaka nörolojik bir problemi olduğu anlamına gelmez. Eğer gördüğünüz tek olağandışı davranış buysa ve çocuğunuz bunun dışında normal ve sağlıklıysa endişelenmenize gerek yok. Eğer çocuğunuzun nörolojik ya da psikolojik bir problemi varsa bunu zaten gün içindeki davranışlarından fark edersiniz.

Bebekler için yapılması gereken pek fazla bir şey yoktur. Bebekler sık sık uykuya dalmak için kafalarını sallar ve vururlar. Bu normaldir. Sonunda bundan vazgeçeceklerdir. Çocuğunuzu korumak konusunda endişe etmeyin. Çocuğunuz başını çok sık vursa da kendini incitmesi olası değildir, bu yüzden beşiğe fazladan tamponlar koymaya ya da önemli yerlere yastıklar yerleştirmeye gerek yoktur. Ayrıca bu işe yaramayacaktır. Bir bebek gerçekten başını vurmak istiyorsa ne yaparsanız yapın onu engelleyemezsiniz. Daha önce bahsedilen kaska ihtiyacı olan çocuklar, uykuya dalmak için sakinleşme yöntemi olarak kafalarını vuran çocuklar değil, kendilerini yaralamak için vuranlardır. Bu davranış gün içinde de sergilenir. Bu kendini yaralama davranışı, uykuya dalma yöntemi olarak görülen davranıştan tamamen farklıdır.

Bu davranışı körüklemek konusunda dikkatli olun. Eğer her başını sallamaya ya da vurmaya başladığında bebeğinizin yanına giderseniz, farkında bile olmadan bu davranışı pekiştirebilirsiniz. Böyle bir durumda, sizin ilginizi çekmek için başını vuruyor olabilir. Eğer böyleyse gün içinde çocuğunuza çok ilgi gösterin ve gece başını vurmasını görmezden gelin. Gece, kendine zarar vermediğinden emin olmak için uyandırmadan arada sırada ona göz atabilirsiniz.

Eğer dönerken ya da bir yerlere çarparken çok ses çıkarıyor ve bütün ailenin uyumasını engelliyorsa, kendi iyiliğiniz için beşiği ya da yatağı duvardan uzaklaştırın. Çocuğunuz beşikte değil de yatakta yatıyorsa, yatağı çekmeden önce her iki tarafına da mutlaka koruyucu parmaklıklar takın, böylece tampon görevi gören duvar şimdi yerinde olmadığı için yataktan düşmeyecektir. Eğer beşik ya da yatak hareketten dolayı gıcırdıyorsa, yağlayın ya da vidalarını sıkılaştırın. Çok etkili olmasalar bile deneyebileceğiniz bazı şeyler var. Çocuğunuzun odasına yüksek tiktak sesi çıkaran bir saat ya da metronom koymayı deneyin. Bu içsel ritmik ses, çocuğunuzun kafasını vurma ya da vücudunu döndürme ihtiyacının yerini alabilir. Eğer bebeğiniz başını beşiğin kenarına çarpıp zedeliyorsa, onu yerdeki bir döşeğin üzerine koyabilirsiniz. Ama bu yöntem her zaman işe yaramaz; bazı çocuklar kolayca duvara yaklaşıp kafalarını vurarak orada uykuya dalarlar.

Uyku Sıçramaları

Uykuya dalar dalmaz bütün vücudun aniden ve şiddetli bir şekilde irkilmesi halinde ortaya çıkan bu yaygın 'motor' uyku sıçramasını çoğu kişi yaşar. Uyku sıçramalarının başka şekilleri de uyku başlar başlamaz meydana gelir. 'Görsel' uyku sıçramasında, gözün ya da başın içinden gelen kör edici bir ışık hissi olur. İşitsel uyku sıçramasındaysa, başın içinden geliyormuş gibi hissedilen çatırtılı yüksek bir ses vardır. İnsanlar bazen, bu görsel ve işitsel uyku sıçramalarının elektrik çarpması gibi bir his olduğunu söylerler. Uyku sıçramaları korkutucu olabilir, fakat tamamen normaldir. Çoğu kişi düşme hissi yaşar ve vücut ani bir silkinmeyle uyanır.

Valerie üç yaşındaki oğlu Michael'ın uykuya dalarken sürekli irkildiğini fark etti. Bütün vücudu yataktan zıplıyor gibi görünüyordu. Kocasının da bunları yaşadığını fark edene kadar bu irkilmelerin bir çeşit hastalık nöbeti olduğundan endişe ediyordu.

Uyku sıçramaları, REM uykusuna yanlış zamanda girilmesinden kaynaklanır. 2. Kısım'dan hatırlayacağınız gibi, REM uykusu sırasında rüya görülür ve vücudun büyük bölümü hareketsizdir. Gece uykuya daldığınızda vücudunuz non-REM uykusuna girer. REM uykusu doksan dakika sonra oluşur. Kimi geceler, bazı nedenlerden dolayı bazı kişiler uykuya daldıklarında, birkaç saniye ile birkaç dakika arasında hemen REM uykusu yaşar. Bu, 'REM istilası' olarak adlandırılır, çünkü non-REM uykusu oluşması gereken yerde REM uykusu bir süreliğine araya girer. Bu çok yorgun olduğunuz anlamına gelir. Bazı kişiler bunları sadece yeterince uykularını alamadıklarında yaşar. Bazıları da her gece.

Uykuda Konuşma

Uykuda konuşma tıp dilinde *somniloquy* olarak adlandırılır. Bazı kişiler her zaman uykularında konuşur bazıları da nadiren. Uykuda konuşma sıradan ve normaldir. Bu, psikolojik ya da tıbbi bir sorun yaşadığınız anlamına gelmez. Bazı kişiler uykularında konuşur. Bazıları güler. Çocuğunuz bunu oldukça sık yapabilir. Bebeklerin uykularında mı, yoksa yarı uyanıkken mi sayıkladıklarını söylemek çok daha zordur. Eğer bebeğiniz uykusunda konuşuyorsa, bunun için endişelenmeyin. Gülüp geçin ve kendi haline bırakın.

Büyük çocuklarda ve yetişkinlerde uykuda konuşma, okulun ilk gününden önce ya da zor bir iş haftası gibi stresli zamanlarda oluşabilir. Buna şaşırmayın ve çok fazla kafanızı takmayın. Bazı kişiler uyurken söylenen şeylerin bilinçaltından geldiğini ve kişinin derin duygu ve düşüncelerine ışık tuttuğuna inanır. Bu güne kadar bu teori için deneysel bir dayanak yoktur.

Hatırlatmalar

- Kabuslar çocuğunuzu uyandırabilecek korkulu rüyalardır. Kabuslardan kaçınmanın ve onlarla başa çıkmanın yolları vardır.
- Uyku vakti korkuları küçük çocuklarda görülen en yaygın korkulardır. Uyku vakti korkularını kontrol etmenin ve çocuğunuza bu korkularla başa çıkmasını öğretmenin yolları vardır.
- Küçük çocuklarda yaygın olarak görülen diş gıcırdatma, uyumak için sallanma, uyku sıçramaları ve uykuda konuşma gibi başka uyku davranışları da vardır.

DÖRDÜNCÜ BÖLÜM

YETİŞKİN UYKUSU VE UYKU PROBLEMLERİ

13. KISIM
"ŞİMDİ DE BEN UYUYAMIYORUM!"

Yetişkin Uykusu

Sarah beş aylık ve nihayet gece boyunca uyumaya başladı. İlk birkaç ay zordu, fakat Sarah son üç haftadır iyi uyuyor. Annesi Deborah ise hâlâ uyuyamıyor, kendini yorgun ve bitkin hissediyor. Deborah, Sarah uyuduğu zaman herşeyin normale döneceğini düşünüyordu, fakat öyle olmadı. Uykuya dalmakta hâlâ zorlanıyor ve geceleri sık sık uyanıyor.

Bebek sonunda gece boyunca uyumaya başladıktan sonra bile ebeveynler uyku problemi yaşamaya devam edebilirler. Bebeklerin yanı sıra yetişkinlerin de uykusunu etkileyen uykusuzluk, kötü uyku alışkanlıkları, ilaçlar ve hamilelik gibi faktörler de vardır.

Uykunun Esasları

"Hâlâ Uyuyamıyorum!"

Bebekleri gece boyunca uyumaya başladıktan sonra pek çok ebeveyn hâlâ uyuyamadıklarından yakınır. Genelde normal uyku düzenlerine dönmede bir gecikme yaşarlar ve gece boyunca uyumayı başarmaları birkaç aylarını alabilir.

Sizin uyumakta zorluk çekmenizin nedeni, muhtemelen vücudunuzun, eski uyku düzenine dönmesi ve uyum sağlaması için zamana ihtiyacı olmasıdır. Ayrıca gece boyunca bebekle sıkça uyanmaya alışırsınız. Muhtemelen bebeğinizin gece uyandığı vakitlerde hâlâ uyanıyor olacaksınız. Hatta bebeğinizin uyuduğundan emin olmak için onu kontrol edebilirsiniz. Bu dürtüye direnin. Eğer uyanıksa onu zaten duyarsınız. Vücudunuzun eski uyku alışkanlıklarına dönmek ve uyum sağlamak için sadece zamana ihtiyacı var.

Hamilelikten ya da bebek sahibi olmadan önce uyku problemleri yaşadıysanız, bebek gece boyunca uyumaya başladıktan sonra da problemleriniz devam edecektir. Problemleriniz varsa, bu konuda daha sonra verilecek olan tavsiyeleri ve uykunuzu etkileyen bir uyku rahatsızlığınız olmadığından emin olmak için 14. Kısım'ı okuyun.

"Kendimi Ruh Gibi Hissediyorum ve Görevlerimi Yerine Getiremiyorum"

Pek çok ana-babanın bildiği gibi, yeterli uyku alamamanın, ebeveynlik, iş ve karıkocalık görevlerini yerine getirebilme üzerinde büyük etkisi vardır. Bu konu hakkında araştırmalar yaptım. Kötü haber, uyumayan bir bebeğe sahip ebeveynlerin keyifsiz, tedirgin ve evliliklerinde mutsuz olmalarının çok daha muhtemel olduğudur. İyi haber, bebek uyumaya başladığında ebeveynlerin kendilerini daha iyi hissettikleri, daha mutlu ve evliliklerinden daha hoşnut olduklarıdır.

Uyku Önemlidir

Uykudan vazgeçilemez. Uyku muhtemelen, su ve gıdadan sonra vücudunuzun ihtiyaç duyduğu en önemli şeydir. Şaşırtıcıdır ki, insanların neden uykuya ihtiyacı olduğunu bilmiyoruz, ama uyumadıklarında insanlara neler olduğunu iyi biliyoruz. Sadece birkaç saatlik uykusuzluktan sonra bile tepkileri yavaşlar, bazı şeyleri unutması ve huysuzlaşması daha olası hale gelir. Uzun süreli uykusuzluklardan sonra insanlar halüsünasyonlar; olmayan şeyler görmeye başlarlar. Eğer yeterli uyku alamazsanız iyi bir ebeveyn, iyi bir çalışan ya da iyi bir eş olamazsınız.

Herkesin gecede yaklaşık sekiz saatlik bir uykuya ihtiyacı vardır. Bu bir ortalamadır. Bazı kişilerin ise kendilerini iyi hissetmesi için dokuz ya da on saatlik uykuya ihtiyacı vardır. Geceleri sadece altı ya da yedi saatlik uykunun yeterli geldiği kişiler de olabilir. Fakat enderdir. Uyku bozuklukları merkezimizde gecede sadece altı saat uyuyup, uykusuzluk çekmeyen bir kişiye hiç rastlamadık. Fakat bir kişinin uykusuzluk çektiğini nasıl anlayabiliriz? Uyku düzenlerinin dikkatli bir analizi, normal uyku ile uykusuzluk çeken kişinin uykusu arasındaki farkı ortaya çıkarır. Örneğin uykusuzluk çeken kişiler daha fazla rüya görür ve uykularını aldıkları zamanlara kıyasla uykunun farklı evrelerinden farklı sürelerde geçerler.

Fakat siz, bebek sürekli ağlarken, çamaşırlar yıkanmayı ve faturalar ödenmeyi beklerken ben uykumu nasıl alabilirim, diye soruyorsunuz. Bu kitap size bebeğinizi nasıl uyutacağınızı gösterdi. Diğer şeyler konusuna gelince: İlk olarak öncelikleri belirleyin. Sonra iş bölümü yapın.

Öncelikleri belirlemek: Bu, en önemli olanın, yapılması gerekenin ve yapılmasa da bir şey fark etmeyecek işlerin belirlenmesi demektir. Faturaların ödenmesi önemlidir, fakat evin çok temiz olması şart değildir. Akşam yemeği önemlidir, fakat dört dörtlük ev yemekleri pişirmeniz gerekmez.

Görev Dağılımı: Ayrıca herşeyi sizin yapmanız da gerekmez. Dokuz yaşındaki oğlunuz havluları katlamanıza yardım edebilir. İstediğiniz gibi olmayabilir, fakat yapıldıktan sonra nasıl yapıldığının bir önemi yoktur. Alışveriş için eşinize, bir arkadaşınıza ya da komşunuza sipariş verin, veya işten eve gelirken yoldan alın. Normalde sizin yaptığınız şeyleri yapması için altı aylığına birini tutmak faydalı olabilir. Temizlik ya da çamaşır işlerini halletmesi için birini bulun. Çimleri biçmesi, yaprakları toplaması ve hatta yabani otları toplaması için birini tutun. İnsanlar yapabilecekleri bir şey olup olmadığını sorduğunda, onlara bir iş verin (bu iş, markete gittiklerinde bir şişe süt almaları ya da birkaç saatliğine bebeğe bakmaları olabilir).

Süper insan olmanın zamanı değil. İnsanlar herşeyi kendi başlarına yapamazlar. Bu gerçekçi olmaz. Gerçek, her zaman yapılacak çok şey ve bunları yapmak için çok az vaktin olduğudur. Bu yüzden ne yapılması gerektiğini ve neyin önemli olduğunu belirleyin. Ve uykunun önemli olduğunu unutmayın.

Gündüz Uykusu

Gün içinde uyuyanlar sadece bebekler değildir. Yetişkinler de gündüzleri şekerleme yaparlar. Gündüz uykusu dünyanın her yerinde vardır. Bazı kültürlerde şekerleme yapmak bir kuraldır. Meksikalıların öğle uykusunu (siestasını) düşünün.

Gündüz uykusu, yeni doğan bebekler ve yürümeye yeni başlayan çocukların ebeveynleri için, özellikle de gece uykuları hemen hemen her zaman bölünen, üç aylıktan küçük bebeği olan ebeveynler için çok önemlidir. Şekerleme yapmak çok uyku elde etmek için şarttır. Kural, bebek uyurken sizin de şekerleme yapmanızdır. Bu saatler, etrafı toparlamak ya da bazı telefon görüşmeleri yapmak için mükemmel zamanlar gibi görünmesine rağmen, uykunuzu almanız çok daha önemlidir.

Hemen hemen bütün şekerlemeler her gün aynı saatlerde, öğlen 12:00 ile 17:00 arasında meydana gelir. Bu şekerlemeler bir gece önceki uykunun orta noktasından yaklaşık on iki saat sonra yaşanır. Yani 23:00'ten sabah 7:00'ye kadar uyuyan biri öğleden sonra 15:00'te şekerleme yapacaktır. Bu eğilime bakılırsa insanlar on iki saatlik bir ritme sahiptir, gündüz uykusunun muhtemelen biyolojik bir fonksiyonu vardır. Yetişkinlerin şekerleme süresi ortalama yetmiş dakikadır.

Gün içindeki zindelik için şekerleme çok faydalı olabilir, fakat iki tane dezavantajı da vardır. İlki, şekerlemeden uyandıktan sonra kişinin kendini halsiz hissetmesidir. Bu anlar, açık seçik düşünme yetinizin olmadığı, uyum sağlayamadığınız birkaç dakikayı içerir. Bu durum çoğumuz için bir sorun değildir, fakat çağrılan bir hekim ya da uyanır uyanmaz görev yapması gereken bir kimse için, bu, ciddi bir sorun olabilir. Şekerlemeler ayrıca gece uykularını da engelleyebilir. Fakat bu sadece, şekerleme iki saatten fazla sürerse ya da öğleden sonra çok geç saatlerde olursa geçerlidir.

Öğle vaktinin ikinci yarısından sonra yapılan şekerlemeler, bir uyku probleminin işareti olabilir. Uyku apnesi ya da narkolepsisi olan kişilerdeki sık gündüz şekerlemeleri, uyku problemlerinin diğer belirtileridir. Uyku rahatsızlığı olan kişiler, öğle vakitlerinden başka zamanlarda ve günde pek çok kez şekerleme yapabilirler. Narkolepsisi olanlar gündüz uykusunu canlandırıcı bulurken, uyku apnesi olanlar gündüz uykusundan çok az faydalanırlar. Diğerleri ise şekerlemeleri, gece uykusunu engelleyici bulur. Bu nedenle uykusuzluk (insomni) problemi olan ya da bir uyuma-uyanma devri problemi olanlar şekerleme yapmaktan kaçınmalıdır.

Diğerleri için, özellikle de küçük çocukları olan ebeveynler için şekerlemeler çok faydalıdır ve görevlerini yerine getirme ve getirememe arasındaki farkı belirleyebilir.

Kaybedilen Uykuyu Telafi Etmek

Dan altı aylık ikiz bebek babasıdır. Hafta içi hep gece yarısı uyuyor ve sabah 6:30'da işe gitmek için kalkmak zorunda. Şansı varsa, ikizlerden biri tarafından uyandırılmadan altı buçuk saat boyunca uyuyor. Hafta sonları dokuz-on saat uyuyabiliyor. Fakat hafta sonları bu kadar çok uyumasına rağmen hâlâ yorgun oluyor.

Dan kaybedilen uykuyu telafi etmenin sanıldığı kadar kolay olmadığını düşünüyor. Son zamanlarda yapılan bir araştırma, uykusuzluk telafisinin en az üç hafta sürdüğünü ortaya koymuştur. Hafta sonlarında uyumak, hafta boyunca yeterli uyku alamama problemini çözmeyecektir. Ayrıca her gün uyuyabileceğiniz bir-iki haftalık bir tatil de sorunu çözmeyecektir. Yandaki tablo yeterli uyku alıp almadığınıza karar vermenizde size yardımcı olabilir.

> *Uykunuzu Yeterince Alıyor Musunuz?*
> *Yeterli uyku alıp almadığınızı ve görevlerinizi en iyi şekilde yerine getirip getirmediğinizi belirlemek için aşağıdaki testi uygulayın.*
>
> Geçen ayı dikkate alarak aşağıdaki cümlelere doğru ya da yanlış olarak cevap verin.
>
> 1) Sabah kalktığımda kendimi halsiz hissediyorum.
> 2) Geceleri 5 dakikadan kısa bir sürede uykuya dalıyorum.
> 3) Hafta sonları hafta içindekinden en az iki saat daha fazla uyuyorum.
> 4) Herhangi bir vakitte uyuyabiliyorum.
> 5) Uyumamam gereken zamanlarda uyuyakalıyorum, örneğin araba kullanırken ya da telefonla konuşurken.
> 6) Akşamları televizyon seyrederken ya da kitap okurken (yataktayken değil) sık sık uyuyakalıyorum.
> 7) Çoğu gün şekerleme yapıyorum.
> 8) Espri anlayışımı kaybetmiş gibi hissediyorum.
> 9) Rutin işleri yaparken uyuklamaya başlıyorum.
>
> *Yukarıdaki cümlelerden üç veya daha fazlasına doğru dediyseniz muhtemelen yeterli uyku alamıyorsunuz.*

İyi Bir Gece Uykusu Çekmenin En İyi Yolu

İyi bir gece uykusu çekmek için yapmanız ve yapmamanız gerekenlerin bir listesini veriyoruz.

1) Günlük düzenli bir program sürdürün. Gün boyunca belli bir program sürdürmeye çalışın. Aynı vakitlerde yemek yiyin ve aktivitelerinizi her gün benzer bir şekilde planlayın.

2) Uyku düzeni: Her gece aynı saatte uyumaya ve sabah aynı saatte kalkmaya çalışın. Bu, vücudunuzun içsel saatini düzenlemeye yardımcı olacaktır. Eğer uyuma ile ilgili problemleriniz varsa, gece uykularınızı engelleyebileceği için gün içinde uyumaktan kaçının.

3) Uyku vakti rutini: Uyku vakti rutinleri çocuklar için olduğu kadar yetişkinler için de önemlidir. Uyku vakti rutinleri vücudunuzun, yatağa girmeden önce bile uyku vakti olduğunu anlamasına yardımcı olur.

4) Uyku giysileri: Yatarken bol ve rahat kıyafetler giyin. Seksi iç çamaşırları güzel görünebilir, fakat uyumanıza bir faydası olmayacaktır. Ne kadar rahat olursanız o kadar iyi uyursunuz.

5) Egzersiz: Egzersiz daha iyi uyumanızı sağlar. Egzersiz için en iyi zaman akşam erken saatler ve öğleden sonra geç saatlerdir. Uyku vaktinden önceki dört saat içinde egzersiz yapmaktan kaçının, çünkü bu sizi çok fazla uyaracaktır.

6) Gevşemek: Uyku vaktinden hemen önce rahatlatıcı ve eğlenceli bir şeyler yapın. Banyo yapın ya da güzel bir kitap okuyun. Faturaları ödemekle uğraşmayın ya da eşinizle ateşli bir tartışmaya girmek için bu vakti seçmeyin.

7) Hafif yemek: Açsanız, yatmadan önce hafif yiyecekler atıştırın. Aç yatmak uyku düzeninizi bozabilir.

8) Yatak odanız: Odanızı elinizden geldiğince rahat ve sessiz hale getirin. Seveceğiniz iyi bir yatak ve yastık alın. Oda sessiz olmalı. Bir fan ya da benzeri, dışardan gelen gürültüleri bastırarak uyumaya yardım eden aletler faydalı olabilir. (Eğer bebeğinizin sesini de bastırıyorsa bu aletler her zaman iyi bir fikir olmayabilir.) Uyumak için serin bir yatak odası sıcak bir yatak odasından iyidir. Ayrıca karanlık bir yatak odası da en iyisidir. Eğer yatak odanız çok aydınlıksa, güneşlik ya da kalın perdeler takmanız işe yarayabilir.

9) Uyuyamıyorsanız yataktan çıkın: Yatağa girdiğinizde ışıkları (ve televizyonu!) kapatın, gözlerinizi yumun ve uyumaya çalışın. Uyuyamıyorsanız, mümkün olduğunca rahatlamaya ve gevşemeye çalışın. Saate bakmayı ve bir sonraki gün yorgun olacağınızı düşünmeyi kesin. Bu sizi daha uzun süre uyanık tutacaktır. Sinirleriniz bozulursa, yataktan çıkın, yirmi-otuz dakikalığına rahatlamak için bir şeyler yapın ve daha sonra yatağa dönün.

10) Yatağınızı paylaşmak: Eğer yatağınızı horlayan, tekmeleyen ve örtü çalan biriyle paylaşıyorsanız, daha iyi bir uyku düzeni oluşturana kadar geçici olarak başka bir yerde uyuyabilirsiniz. Eğer eşinizin bir uyku hastalığı olduğunu düşünüyorsanız bir doktora başvurun.

11) Kafeinden uzak durun: Öğle yemeğinden sonra bütün kafeinli içeceklerden kaçının. Sodaların çoğunun ve bazı meyve aromalı sodaların da kafein içerdiğini söyleyelim. İçeceklerin üzerindeki etiketleri mutlaka kontrol edin.

12) Yatağınızı uykuyla bağdaştırın: Yatakta uyumaktan (ve tabii ki seksten) başka bir şey yapmayın. Yatakta yemek yemeyin ve faturalarınızı ödemeyin. Yatak odasına televizyon koymaktan bile kaçının (çoğu kişinin bu fikre sıcak yaklaşmayacağını biliyorum). Yatağınızı ve yatak odanızı uykuyla bağdaştırmayı öğrenin.

13) Her tür uyku ilacından uzak durun: Eğer kullanmak zorundaysanız, sadece gerekli olduğu gecelerde kullanın. Asla art arda iki haftadan fazla kullanmayın.

14) Alkolden kaçının: Bütün alkollü içeceklerden uzak durun. Bunlar uyku düzeninizi bozabilir. Daha çabuk uykuya dalabilirsiniz, fakat bunlar genellikle gecenin yarısında uyanmanıza neden olur.

İlaçların Uyku Üzerindeki Etkileri

Günümüzde kullanılan ilaçların çoğu uykuyu etkiliyor. Anti depresanlar, depresyon, endişe ve ağrı gibi problemlerin tedavisinde kullanılan geniş kullanım alanı olan ilaçlardır. Ayrıca anti depresanlar çok sayıda uyku hastalığının tedavisinde de kullanılır. Yaygın olarak kullanılan antidepresan türleri şunlardır: amitriptyline (Elavil), imipramine (Tofranil), desipramine (Norpramine), trazodone (Dsyrel) ve fluoxetine (Prozac). Her anti depresan uykuyu farklı şekilde etkiler. Genel olarak çoğu antidepresan gece uyanmalarını azaltır ve uykuya dalma süresini kısaltır. Fakat bu, hepsi için geçerli değildir. Bazılarının uyku üzerinde bir etkisi yoktur ve bazıları gece uykularının azalmasına bile neden olabilir. Ayrıca bazı antidepresanlar kişinin kendini gün boyunca uyuşuk hissetmesine de sebep olabilir. Gündüzleri süren bu yatıştırıcı etkilerinden dolayı antidepresanların çoğu uyku vaktinde tek doz olarak verilir.

Benzodiazepinler, uykusuzluk, kaygı bozuklukları, krizlerin kontrolü gibi durumlarda ve kas gevşetmek için kullanılan ilaçlardır. Benzodiazepinlerin genelde uyku üzerinde uyku süresini arttırmak ve gece uyanmalarını azaltmak gibi olumlu etkileri vardır. Yaygın olarak kullanılan benzodiazepinler şunlardır: alprazolam (Xanax), chlordiazepines (Librium), clonazepam (Klonopin), diazepam (Valium), lorazepam (Ativan) ve oxazepam (Srax). Bazı benzodiazepinlerin etkisi diğerlerine göre daha uzun sürebilir. Etkisi uzun sürenler, uyku vaktinde alındığında sabah halsizlik hissine neden olabilir. Bu yüzden, uyku problemleri için bu gibi ilaçlar kullanıyorsanız, geceleri sizin için en çok işe yarayanı ama gündüz uyanık ve zinde tutanı bulmak için farklı olanları denemeniz gerekebilir. Ayrıca bu ilaçların bazıları uyku problemlerini kötüleştirebilir. Örneğin benzodiazepinler uyku apnesini kötüleştirebilir, bu nedenle bu hastalıktan şikâyetçi olan kişiler için tehlikeli olabilir.

Endişe için kullanılan buspiron (BuSpar), clonidine (Catapres), hydroxzine (Atarax, Vistaril) ve propranolol (Inderal) türü ilaçların uyku üzerinde çeşitli etkileri olabilir. Örneğin buspiron huzursuzluğu tetikleyebilir. Ayrıca psikoz ve uykusuzluk tedavisinde olduğu kadar endişe tedavisinde de yatıştırıcılar kullanılır. Yukarıda bahsedildiği gibi yatıştırıcılar çoğu benzodiazepinlerdir. Yatıştırıcılar en çok endişe tedavisinde kullanılır ve Valium, Librium ve Xanax gibi ilaçları içerir. Bu ilaçların sakinleştirici etkisi vardır ve bunlar uyku için faydalı olabilir. Dikkatli olun, çünkü bu ilaçlar bağımlılık da yapabilir.

Steroidler pek çok tıbbi problemin tedavisinde yaygın olarak kullanılır. Tıbbi olarak kullanılan en yaygın steroid prednisonedir; uykuyu dağıtmakla ünlüdür ve yüksek dozda alındığında kabuslara neden olabilir. Kalp hastalıkları için yaygın olarak kullanılan Inderal, Lopressor ve Visken gibi ilaçlar uykuya dalmada güçlüğe neden olabilir. Bu ilaçlar, ayrıca gece uyanmalarını arttırabilir ve bölük pörçük uykuya neden olduğu için hatırlanan rüyaların sayısında bir artış görülür. Astım için kullanılan bronş açıcı ilaçlar da de uyku rahatsızlıklarına neden olabilir. Bazılarının uyku üzerinde hiçbir etkisi yokken, bazıları uykusuzluğu arttırabilir.

Yaygın olarak kullanılan reçetesiz satılan ilaçlar da uykuyu etkiler. Örneğin antihistaminler genelde gün içinde uyuşukluğa neden olmasına rağmen, gece uykuya dalmak için harcanan zamanı gerçekten azaltır. Hafif yatıştırıcılar içeren iştah kesiciler, tahmin edebileceğiniz gibi uykusuzluğa neden olabilirler. Diğer taraftan aspirin uykusuzluğa iyi gelebilir. Yapılan araştırmalar, aspirinin uyku süresini arttırdığını ve gece uyanmalarını azalttığını göstermiştir. Bazı kişiler aspirinin uykusuzluk konusunda uyku ilaçları kadar işe yaradığını söyler.

Pek çok yiyeceğin ve ilacın içinde bulunan kafein, gece uykuya dalmada problemlere yol açabilir. Kafein huzursuz bacak sendromu ya da periyodik kol-bacak hareketleri (14. Kısım'a bakın) rahatsızlığı olan kişilerde durumu kötüleştirebilir.

Alkol de uykuyu etkiler. İçtikten sonra daha kısa sürede uykuya dalmanıza rağmen, gece uyanmalarına ve tahmin ettiğinizden daha erken uyanmanıza neden olabilir.

Ayrıca nikotin de uykuyu etkiler. Uykuya dalmakta güçlüğe neden olabilir. Çoğu kişinin sigara içmenin kendilerini rahatlattığını söylemesine rağmen, bunun gece uykuya dalmalarına bir faydası olmayacaktır.

Marihuana da uykuyu etkiler. Uykunun farklı evrelerdeki miktarını değiştirir ve bu uyuşturucunun sürekli kullanımı REM uykusunu azaltır. Bırakıldıktan sonra REM sıçraması yaşanır, yani kaybedilen uykuyu 'telafi etmek' için REM uykusunda önemli bir artış olur. REM sıçraması, rüya görmede aşırı bir artış olarak yaşanacaktır.

Kokainin uyku üzerinde çok daha fazla etkisi vardır. Kokain, kişinin uyku miktarını, özellikle de REM uykusunun miktarını azaltır. Kokainin kısa süreli bırakılması uykuda önemli değişikliklere neden olur, bu değişiklik genellikle uykusuzluk ve yorgunluktur.

Kullandığınız bir ilacın uykunuzu etkileyip etkilemediğini değerlendirmek önemlidir. Eğer reçeteli bir ilaç kullanıyorsanız, doktorunuza ya da eczacıya bunun uykunuz üzerinde nasıl bir etkisi olacağını mutlaka sorun. Ayrıca çoğu ilacı yavaş yavaş bırakmak çok önemlidir; örneğin benzodiazepinlerin birden bırakılması ölümcül olabilir. Bu nedenle, eğer bir ilacı bırakmak istiyorsanız, bunu güvenli bir şekilde nasıl yapacağınızı doktorunuza ya da eczacıya sormalısınız.

Uyku Hapları

Uyku haplarının yarardan çok zararı vardır, özellikle tek şikâyeti 'uyuyamamak' ya da 'saatlerce uykuya dalamamak' olan kişiler için. Uyku haplarının tavsiye edilmemesinin pek çok sebebi vardır:

1) Uyku hapları elde ettiğiniz uykunun türünü etkiler. Sinir sisteminin işleyişini değiştirir ve bu da rüya gördüğünüz uyku türü olan REM uykusunu azaltır. Bir süre uyku hapı kullanıp bıraktıktan sonra pek çok kişi, bütün gece uyuduktan sonra bile yorgun hissetmelerine sebep olan, uykularını bozan rüyalar görmeye başladığını söyler.

2) Uzun süreli kullanıldığında insan vücudu uyku haplarına karşı bağışıklık geliştirir. Bir süre sonra uykunuzun gelmesi için gittikçe daha fazla almanız gerekir.

3) Psikolojik olarak uyku haplarına bağımlı hale gelebilirsiniz. İyi bir gece uykusu çekmenin tek yolunun bir

uyku hapı almak olduğuna ikna edildiyseniz, onlar olmadan uyuyamayacaksınızdır.

4) Geri tepme etkisi yaşayabilir ve tehlikeli bir döngüye girebilirsiniz. Genelde yaşanan şey, kişilerin bir süre uyku hapı kullanıp sonra da bunu bırakmaya çalışmalarıdır. Genellikle bıraktıktan sonraki iki gece uykuları çok kalitesizdir ve bu yüzden ihtiyaçları olduğunu düşünerek tekrar kullanmaya başlarlar. Olan şey vücudun geri tepme etkisi yaşamasıdır ve bunu geri çekilme takip edecektir. Bu yüzden uykunuz birkaç gece kötü olacaktır. Onun için, yapabileceğiniz en iyi şey, uykunuz hakkında bir yargıya varmadan önce uyku hapı almayı bıraktıktan sonra iki hafta beklemektir.

5) Uyku hapları bazı uyku rahatsızlıklarını kötüleştirebilir. Gece uykuya dalma probleminizin nedeni, 14. Kısım'da bahsedilen uyku apnesi gibi bir uyku hastalığınızın olmasıysa, uyku hapları problemi daha da kötüleştirir ve hatta bunun hayati bir tehlike haline gelmesine bile neden olabilir.

6) Uyku probleminizin gerçek nedenini bulup bunu uygun bir şekilde tedavi etmek daha iyi olur.

Melatonin

Son zamanlarda melatonin ve uyku üzerindeki etkisi hakkında pek çok şey duyduk. Son günlerde melatonin, Melaton gibi isimler altında sağlıklı gıda reyonlarında satılmaktadır. Melatonin kullanımının uykuyu arttırdığı söyleniyor. Bazı kişiler bunun mucize bir kür, uykusuzluğu (insomni) tedavi etmenin ve uçak yolculuğu yorgunluğunu önlemenin bir yolu olduğunu söylüyor.

Melatonin, epifiz salgı bezinde doğal olarak üretilir ve uyku sürecine katkıda bulunduğu düşünülmektedir. İnsanlarda melatonin üretimi gece saat 22:00 ile sabah 3:00 arasında en yüksek seviyededir ve sabah saat 8:00'e kadar alt seviyelere iner. Böylece melatonin yükselince uyku ihtiyacı da artar. Melatonin üretimi, ışıktan etkilenir, gün ışığı ya da yapay ışık olması fark etmez. Retinaya düşen ışık epifiz salgı bezlerine bir mesaj gönderir. Bu yüzden, düşünce şudur; eğer melatonini ağızdan alırsanız, uykunuz gelir. Fakat bu fenomen hakkında karmaşık veriler vardır. İlginç bir şekilde, genelde radyasyon tedavisinden dolayı epifiz salgı bezleri işlevini yitiren kişiler, iyi uyku düzenleri sürdürmeye devam etmektedirler. Bunun anlamı, epifiz salgı bezinin ve melatonin üretiminin uyku sürecinin sadece küçük bir bölümü olmasıdır. Uyku çok daha karmaşıktır.

Melatonin kullanmadan önce tedbir alınmalıdır. Önce, melatoninin gücünü ve olası yan etkilerini değerlendirmek için klinik araştırmalar yapılması gerekir. Bazılarının, melatoninin doğal olarak üretildiği için herhangi bir zararının olamayacağını iddia etmelerine karşın, birçok doğal üretilmiş madde zararlı olabilir. Örneğin insülin vücuttaki önemli bir kimyasaldır, fakat çok fazla insülin ölümcül olabilir. Doğal bir madde olan kurşun, beyin hasarına neden olabilir. Ayrıca Amerika'da Gıda ve İlaç Bakanlığı melatonin imalatını denetlemediği için sağlıklı gıda reyonu erzakları saf olmayabilir. Birkaç sene önce L-tryptophan modaydı. L-tryptophan'ın uykusuzluğa faydalı olacağı sanıldı. Fakat sonra bir dizi L-tryptophan'ın zehirli olduğuna ve çok sayıda kişide ciddi kan hastalıklarına sebep olduğuna inanıldı.

Bu nedenle melatonin kullanmadan önce doktorunuzla görüşün. Melatonin tıbbın aradığı ilaç olabilir, fakat sonradan pişman olmaktansa, güvenilirliği kanıtlanana kadar tedbirli olmak daha iyi olur.

Melatonini çocuğumda kullanabilir miyim? Öncelikle, pediatristinize danışmadan çocuğunuza hiçbir şey vermeyin. Bebek denekler üzerinde melatoninin etkisi üzerine yapılan önceki araştırmalar, aşırı dozlardaki melatoninin üreme organlarının gelişimini etkileyebileceğini ortaya koymuştur. Ergenlikten önce çocuklarda melatonin seviyesi yüksektir. Ergenliğe girilmesiyle melatonin seviyesi büyük ölçüde düşer. Bu yüzden, ergenlikte üreme organlarının gelişiminde melatonin üretimi önemli olabilir. Yüksek dozlardaki melatoninin yumurtlamayı engellediği de bilinmektedir. Bu bilgi, yüksek dozlardaki melatoninin etkili olduğunun keşfedildiği Avrupa'da kadınlar için yeni bir doğum kontrol hapının geliştirilmesinde kullanılmaktadır. Günde 75 miligram olan bu dozlar Melaton'da ya da diğer sağlıklı gıda reyonu melatonin ürünlerinde bulunan dozlardan, ki bunlar genelde 1, 5, 6 miligramlık dozlardır, çok daha fazladır. Bu nedenle bir çocuğa ya da ergene melatonin vermek cinsel gelişimini etkileyebilir. Bu güne kadar melatoninin çocuklar üzerindeki uzun vadeli etkileri üzerine bir araştırma olmadığı için bunu çocuğunuza vermeden önce önlem alınmalıdır.

Uyku ve Hamilelik

Stephanie, Ariel ve Olivia adlı üç yaşındaki ikizlerin annesidir. Birkaç ay uğraştıktan sonra sonunda ikizlerin 20:30'da yatmalarını ve onları gece boyunca uyutmayı başardı. Fakat şimdi yedi aylık hamile olan Stephanie'ye, sanki hiç uyuyamayacakmış gibi geliyor.

Gece boyunca birkaç kez tuvalete gitmek için kalkıyor ve diğer zamanlarda sadece uyanık olarak yatakta uzanıyor. Ya rahat bir pozisyon bulamıyor ya da bebek tekmelemeye başladığında uyandırılıyor.

Hamileliğin her üç aylık dönemi uyku değişiklikleri açısından farklı özellikler gösterir. Çoğu kadın hamilelik süresince uykularının bozulduğunu ve yeterince uyku uyuyamadıklarını söyler. Bu, gün boyunca yorgunluk ve bitkinlik hissine yol açar. Eğer ilk çocuğunuza hamileyseniz gün içinde şekerleme yaparak uykusuzluğu telafi edebilirsiniz. Fakat, evde zaten başka bir çocuk, özellikle de uyumayan bir çocuğunuz daha varsa, bununla baş etmek çok zor olabilir. Aşağıda hamilelik döneminde uykuyla ilgili neler olabileceğine kısaca değinilmiştir.

İlk Üç Aylık Dönem

Kadınlarda ilk üç aylık dönemde uyku ihtiyacının artmasının iki nedeni vardır. Birincisi, fetusun çok hızlı geliştiği bir dönem olduğu göz önünde tutulursa, kadının vücudu çok fazla enerji harcamaktadır. İkincisi, öncelikle sıkça tuvalete gitme ihtiyacından dolayı gece uykuları genellikle bozulur. Bu idrara çıkma ihtiyacı, fetustan ve genişleyen rahmin mesaneye baskı yapmasından kaynaklanır. Bu iki faktör gün içinde aşırı bir bitkinliğe ve geceleri ise artan bir uyku ihtiyacına neden olur. Gün içinde daha önce hiç uyumayan kadınların, kendilerini şekerleme yaparken bulmaları çok yaygın olarak görülür. Ayrıca ilk üç aylık dönemde hamile kadınların gece uykularının süresini arttırmaları da daha olasıdır. Hamile kadınların çoğu akşam 20:00'ye kadar çoktan uyumuş olur ve sabah 8:00'e kadar uyur. Eğer müsaitseniz bu artan uyku ihtiyacını kabullenin ve karşı koymaya çalışmayın. Vücudunuz ihtiyaç duyduğu şey konusunda size mesaj gönderiyor.

İkinci Üç Aylık Dönem

İkinci üç aylık dönemde uyku çok daha normaldir. Fetusun gelişimi yavaşlar, bu yüzden daha az enerji harcanır. Ayrıca idrara çıkma ihtiyacı da azalır, çünkü rahim mesaneye baskı yaptığı leğen bölgesinden, karın boşluğundaki daha yüksek, mesaneden daha yukarıdaki bir yere geçer. Kadınlar genelde ikinci üç aylık dönemde çok iyi hissettiklerini söylerler.

Üçüncü Üç Aylık Dönem

Üçüncü üç aylık dönemde uyku yine problemli bir hale gelir. Fetus tekrar kadının enerjisini azaltan hızlı bir gelişim dönemine girer. Ayrıca hamile kadın büyüyen fetusun ağırlığını taşımaktan kolayca yorulur. Uyku, sırt ağrıları, sık idrara çıkma, mide yanması, bacaklara kramp girmesi, rahat edememe ve nefes darlığı nedeni ile bozulur. Bazı kadınlar, sonunda gece tam rahata erecekleri zamanın, bebeğin hareketegeçmeye karar verdiği zaman olduğunu düşünür. Kadınlar genelde, bebek kıpırdamayı ve tekmelemeyi bıraksa, biraz uyuyabileceklerinden şikâyet ederler. Bütün bunların sonucu olarak, hamileliğin son üç aylık döneminde kadınların uykuya dalması uzun zaman alır, gece boyunca daha sık uyanır ve uyandıktan sonra tekrar uykuya dalmakta zorlanırlar.

Ayrıca hamile kadınların diğer uyku bozukluklarına yakalanmaları da daha olasıdır. Araştırmalar, hamilelik ilerledikçe kadınların horlamaya ve uyku apnesine (14. Kısım'a bakın) yakalandıklarını göstermiştir. Hamileliğin yirminci haftasından sonra, gece uykuya dalmayı engelleyen huzursuz bacak sendromu ortaya çıkabilir.

Hatırlatmalar

- Yetişkinlerin çoğunda uyku problemi görülür.
- Uyku problemleriyle savaşmak için uykuyu hayatınızda öncelikli hale getirin ve iyi bir uyku hijyeni geliştirin.
- Çoğu hap ve ilaç uykunuzu etkileyebilir.
- Hamilelik süresince uykuda problemler olabilir.

15. KISIM
"ÇOK YORGUNUM!"

Yetişkinlerde Sıkça Görülen Uyku Bozuklukları

"Bebek artık uyuyor, ama şimdi de kocamın horlaması beni uyutmuyor."

Gördüğünüz gibi, bebeğinizin uykusunu etkileyen çok çeşitli problemler vardır. Fakat bildiğiniz gibi bu problemlerin çoğu yetişkinlikte de sürebilir ya da yetişkinlikte bile ortaya çıkabilir. Gece uyumanızı engelleyen ister kendi uykusuzluğunuz, ister kocanızın horlaması olsun, yetişkinlerin gece boyunca uyumakta yaşayabileceği problemlerin farkında olmalısınız.

Yetişkinlerde görülen uyku rahatsızlığı problemi, bebeklerde ve yürümeye başlayan çocuklarda görülenler kadar yaygındır. Tahminen 40 milyon yetişkin kronik uyku rahatsızlığı çekerken ne yazık ki, bu yetişkinlerin %5'i problemlerine tanı koyup onları tedavi ettiriyor. Yetişkinlerde görülen yaygın uyku rahatsızlıkları, uyku apnesi, huzursuz bacak sendromu, uykuda periyodik kol-bacak hareketleri, narkolepsi ve uykusuzluğu içerir.

Sizde Bir Uyku Bozukluğu Var Mı?

Bu cevaplaması zor bir soru olabilir. Çoğu insan, bir uyku bozukluğunun olduğunu fark etmez ya da fark etse de bunun doğal olduğunu düşünür. Uyku bozukluğunuzun olup olmadığına karar vermek için kendinize şu soruları sorun: Geceleri uykuya dalmada ya da uykuda kalmada zorlanıyor musunuz? Gün içinde uykulu oluyor musunuz? Eğer her iki soruya da cevabınız evetse, bir uyku bozukluğunuz olabilir. Ama daha önce yeterince uyuduğunuzdan ya da hiç olmazsa yeterince uyumaya çalıştığınızdan emin olmalısınız. Uykunuzu aldığınızdan emin olmak için geceleri en azından sekiz saat uyuyor olmanız gerek. Geceleri yeterli miktarda uyumuyorsanız, öncelikle yeterince uyumaya çalışmalısınız. Eğer yeteri kadar uyuyor, ama yine de uyumayla ilgili bir problem yaşıyorsanız, ya da gün içinde uykunuz geliyorsa, muhtemelen bir uyku bozukluğunuz var demektir. Gerçekten bir probleminiz olup olmadığını anlamanın tek yolu bir uyku bozuklukları merkezinde muayene olmaktır.

Ne Çeşit Bir Uyku Bozukluğundan Şikâyetçisiniz?

Unutmayın, hangi çeşit uyku bozukluğundan şikâyetçi olduğunuzu anlamanın en iyi yolu, bir uyku bozuklukları merkezine gitmek ve eğitimli bir uyku uzmanı tarafından muayene edilmektir. Hastalığınıza teşhis koyulabilmesi için, üzerinizde uygulanacak tek gecelik bir uyku incelemesinden geçmeniz gerekebilir (ayrıntılı bir açıklama için aşağıdaki bölüme bakın). Bir uyku incelemesi yapılmadan rahatsızlığın ne olduğu ve şiddeti saptanamaz. Bu durum, doktorunuz kansızlıktan şüphelenirken, kan testi yaptırmamaya benzer. Kesin sonuçlar olmadan hastalığınızı bilemezsiniz.

Uyku Bozukluğunun Tanısı

Bir uyku bozukluğunun tam ve eksiksiz değerlendirmesi pek çok aşama içerir. İlk aşamada, doktorunuzla, uyku geçmişinizle ilgili bilgiler toplamasına imkân verecek kapsamlı bir görüşme yaparsınız. Doktorunuz uykunuzla ilgili mümkün olan herşeyi bilmek isteyecektir; yattığınız zamanı, uykuya dalmanızın ne kadar zaman aldığı, geceleri uyanıp uyanmadığınızı ve sabah kaçta kalktığınızı soracaktır. Gün içinde yaptığınız bütün şekerlemeler sorulacaktır. Horlamak, hareketli ve huzursuz uyumak ve uykuda konuşmak gibi, uykunuz sırasında meydana gelen herşey sorulacaktır. Eğer doktorunuz sizde özellikle bir uyku bozukluğu çeşidinden şüphelenirse, bu bozukluğun tipik semptomlarıyla ilgili (bunlara daha sonra kısaca değinilecektir) kapsamlı sorular soracaktır. Eğer yatağınızı başka biriyle paylaşıyorsanız, bu kişiye de sizinle ilgili bazı sorular sorulabilir. Mesela, uykunuzda konuşuyor ya da horluyorsanız, bunların farkında olmayabilirsiniz.

Size ayrıca, doğrudan uykuyla bağlantılı olmayan bir dizi soru da sorulacaktır. Örneğin, akşamları yatmadan önce, televizyon seyretmek ya da uyku öncesi rutinleri gibi yaptığınız şeyler sorulacaktır. Bunlara ek olarak gün içinde uykulu dolaşma, öğünler, aldığınız kafein miktarı, kaygı ve depresyondan şikâyetçi olup olmadığınız gibi gündelik hayatınıza dair sorularla da karşılaşacaksınız. Geçirdiğiniz büyük hastalıklar ve operasyonlar, şu sıralar düzenli olarak kullandığınız bir ilaç olup olmadığı ve genel sağlığınız hakkında bilgileri de barındıran tıbbi geçmişinizin eksiksiz bir dökümü de istenecektir.

Değerlendirmenin ikinci aşaması, bir uyku günlüğü tutmaktır. Tipik bir uyku günlüğü, akşam kaçta yattığınız, uykuya ne kadar zamanda daldığınız, geceleri hangi sıklıkta ve ne kadarlık sürelerle uyandığınız, sabah kaçta kalktığınız, toplam uyku saatiniz, gün içindeki uyuklamalarınızın saat kaçta olduğu ve ne kadar sürdüğü hakkında bilgiler içerir. En az iki hafta uyku günlüğü tutmanız istenebilir, ama muhtemelen bu süre daha uzun olacaktır. Rahatsızlığınıza teşhis konulabilmesi ve ilaç tedavisi uygulanıp uygulanmayacağına karar verilebilmesi için bu günlüklerin doğru ve kesin bilgiler içermesi önemlidir.

Uyku apnesi ve periyodik kol-bacak hareketleri (PLMS) gibi, altında psikolojik sorunların yattığı düşünülen rahatsızlıklardan şikâyetçi vakalarda, doktorlar hastayı polisomnografiye (PSG) sokmak isteyebilirler. Polisomnografi, içerdiği testler her ne kadar evde de uygulanabilse de, genellikle uyku merkezinde bir gece kalmayı gerektirir. Eğer uyku merkezinde bir gece kalacaksanız, sizden, merkeze normal yatma zamanınızdan iki-üç saat önce gelmeniz istenecektir. (Eğer merkezde kalacak olan küçük ya da ergenlik çağında bir çocuksa, anne babanın ya da başka bir ebeveynin ona eşlik etmesine izin verilir.) Bir teknisyen, kalp atışlarınızı, nabzınızı, bacak hareketlerinizi, göz hareketlerinizi ve beyin dalgalarınızı ölçmek için, bir düzine sensör takacak ya da monitör bağlayacaktır derinize. Bu aletler, uyuduğunuzda girdiğiniz uyku evrelerini ve bir uyku bozukluğunuz olup olmadığını saptamaya yardım edecektir. Ayrıca siz uyurken bütün bir gece boyunca bir teknisyen tarafından izleneceksiniz ve uykunuz bir kızıl ötesi video kamera tarafından kaydedilecek. "Bu koşullarda nasıl uyuyabilirim?" diye soruyorsunuz. Herkes bunu düşünür. Ama şaşırtıcı bir şekilde, bazıları normalden daha az uyuduklarını hissetse de, hemen hemen herkes uyur.

Polisomnografiye ek olarak, sizden Çoklu Uyku Latans Testi (MSLT) yaptırmanız da istenebilir. Merkezdeki tek gecelik incelemeden bir sonraki gün uygulanan bu test, gün içindeki uykululuk düzeyinizi ölçer. MSLT, gün içinde iki saatlik aralarla yirmişer dakikalık dört uyuklama sırasında yapılır. Sabah 8:00'da kalkarsanız, sizden saat 10:00'da, öğlende, 14:00'da ve 16:00'da uzanıp tekrar uykuya dalmanız istenecektir. Eğer uyursanız, on beş-yirmi dakika içinde uyandırılacaksınızdır. Eğer uyumazsanız, yirmi dakika geçince yataktan kalkmanız istenecektir.

Yukarıda verilen tüm bilgiler toplandıktan sonra, bir teşhis konulacak ve tedavi planı geliştirilecektir.

Aşağıda, insanların şikâyetçi olduğu en yaygın ve uykuyu en çok bölen uyku bozukluklarına genel bir bakış veriliyor. Yine de seksenin üzerinde uyku bozukluğu çeşidi olduğunu ve sizin yaşadığınız sorunun aşağıda tartışılanlardan biri olmayabileceği ihtimalini unutmayın.

Horlamak

"Kocamın horlaması beni deli ediyor. Neden horluyor ve bunu engellemek için ne yapması gerekiyor?"

Horlamak, yalnızca uyurken gerçekleşir. Solunum yolu kaslarının, uyku sırasında gevşeyerek birbirlerine çarpması sonucu meydana gelir. Boyun kasları gevşediği zaman, solunum yolu kaslarında nefes alışverişi sırasında bir titreşim oluşur. Çoğu horlama, nefes verilirken gerçekleşir.

Horlama inanılmaz bir biçimde sesli olabilir. Horlayan biriyle yaşayan herhangi birine sormanız yeterli. Size bir fikir vermek açısından, yüksek sesli horlamaların 80 desibele kadar ulaştığını söyleyebilirim. Normal konuşurken çıkardığımız ses 40 desibeldir. Bir bebeğin ağlaması yaklaşık 60 desibeldir. Seksen desibel neredeyse büyük bir köpeğin havlarken çıkardığı sese eşittir. Bazı insanların horlarken çıkarttıkları ses o kadar yüksektir ki, devlet tarafından belirlenen işyerinde gürültü standartını bile aşar.

Erkekler horlamaya kadınlardan daha fazla yatkındır. Bu, kadın hormonlarının koruyucu etkisine bağlı olabilir. Menapozdan sonra, kadınlık hormonlarının üretimindeki düşüşle, kadınlar da erkekler kadar horlayabilir. Erkeklerin yaklaşık %25'i horlar ve horlama olasılığı yaşla birlikte artar. Orta yaşa gelindiğinde (kırk bir ile altmış beş arası yaş), erkeklerin neredeyse %60'ı horlar. İnsanların yaşlandıkça horlamanın yaygınlaşmasının en olası nedeni, yaşlandıkça boğazdaki kaslarda oluşan güç kaybıdır.

Horlamaya neden olan pek çok faktör vardır. İlk olarak, (genişlemiş bademcikler ya da geniş bir boyun nedeniyle) solunum yolu dar olan biri, horlamaya daha yatkındır. Bu ayrıca, pek çok kilolu insanın neden horladığını da açıklar. Obezite, solunum yolu darlığına neden olur. İkinci sıkça görülen neden de, ağızdan nefes almaktır. Horlayan insanların çoğu, uyurken ağızlarından nefes alır. Üçüncü olarak, bazı ilaç ve ilaç karışımları horlamaya neden olabilir. Uyku hapları, alkol ve boğazdaki kasların gevşemesine neden olan bütün uyuşturucular horlamada artışa yol açarlar. Saman gribi ve soğuk algınlıkları da, nazal tıkanıklık insanı ağzından nefes almaya ittiği için horlamanın başka bir nedenidir.

Horlama ihmal edilmemeli. Bazı insanlar horlamayı, "iyi bir uykucu" olmanın işareti diye tanımlarlar. Bu kesinlikle doğru değildir. Horlamak normal değildir ve insanlar horlamamalıdır. Bazı insanların horlaması, her ne kadar onlarla aynı evi paylaşan diğer insanlar için sorun yaratsa da zararlı değildir. Pek çok çift, içlerinden birinin horlaması yüzünden ayrı yatak odalarında uyurlar.

Ama bazıları için horlama tehlikeli olabilir. Çünkü horlamak, uyku apnesi bozukluğunun bir göstergesi olabilir (birazdan bu konuya değinilecektir). Horlayan bir insanın uyku apnesi olup olmadığını anlamanın bir yolu, o insanın gün içindeki uyku eğilimine bakmaktır. Uyku apnesi olan insanların gün içinde çok uykusu gelir. Gün içinde fazla uykulu olmayan bir horlayan, sadece fazla horluyor demektir.

Horlama, kişinin sağlığını etkilemiyor olsa bile, özellikle de uykusunu alamayan yatak arkadaşınızın iyiliği için tedavi gerekli olabilir. Horlamayı durdurmak için tavsiye edilen yüzlerce alet vardır. Çoğu, ağzı kapalı tutmaya ya da nazal solunum yolunu açmaya yarar. Bu aletler arasında burnu saran bandajlar ya da burun deliklerini genişleten çatallar gibi şeyler de vardır. Bazı aletler de uyuyan kişinin sırt üstü yatmasını engeller. Daha kolay ve ucuz bir metod da, pijamanızın üstüne ya da tişörtünüze bir cep dikip içine bir tenis topu yerleştirmektir. Diğer bazı incelikli ve pahalı yöntemlerde, kişi sırt üstü döndüğünde alarmla uyarılır.

Horlamamanızı sağlayan, dişlerle ilgili bazı harika mekanizmalar da vardır. Size uygun bir diş aleti için esnek bir ağız koruyucu kullanmaya dikkat edin, çünkü nefes almakta güçlüklere neden olabilir. Bazıları için horlamak o kadar kötü bir hal alır ki, ameliyat olmak bile isteyebilirler. En yaygın iki ameliyat yöntemi, bademciklerin alınması ve solunum yolundaki pek çok dokunun alındığı *uvulopalatofaringoplasti*'dir (UPPP).

Uyku Apnesi

Steve kırk dört yaşında ve 10 yıldır horluyormuş. Son iki yılda horlaması daha da kötüye gitmiş ve artık çoğu gece karısı uyumak için misafir odasına gidiyormuş, çünkü Steve çok gürültülü horluyormuş. Karısı, gece bounca Steve'in çoğu kez nefes almıyor gibi göründüğünü söylüyor. Sabahları Steve sık sık, birkaç dakika sonra geçen bir baş ağrısıyla uyanıyor. Ve geceleri sekiz saatlik bir uykudan sonra bile, gün içinde kendini berbat hissediyor. Her zaman uykulu ve uyuşuk. Öğle yemeği saatlerinde genellikle kestiriyor.

Steve, uyku sırasında, üst solunum yolunda sürekli tekrarlanan 'engellenme' yaşayanlarda görülen bir bozukluk olarak tarif edilen uyku apnesinden şikâyetçi birine tipik bir örnektir. Bu da, kişinin gece boyunca, solunum yolu kapandığı için pek çok kez soluk alıp vermeyi bırakması anlamına gelir. Nefes alıştaki bu duraklamalar, sık sık kısmi ya da tamamen uyanmalara yol açar. Uyku apnesi tanısı konulabilmesi için, kişinin saatte en az beş defa soluk almayı kesmesi gerekir. Ama çoğu hastanın nefesi bu sayıdan çok daha fazla kez durur. Örneğin, saatte 150 kez nefesi duran insanlar vardır. En basit şekilde açıklamak gerekirse, bu insanlar aynı anda hem uyuyup hem de nefes alamaz.

Uyku apnesi olan çoğu kişi, uykularında öleceklerinden endişelenirler. Bu asla olmaz. İnsan bedeni inanılmazdır. İnsan nefes almayı keser kesmez, beyin bedene uyanması mesajını verir ve soluk alma yeniden başlar. Diğer bir önemli endişe, gün içinde meydana gelen ve araba kullanırken uyuyakalmak gibi tehlikeleri beraberinde getiren aşırı uykudur. Daha uzun vadeli bir endişe de, uyku apnesi olan kişinin uzun vadede diğer insanlara oranla daha fazla kalp hastalığı ve erken ölüm riski altında olmasıdır. Kabaca açıklarsak, beden, nefes alıştaki duraklamalara pek de iyi bir tepki vermez.

Uyku apnesi olan kişilere en tipik örnek, orta yaşlı ve kilolu erkeklerdir, ama pek çok başka insan da uyku apnesi bozukluğu yaşayabilir. Kadınların da uyku apnesi olabilir, fakat özellikle menapozdan sonra bu risk daha fazladır. Zayıf insanların da uyku apnesi olabilir. Her ne kadar kilo en belirleyici faktör olsa da, aşırı zayıf insanların uyku apnesi olabilirken, aşırı kilolu insanların olmayabilir.

Uyku Apnesinin Belirtileri

Bazı insanlarda, burada verilen bütün belirtiler görülebilirken, bazı insanlarda sadece birkaçı görülebilir. Uyku apnesi olan pek çok insan bu sorunun varlığından haberdar bile değildir. Sorunun farkına varan ya da çok endişelendiği için bir doktora gitmeyi öneren kişi çoğunlukla yatak partneridir.

Horlama: Uyku apnesi olan çoğu yetişkin horlar. Yine de bütün horlayanların uyku apnesi yoktur. Horlama, uyku sırasında solunum yolu kaslarının rahatlaması sonucunda oluşur. Bu kaslar rahatladıklarında, (rüzgarda toplanmamış yelkenler gibi) birbirlerine çarpma eğilimi gösterirler. Horlama esnasındaki ses, kasların birbirine çarpmasından çıkar. Uyku apnesi olan çoğu insan her gece ve tüm gece boyunca horlar. Horlama en çok sırt üstü uyurken gerçekleşmeye yatkındır, ama başka pozisyonlarda uyurken de olabilir. Çoğu insan, (komşuları da dahil) başkaları tarafından uyarılmadıkça, horladıklarının farkında bile olmazlar.

Nefes duraklamaları: Uyku apnesinin en belirgin özelliği nefes duraklamarıdır. Kişi herhangi bir yerde uyurken, birkaç saniyeden en fazla kırk beş saniyeye kadar uzanan sürelerle nefes almayı bırakacaktır. Tekrar nefes almaya başlamasını sağlamak için kişi öncelikle uyandırılmalıdır.

Gün içinde uykulu olmak: Neredeyse evrensel olan tek uyku apnesi belirtisi ve aynı zamanda bu rahatsızlıktan musdarip insanların farkına varabildikleri tek belirti, gün içinde uykulu olmaktır. Gün içinde uykululuk, gece boyunca pek çok kez gerçekleşen kısmi uyanmalar sonucu oluşur. Bütün gece boyunca bebeğiniz tarafından her beş dakikada bir uyandırılmak gibidir. Uyku apnesi olan kişiler gün içinde o kadar uykulu olabilirler ki, seks yaparken, araba kullanırken ve hatta konuşmanın tam ortasında bile uyuyakalabilirler.

Uyku sırasında öksürmek ve tıkanmak: Uyku apnesi olan bazı insanlar gece esnasında öksürüp tıkanarak uyandıklarının farkına varırlar.

Ağız kuruması: Uyku apnesi olan pek çok insanın ağzı uyandıklarında kuru olur. Bunun nedeni, uyurken ve horlarken ağızlarının açık olmasıdır.

Sabah baş ağrıları: Uyku apnesinin sıkça görülen bir diğer belirtisi de sabah baş ağrısıyla uyanmaktır. Bunun nedeni, gece esnasında beyindeki oksijen miktarının azalmasıdır. Baş ağrısı genellikle gün ortalarına doğru geçer.

Huzursuz uyku: Gece boyunca sıklıkla uyanmanın bir sonucu olarak, uyku apnesi olan kişiler, huzursuz uyuyan kişilerdir. Her kısmi uyanmayla birlikte yatakta dönerler ya da bacaklarını oynatırlar. Ayrıca, kişi sabah kalktığında bütün yatak örtülerini yerde bulabilir.

Sıkça görülen diğer belirtiler:

İnsomni(Uykusuzluk): Şaşırtıcı bir biçimde, uyku apnesi olan bazı kişiler uykusuzluktan yakınırlar. Ne kadar uykulu ve yorgun olsalar da, geceleri uyumakta zorlanırlar. Bunun nedeni, uykuya dalarken nefes almayı bırakmalarıdır. Nefes durunca, ya kısmi olarak ya da tam olarak uyanırlar. İşte bu nedenle "insomni", soluma problemleriyle ilgili olarak gelişir.

İktidarsızlık: Bazı erkeklerde iktidarsızlığın uyku apnesine bağlı olarak geliştiği ortaya çıkmıştır. Apne tedavi edilince, iktidarsızlık problemi de genellikle ortadan kalkar.

Gün içinde sorunlar. Uyku apnesi olan insanların yakındığı bir diğer şikâyet, gün içinde işlevlerini yerine getirememeleridir. Unutkan olabilirler. Çabuk sinirlenebilirler, kaygılı ve depresif olabilirler.

Uyku Apnesinin Tedavisi

Uyku apnesi için pek çok tedavi seçeneği vardır. Sizin için en iyi tedavi, uyku apnenizin şiddetine, sizde görülen semptomlara ve sizin için neyin en çok işe yarayacağına göre değişir. Bu tedavilerden bazıları, yukarıda horlamakla ilgili olarak bahsedilenlerle benzerdir.

Sürekli Pozitif Solunum Yolu Basıncı (CPAP): Uyku apnesi olan çoğu insan için CPAP kişinin seçimine bağlı bir tedavi yöntemidir. CPAP'ta, makineye bağlı, yüze takılan bir maske söz konusudur. İki çeşit maske vardır, bunlardan biri burnun üzerine örtülürken, diğerinde burnun içine yerleştirilen yastıklar vardır. CPAP'ın amacı, normal solunumun olabilmesi için solunum yolunu açık tutmaktır. CPAP makinesi hava basıncı oluşturur ve bu hava basıncı, burundan içeri verilerek solunum yolunu açık tutar.CPAP makinelerinde farklı basınçlar oluşturulabilir. Sizin için en uygun olan hava basıncınının bulunabilmesi için yapılacak tek gecelik test, bir uyku merkezinde uzman kontrolünde yapılmalıdır. CPAP , horlamadan kurtulmanıza, uyku apnesinin hafiflemesine yardımcı olur ve uyumanıza engel olmaz. Tipik bir CPAP makinesinin fiyatı 1000-1500 dolar arasında değişir ve çoğu sigorta şirketi bu ücreti karşılar.

Ameliyat: Uyku apnesinin tedavisinde birkaç operasyon seçeneği vardır. 10 yıl öncesine kadar bilinen tek tedavi seçeneği olan trakea ameliyatında (trakeotomi), boyundan solunum yoluna doğru bir yarık açılır ve içine bir solunum tüpü yerleştirilir. Ağzın gerisine ve gırtlağın daha yukarı bölümlerine bay-pas yapılır ve doğal olarak bu tüpten nefes alınır. Trakeotomiler tedavide çok etkili olmalarına rağmen, bugünlerde uyku apnesinin teavisinde çok nadiren kullanılırlar, çünkü bu konuda artık daha zahmetsiz tedavi yöntemleri vardır.

Bazı örneklerde bademciklerin ve/veya adenoitlerin alınması işe yarayabilir. Bu operasyon genellikle çocukların tedavisinde kullanılır ve onların isteğine bağlı olarak yapılır. Yetişkinlerde bu prosedür, kişinin bademciklerinin büyüdüğü ve uyku bozukluğuna katkıda bulunduğu net olarak biliniyorsa uygulanır. Bu yönteme, genelde kişinin uyku apnesi iyi huyluysa baş vurulur ama bazı vakalarda şiddetli apneleri hafifletmek için de faydalı olabilir. Bir kulak burun boğaz uzmanı bu tarz bir operasyon için sizi muayene edecektir.

Bazı kimselerde uyku apnesine neden olan, şiddetli deviasyon sorunudur (yani, nazal bölmeleri ayıran duvar çarpık demektir) ve bu çarpıklığı girecek bir ameliyat apne sorununu da çözebilir. Bu alanda yine bir kulak burun boğaz uzmanı, size gerekli yardımı sağlayacaktır.

Uyku apnesi tedavisinde gittikçe yaygınlaşarak kullanılan diğer bir cerrahi yöntem de, uvulopalatofaringoplasti, diğer adıyla UPPP olarak bilinen yöntemdir. Genelde lazerle yapılmakla birlikte, operasyon olarak da uygulanabilen bu cerrahi yöntemde, solunum yolunda, bademcikler de dahil fazlalık yapan tüm dokular alınır. Bu yöntem, solunum yolu boşluğunu genişleterek engelleri ortadan kaldırır ve böylece kişi uyurken normal bir biçimde nefes alıp verir. Bu yöntem, ayakta tedavi şeklinde uygulanabilir, ama her vakada işe yaramaz. UPPP tedavisinden, orta ve hafif dereceli uyku apnesi olan kişilerde ve hastaların %50 ila 70'inde olumlu sonuç alınır.

Dişlere takılan mekanizmalar: Hafif ve orta dereceli uyku apnesinden şikâyetçi kimseler, horlama tedavisinde olduğu gibi, dişlerle ilgili mekanizmalardan yararlanabilirler. Uykularında dişlerini gıcırdatan kimselerin kullandıklarına benzer bir mekanizma, geceleri takılır ve alt çeneyi hafifçe ileri iter. Alt çenenin ileri alınması solunum yolunun açılmasını sağlar ve hem uyku apnesini hem de horlamayı azaltır. Geceleri dişsel bir mekanizmanın kullanımı, genel düşüncenin aksine, herhangi bir çene problemine yol açmaz. Bu aleti genellikle bir dişçi ya da ortodontist hazırlar. Fiyatı 300-1500 dolar arasında değişebilir ve pahalı olabilir. Malesef, çoğu sağlık sigortası bu ücreti karşılamaz.

Kilo Vermek: Kilonun genellikle uyku apnesinde önemli bir payı vardır. Bazı insanlarda üç kiloluk bir fark bile, uyku apnesinin iyiye ya da kötüye gitmesine neden olabilir. İki kilo verdiklerinde uyku apnesi sorunundan kurtulurlar. İki kilo aldıklarında yeniden sorun yaşamaya başlarlar. Bu tür insanlar için, sadece kilo vermek sorunu çözebilir. Aşırı kilolu insanlar içinse, kilo vermek apnenin şiddetini azaltabilir, ama ancak yeterince kilo verilirse sorun tamamen ortadan kalkabilir. Kilo verilmeye çalışılırken ek olarak başka tedavi metodlarına da başvurulması önerilir.

Yatış Pozisyonları: Sadece sırt üstü yatarken horlayan ve uyku apnesi bozukluğu yaşayan insanlar için, başka herhangi bir pozisyonda uyumak genellikle sorunu çözecektir. İnsanların uyurken sırt üstü dönmelerini engellemek üzere tasarlanmış, piyasada satılan pek çok donanım vardır. Daha önce de bahsedildiği gibi, en kolay çözüm, pijama üstünün sırt kısmına bir cep dikmek ve içine bir tenis topu koymaktır. Böylelikle, sırt üstü döndüğünüz zaman, tenis topu sırtınıza batar ve siz de tekrar yanınıza ya da yüz üstü dönersiniz. Bu kolay çözüm, bazı insanların sorununa çare olabilir.

Dil Tutma Aleti (TRD): Adı kulağa pek hoş gelmeyen bu alet, vantuz kullanarak dili öne doğru çeker. Alet, bir ağızlık gibi görünür ve üstünde dili öne doğru çekmeye yarayan bir boşluk vardır. Sırt üstü yatarken, dil, rahatlayarak solunum yoluna doğru meyillenir. Dili öne doğru çekmek, solunum yolunun açılmasını sağlar. Tahmin edebileceğiniz gibi, böyle bir aletle uyumak pek rahat değildir, ama denemeye değer.

İlaçla Tedavi: Bazı insanlarda, solunumu rahatlatan ilaçlar da işe yarayabilir. Doktorların solunum için en çok tavsiye ettiği ilaç türü, *protriptyline*'dir. Bu ilaç, kişiyi, apnenin fazla soruna yol açmayacağı daha hafif uyku evrelerinde tutar. Bu tür ilaçlar uyku apnesini tedavi etmekte işe yaramakla birlikte, uykuyu etkilerler.

Eğer sizin uyku apnesi bozukluğu yaşamanızın nedeni allerji ya da nazal tıkanıklıksa, bu semptomları giderecek ilaçlar, uyumanıza yardımcı olabilir. Reçetesiz satılan ilaçlar işe yarasa da, sorunu doktorunuza danışmanız en iyisidir.

Yapılmaması Gerekenler

Öncelikle, uyku apnesi, ihmal edilmemesi gereken ciddi bir problemdir. Malesef, çoğu kimse, ya böyle bir rahatsızlıkları olduğunun farkında olmadıkları için, ya da "herkes horlar" diye düşünerek durumu önemsemedikleri için apne sorununu ihmal eder. Ama böyle bir rahatsızlık varsa, bazı davranışlardan kesinlikle kaçınılması gerekir.

Uyku hapı içmeyin. Eğer uykuya dalmakta zorluk çekiyorsanız, size bir uyku hapı almanız tavsiye edilebilir. Ama uyku hapı sizde ters etki gösterebilir. Uyku hapları, uyku apnesini belirgin bir şekilde kötüleştirir, çünkü solunum için kullandığınız kasları daha da rahatlatır. Bu kaslar ne kadar rahatlarsa, uyku apnesi o kadar kötüye gider. Bu nedenle, uyku hapları tehlikeli olabilir ve daha fazla uyku sorununa yol açabilir.

Herhangi bir yatıştırıcı, sakinleştirici, antihistamin ya da ağrı kesici kullanıyorsanız doktora danışın. Eğer uyku apnesinden rahatsız olduğunuzu düşünüyorsanız ve kaygı, alerji ya da ağrı nedeniyle bu tür ilaçlardan herhangi birini kullanıyorsanız, mutlaka doktorunuza danışın. Bu ilaçlar, uyku apnesi sorununuzu daha da kötüye götürebilir.

Alkol almayın. Alkolün uyuşturucu etkisi vardır ve uyku apnesini daha da kötüleştirir. Sadece uyku apnesini artırmakla kalmaz, aynı zamanda uyumayı da engeller. Alkol, kişinin uykuya daha çabuk dalmasını sağlasa da, gece yarısı ya da sabaha karşı uyanmasına neden olabilir. Alkol ayrıca, kişinin daha hafif uyumasına ve ihtiyacı olandan daha az derin uykuda kalmasına neden olur.

Kafeini azaltın. Kafein, uykuya dalmayı zorlaştıran bir uyarıcıdır. Ama çoğu insan için kafein bir kısırdöngünün parçası olur. Uyku apnesi nedeniyle uykusuzluk çeken insanlar, gün içinde uykulu dolaşırlar. Gün içinde uykuları açılsın diye kafein alırlar ama aldıkları kafein bir sonraki gece daha da zor uykuya dalmalarına neden olur. Bu döngü, bir sonraki günde ve gecede de devam eder. Uzun vadede, eğer uyku apnesi tedavi edilirse, uykusuzluk ve kafein ihtiyacı azalacaktır.

Huzursuz Bacak Sendromu ve Uykuda Periyodik Kol-Bacak Hareketleri

Çoğunlukla birbirleriyle bağlantılı olan iki uyku bozukluğu, uykuya dalmayı zorlaştıran 'huzursuz bacak sendromu (RLS)' ile hem uykuya dalmayı zorlaştıran hem de geceleri sıklıkla uyanmaya neden olan 'uykuda periyodik kol-bacak hareketleri' rahatsızlığıdır.

Huzursuz Bacak Sendromu

Huzursuz Bacak Sendromu'nun (RLS) en önemli özelliği, kişi uyumak için uzandığında bacaklarda, genellikle de dizlerin alt kısmında meydana gelen 'karıncalanma' hissidir. Bu rahatsızlık verici his, yataktayken ya da yataktan kalkıp gezinirken bacakları hareket ettirerek giderilir. Ama hareket etmeyi kestiğinizde, karıncalanma hissi malesef yeniden başlar. Bunun sonucunda kişi uykuya dalamaz ya da uykusuzluk(insomni) çeker. Bu hissi tanımlamak genellikle zordur, ama bazı kimseler bu hissi anlatırken 'kurtçuklar geziniyor,' ya da 'tüylerim ürperiyor,' gibi benzetmeler yaparlar, ya da 'gıdıklanma', 'kaşınma', 'iğnelenme' gibi kelimeler kullanırlar. Ayrıca, Huzursuz Bacak Sendromu'nun belirtileri, uzun süre oturduğunuz ya da araba kullandığınız zamanlar olduğu gibi gün içinde herhangi bir saatte de ortaya çıkabilir. Her ne kadar bazı uzmanlar bu rahatsızlığı demir eksikliğine ya da folik asit seviyesinin düşük olmasına bağlasalar da, nedeni kesin olarak bilinmemektedir.

Huzursuz Bacak Sendromu (RLS), oldukça sık görülür. Yetişkinlerin yüzde onu ila on beşi bu rahatsızlıktan mustariptir. Kadınlarda, erkeklerden daha sık görülür ve hamilelikle ilişkilendirilebilinir (Hamile kadınların %11'inde Huzursuz Bacak Sendromu vardır ve genellikle hamileliğin yirminci haftasından sonra ortaya çıkar). Bu rahatsızlıktan şikâyetçi olan insanların çoğu, ayrıca periyodik kol-bacak hareketleri hastalığından da şikâyetçidir (ama bu durumun tersi her zaman geçerli değildir).

Periyodik Kol-Bacak Hareketleri

Periyodik Kol-Bacak Hareketleri (PLMS) rahatsızlığı, insanın uyku sırasında, genellikle bacaklarını sık aralıklarla silkelemesi ya da tekme atar gibi savurması durumudur. Eğer bacaklarınızı sıklıkla silkelemekten şikâyetçiyseniz ya da yatağınızı paylaştığınız kişi uykunuzda onu tekmelediğinizi söylüyorsa, bu rahatsızlıktan mustarip olabilirsiniz. Periyodik Kol-Bacak Hareketleri (PLMS) rahatsızlığı olan insanlar çoğunlukla huzursuz uyurlar ve sabah uyandıklarında yataklarını darmadağın bulurlar. Bu kişiler ya uykuya dalamadıkları ya da geceleri sıklıkla uyandıkları için, doğal olarak uykusuzluktan şikâyetçilerdir. Bu bozukluğa sahip kişiler tıpkı uyku apnesi olanlar gibi, gün içinde uykulu olmak ve/veya uykusuzluk çekmek gibi hastalığın doğal sonuçları dışında, genellikle problemin farkında değillerdir. Huzursuz Bacak Sendromu gibi, bu rahatsızlık da demir eksikliğine ya da düşük folik asit seviyesine bağlı olarak ortaya çıkabilir. Ama çoğu insanda uyku bozukluğuna neyin sebep olduğu bilinememektedir.

Huzursuz Bacak Sendromu'nun tersine, Periyodik Kol-Bacak Hareketleri rahatsızlığı erkeklerde ve kadınlarda eşit olarak görülür. Bu rahatsızlıktan şikâyet edenlerin sayısını tam olarak bilmesek de, yaş ilerledikçe daha sık görüldüğünü biliyoruz. Örneğin, altmış yaşın üzerindeki insanların % 34'ü Periyodik Kol-Bacak Hareketleri rahatsızlığı yaşıyor.

Tedavi

Demir eksikliği (anemi) ya da folik asit seviyesi düşüklüğü (basit bir kan testiyle ortaya çıkarılabilir) nedeniyle Huzursuz Bacak Sendromu ya da Periyodik Kol-Bacak Hareketleri rahatsızlığı yaşayan insanlarda sorun, demir ya da folik asit takviyesi ile basit bir şekilde giderilir. Bununla birlikte, çoğu hastaya klonazepam (Klonopin), klonodin (Catapres) ve temazepam (Restoril) gibi ilaçlar da önerilir. Ayrıca, kafeinin her iki uyku bozukluğunu da daha kötü hale getirdiği bilinmektedir. Bu nedenle, kafeini kesmek ya da azaltmak yardımcı olabilir. Son olarak, yeterli uykuyu almak da soruna iyi gelecektir, çünkü uyku yetersizliği bu uyku bozukluklarının daha kötüye gitmesine neden olur.

Bu iki uyku bozukluğu ile ilgili istisnai ve genellikle rahatsızlık verici bir diğer durum da, bu rahatsızlıklar için verilen ilaçların diğer uyku bozukluklarına kötü gelmesidir. Benzer şekilde, pek çok başka uyku bozuklukları için uygulanan tedavi de Huzursuz Bacak Sendromu ile Periyodik Kol-Bacak Hareketleri rahatsızlığına kötü gelir. Örneğin, Klonopin, RLS ve PLMS problemleriyle ilgili pek çok sorunu çözerken, uyku apnesinin daha kötüye gitmesine neden olur. Ayrıca narkolepsi rahatsızlığını hafifletmek için verilen bir antidepresan, periyodik kol-bacak hareketleri rahtsızlığını daha ağırlaştırabilir. Bu nedenle, kişinin, şikâyetçi olduğu tüm uyku bozukluklarından haberdar olması ve kendi durumuna en uygun tedaviyi görmesi gereklidir.

Narkolepsi

David otuz sekiz yaşında. Günün her saatinde uykusu var. Lise yıllarında bile sınıfta sürekli uyuyakaldığını hatırlıyor. Araba kullanmaktan korkuyor çünkü yakın bir zamanda araba kullanırken direksiyon başında uyuyakaldığı için bir kaza geçirmiş. Olmadık zamanlarda uyuyakalması karısını ve patronunu da oldukça sinirlendiriyor. Önceki gün, yeni bir müşteriyle yapılan çok önemli bir toplantının ortasında uyuyakalmış.

David, insanın gündelik hayatını yürütmesini önemli derecede engelleyen, nadir rastlanır bir uyku bozukluğu olan narkolepsiden şikâyetçi. Her ne kadar özel bir tedavi yöntemi olmasa da, narkolepsi tedavi edilebilir ve bu hastalığa sahip insanlar normal yaşamlarını sürdürebilirler.

Narkolepsi, genellikle ergenlik çağında başlar, ancak narkolepsinin ergenlikten önce de ortaya çıktığını gösteren bazı vakalara da rastlanmıştır. Hastalığın bütün semptomları aynı anda ya da yıllar içinde yavaş yavaş ortaya çıkabilir. Narkolepsi, genellikle 'uyuma hastalığı' olarak tanımlanır, ancak bu hastalık televizyonlarda gösterildiği gibi ayaktayken, otururken, hatta basketbol oynarken bile sürekli uyuyakalmak şeklinde gerçekleşmez.

Narkolepsinin Belirtileri

Narkolepsi'nin dört önemli belirtisi vardır. Ancak narkolepsisi olan herkes bu belirtilerin dördünü birden yaşamaz.

1) Gün içinde aşırı uykulu olma hali: Bu genellikle ilk belirtidir ve narkolepsisi olan bazı insanlarda görülen tek belirtidir. Narkolepsisi olan insanlar kendilerini sürekli ya da sadece gün boyunca akşama kadar uykulu hissedebilirler. Başka insanların da uykusunu getiren, ağır bir yemek sonrası ya da sıkıcı bir konferans gibi durumlar onların da uykusunu getirebilir, ama heyecanlı bir film seyrederken, telefonda konuşurken ya da araba kullanırken, yani, normal insanların uykusunu getirmeyecek zamanlarda da uykularının geldiğini hissederler. Narkolepsisi olan kişi uykusu geldiği zaman kısa bir süreliğine kestirirse, kendini daha dinç hisseder.

2) Katapleksi: Katapleksi, kas hakimiyetinin kısa süreliğine ani kaybını tanımlamak için kullanılır. Bu his, dizlerde hissedilen ani bir boşalma gibi hafif, ya da kas hakimiyetinin bütünüyle kaybedilmesiyle yere düşmeye yol açacak kadar şiddetli olabilir. Katapleksi, kahkaha, şaşkınlık, kızgınlık ya da korku gibi güçlü bir duygulanımı takiben gerçekleşir. Bazı insanlar duygusal bir olayı sadece düşünerek bile katapleksi yaşayabilir. Katapleksi sadece narkolepsi ile birlikte ortaya çıkar; yani, katelepsisi olan bir insan, kesinlikle narkolepsi hastasıdır. Katapleksi, narkolepsiye işaret eden ilk semptom olarak ya da yıllar sonra ortaya çıkabilir veya hiç çıkmayabilir.

3) Uyku Felci: Uyku felci, bir insan uykuya dalarken ya da uyanırken gerçekleşir. Hareket edememe ya da konuşamama hissine verilen isimdir. Uyku felci, genellikle birkaç dakika sürer, ancak bu tecrübeyi yaşayan kişiye bu süre sonsuz gelebilir. Uyku felci geçiren kişiye olay esnasında biri dokunursa, rahatsızlık ortadan kalkar. Bazı insanlar uyku felcini "karabasan" olarak tanımlar ve bir güç tarafından üzerlerine baskı uygulanıyormuş gibi hissettiklerini söylerler. Uyku felci, narkolepsiye bağlı olarak ortaya çıkabileceği gibi, narkolepsisi olmayan pek çok insanda da görülebilir.

4) Uyku Getirici Halüsinasyonlar: Uyku felciyle aynı şekilde bu belirti de kişi uykuya dalarken ya da uyanırken ortaya çıkar. Bunlar, gerçeklikten ayırması zor olan rüyamsı olaylardır. Kişi uyanık olmasına rağmen, bazı hayaller görür ya da sesler duyar. Bu rüyalar genellikle şizofrenik birinin halüsinasyonları ile karıştırılır. Narkolepsi hastaları dışındaki insanlar da, özellikle az uyumuşlarsa, böyle bir olay yaşayabilir.

Bu dört ana belirtiye ek olarak, narkolepsisi olan insanlarda başka belirtiler de görülebilir.

1) Otomatik Davranış: Otomatik davranış, kişinin yaptığının farkında olmaksızın rutin görevlerini yerine getirmesi halidir. Bu görevler arasında çamaşırları katlamak ya da biriyle konuşmak gibi çok basit faaliyetler de vardır. Araba kullanmak ve yemek pişirmek gibi potansiyel tehlike taşıyan zamanlarda meydana gelebilirler. Kişi bazen, kirli tabakları bulaşık makinesi yerine çamaşır makinesine yerleştirmek gibi yanlış işler yapar. Kişi, bu otomatik davranışları yaptığını daha sonradan hatırlamaz.

2) Gece Uykusu Sırasında Uyanmak: Narkolepsisi olan insanlar kendilerini bütün gün boyunca çok uykulu hissetseler ve uyanık kalmak için çok çaba harcasalar da, şaşırtıcı bir biçimde gece uykusu sırasında uyanabilirler. Narkolepsisi olan bu insanlar, gün içindeki uykusuzluklarına ek olarak, gece boyunca da sık sık uyanırlar.

3) Gündüz Uykusu Sırasında Rüya Görmek: Çoğu insan, gün içinde otuz dakikadan az bir süreliğine şekerleme yaparken rüya görmez. Ancak narkolepsisi olan insanlar, kısa süreli gündüz uyuklamaları sırasında rüya görürler. Ayrıca, normal insanlar için gündüz uyuklaması halsizliğe yol açarken, narkolepsisi olan insanlar kısa bir şekerlemeden sonra kendilerini daha dinç hissederler.

4) Fonksiyon Kaybı: Gün içinde aşırı uykulu olma hali yüzünden, narkolepsisi olan çoğu insanda fonksiyon kaybı görülür; yani, kendilerini sürekli halsiz hissederler, işte ya da okulda konsantrasyon zorluğu yaşarlar, hatta hafızaları bile zayıflar. Narkolepsinin, okuldaki ya da işteki performansınız üzerinde kesin olarak bir etkisi vardır ve eğer teşhis konulup tedavi edilmezse, evlilik ya da aile ilişkilerinizdeki kötü etkisini yaşamak kaçınılmazdır.

Narkolepsiye Yol Açan Nedir?

Narkolepsiye tam olarak neyin yol açtığı hâlâ bilinmemektedir. Narkolepsinin genetik faktörlerle olan potansiyel bağı nedeniyle, aileden geçme ihtimalinin olduğu düşünülmektedir. Narkolepsi teşhisi konulan birinin, her zaman olmasa da, genellikle anne babasında, büyükanne ya da büyükbabasında, amcasında ya da teyzesinde de aynı hastalığa ratlanır. Bu arada narkolepsi olduğunu bilmeyen pek çok hastanın da olduğunu aklınızdan çıkarmayın.

Narkolepsinin belirtileri, uyumayı ve uyanmayı kontrol eden merkezi sinir sisteminden kaynaklı görünmektedir. Bu belirtilerin çoğuna 'REM istilası' denen durum neden olmaktadır. 2. Kısım'dan hatırlayacağınız gibi, uykunun iki ana evresi vardır; non-REM ve REM. REM uykusunun en belirgin özellikleri, rüya görmek ve kasların hareketsizleşmesi durumudur. Narkolepsisi olan insanlar, sanki vücutları yeterli REM uykusunu alamamış ve ona daha fazla ihtiyacı varmış gibi, ya da merkezi sinir sistemleri REM uykusunu kontrol altına almayı başaramadığından, REM uykusuna geçmeye devam ederler.

Tedavi

Daha önce de bahsedildiği gibi, narkolepsi için bilinen bir tedavi yöntemi yoktur. Ama, narkolepsi tedavisinde, hastalığı kontrol altına almak için şu yollara başvurulur:

İlaçla tedavi: Narkolepsi hastası pek çok insan, böyle bir rahatsızlığı olduğunu bilmeksizin, bol miktarda kafein alarak sorunu çözmeye çalışır. Bir gün içinde on iki fincan kahve, iki litre kola ve bir galon buzlu çay içen insanlar vardır. Bazıları da No-Doz gibi reçetesiz satılan ilaçlara başvurur. Bu yöntemler pek işe yaramaz ve gece uyumaya engel olabilir, ki bu da gün içinde yaşadığınız uykusuzluğa çözüm getirmez. Doktor kontrolünde bir ilaç tedavisi daha etkili bir yol olacaktır. Doktorunuzun verdiği ilaçlar, gün içindeki uykusuzluğunuzu azaltmakta ve katapleksiyi kontrol altına almakta faydalı olabilir. Gün içindeki uykusuzluğu gidermek için etkili iki ilaç, Cylert ve Ritalin'dir. Katapleksiyi kontrol altına almak için genellikle imipramin ve desipramin içeren antidepresanlar kullanılır; bu antidepresenlar kişi depresyonda olduğu için değil, katapleksiye yol açan REM uykusunu bastırmak için kullanılır.

Yaşam tarzını düzene sokmak: Yaşam tarzında yapılacak bazı değişiklikler, narkolepsisi olan kimselerin hastalıklarıyla başa çıkmalarında yardımcı olabilir. Düzeninizle ilgili aşağıdaki öneriler çoğunlukla büyük ölçüde yardımcı olur.

- İyi bir gece uykusu çekin. Bunun için iyi bir uyku düzeni kurun. Her gün aynı saatte yatıp aynı saatte kalkın.

- Gündüz uykularınızı belirli bir programa bağlayın. Her gün bir ya da iki şekerleme yapın, bu kendinizi canlı ve atik hissetmenizi sağlayacaktır.

- Sıkıcı ve tekdüze işleri ya da görevleri bırakın. Yaptığınız iş ne kadar fiziksel ve aktif olursa, o kadar iyi olur.

- Uykunuz varken araba kullanmak ya da yüzmek, bisiklete binmek gibi tehlikeli faaliyetlerde bulunmayın.

Narkolepsi hakkında eğitim alın ve insanları bilgilendirin: Ailenizin, arkadaşlarınızın ya da iş arkadaşlarınızın narkolepsi hastalığını anlaması ve bilmesi gereklidir. Hastalığınızı çevrenizdekilerden saklamaya çalışmayın, çünkü anlayacaklardır. Gün içindeki uykulu halinizi bir uyku bozukluğuna değil, genellikle sizin tembel, sıkıcı, kaba ya da depresif oluşunuza bağlayacaklardır. Hatta bazıları sizin psikiyatrik ya da psikolojik bir sorununuz olduğunu bile düşünebilir. Bu nedenle insanları mutlaka sorun hakkında bilgilendirin. Eğer ergenlik çağındaki çocuğunuzun narkolepsisi varsa, bütün öğretmenlerini durumdan haberdar edin ve eğitin.

Bir narkolepsi grubundan destek alın: Narkolepsi hastası olan sizin gibi pek çok insan var. Onlarla derdinizi paylaşabilirsiniz. Eğer böyle bir grup yoksa, siz kurabilirsiniz.

İnsomni(Uykusuzluk)

Son birkaç yıldır Stephanie, geceleri uykuya dalmakta zorlanıyor. Her gece saat 23.00'da yatıyor. Saat 00.30'a kadar yatakta debelenip duruyor. Sonunda sinirlenip televizyon seyretmek için salona geçiyor. Saat 1.00 gibi yatağına geri dönüyor, ve nihayet saat 2.00 ile 3.00 arasındaki bir vakitte uykuya dalıyor. Saati sabah 7.15'te çalmaya başladığında, bıraksalar birkaç saat daha uyuyabileceğini hissediyor. Bütün gün etrafta bir zombi gibi dolandığını, akşam yatağa gireceği vakti hem iple çekerek hem de ödü koparak beklediğini söylüyor.

Uykusuzluk(insomni) genellikle yirmili yaşların sonlarında ya da otuzlu yaşların başlarında ortaya çıkar. Çoğu insan bu konuda yardıma başvurmaksızın senelerce yaşayabilir ve bazıları da gece uyumakta zorlanmamak için ilaçlara ya da alkole sığınır ve bunun neticesinde gün içinde bol bol kafein almak suretiyle uykusuzluk mücadelesini daha da kızıştırırlar.

Belirtiler

İnsomninin başlıca iki belirtisi vardır.

1) Uyumakta zorlanmak: İnsomni sorunu yaşayan insanlar uyumakta zorlanırlar, kimileri geceleri bir türlü uykuya dalamaz, kimileri gecenin bir yarısında uyanır ve kimileri de sabahın erken saatlerinde uyanıp bir daha uykuya dalamaz.

2) Gün içinde aşırı yorgunluk: İyi bir gece uykusu çekememenin sonucu, gün içinde yorgun olmaktır. Bu durum gün içinde, evde, işte ya da sosyal ortamlarda işlerliğinizi etkiler. İnsomnisi olan insanlar kendilerini genellikle çok yorgun hissetseler de, aşırı bir uykusuzluk hali yaşamazlar.

Diğer belirtileri:

• *Ruh hali üzerindeki etkileri:* Uykusuzluk çeken insanların çoğu sürekli olarak endişeli ve depresif bir ruh halindedirler. Çabuk kızabilirler ve az enerjileri olabilir.

• *Dikkat ve konsantrasyon kaybı:* Uykusuzluğun sonucu olarak bazı insanlar işte ya da okulda, özellikle bir konferans ya da iş görüşmesi gibi durumlarda konsantrasyon sorunu yaşayabilirler.

İnsomniye Yol Açan Nedenler

İnsomninin pek çok nedeni olabilir. Ayrıca, uykusuzluğun bu kitapta bahsedilen diğer uyku bozukluklarından farklı bir yönü vardır, çünkü pek çok faktöre bağlı olarak ortaya çıkabilir. Ancak, uyumakta zorlanan bütün insanların insomniden şikâyetçi olduklarını düşünmemek gerekir. Uyku apnesi ve huzursuz bacak sendromu gibi pek çok uyku bozukluğu, uykuya dalmayı engeller ve böylelikle insomniye yol açar. İnsomni sorunu başka bir uyku bozukluğuna bağlı olmayan insanlarda, uykusuzluk pek çok başka faktörle ilişkili olarak ortaya çıkabilir. Örneğin, bazı insanlarda uykusuzluk sorunu, depresyon veya kaygı bozukluğunun sonucu olarak yaşanır. Ancak çoğu insanda uykusuzluk sonradan edinilmiştir. Bir bebeğinizin olması, hastalık, ağrı ya da işteki vardiya değişiklikleri gibi olaylar uykunuzu etkiler. Uyku düzeni bir kez bozulduğunda, tekrar düzene sokulamaz. Çünkü, uykusuzlukla, yatakta uzanmak gibi uykuya bağlı durum ya da davranışlar arasında sürekli bir bağ kurulmuştur. Üzerinde pek çok uykusuz gece geçirdiğiniz bir yatağa uzanmak, uykusuzluğa şartlanmanıza yol açacaktır. Bu şartlanma da, uyuma zorluğu problemini kışkırtacaktır. Bu düzen bir kez oturduğunda, aylar ya da yıllar boyunca sürebilir.

Bazıları için ekstradan bir problem de, uyuyamamaya dair abartılı endişedir. Bu durum çoğu insomni hastası tarafından yaşanır ve bir kısırdöngüye yol açar: Uyumayı kafanıza ne kadar çok takarsanız, uyumaya karşı direnciniz o kadar artar ve uykuya dalmakta daha çok zorlanırsınız. Uykuya dalmayı fazla düşünmek, daha çok soruna yol açar.

Tedavi

İnsomninin tedavisi, en iyi şekilde, soruna yol açan şeyin ne olduğuna bağlı olarak gerçekleştirilir. Örneğin, eğer sorun depresyondan ya da kaygı bozukluğundan kaynaklanıyorsa, en iyi çözüm psikoterapi ya da antidepresan ya da antianksiyete içeren, uygun bir ilaç tedavisidir. Ayrıca, huzursuz bacak sendromu ya da uyku apnesi gibi başka herhangi bir uyku bozukluğunuzun olup olmadığının farkında olmak çok önemlidir. Size insomni gibi gelen şey, gerçekte başka bir sorundan kaynaklı olabilir. Eğer durum buysa, gerçek uyku bozukluğunun tedavisi sorunu çözecektir.

Eğer insomninin nedeni, depresyon, endişe ya da başka bir uyku bozukluğu değil de, sizin uyku düzeninizi bozan diğer bir tür rahatlıksızlıksa, çözüm için bazı yöntemler düşünülebilir.

İlaçla tedavi: Uykusuzluk sorununu gidermek için çoğu insana ilaca başvurur. Bu ilaçlardan en çok kullanılanları, Halcion, Restoril ve Ambien'dir. En iyi çözüm, gündelik hayatınızı etkilemeyecek, etkisi kısa süren ilaçlardır. Yine de gece uyumanızı sağlayan ilaçlar, uzun vadede etkili bir çözüm sunmazlar. En fazla iki – üç hafta kullanılmalıdırlar (İlaçların neden her zaman çözüm olmadığı konusu için 13. Kısım'a bakın).

Gevşeme: Araştırmalar, gevşeme çalışmasının uykusuzluk çeken hastaların yüzde 45'inde etkili olduğunu göstermiştir.Gevşemek için, aşamalı kas gevşetme, meditasyon ve yönlendirilmiş hayal gücü de dahil pek çok yöntem kullanabilirsiniz. Bu konuda pek çok metoda 8. Kısım'da yer verilmiştir. Ayrıca, size gevşemenin yollarını öğretecek pek çok iyi kitap da bulunmaktadır.

Sıcak bir banyo: Yatağa girmeden iki saat önce yapacağınız yirmi dakikalık sıcak bir banyo genellikle uyumanıza yardımcı olur. Sıcak banyo, vücut ısınızı etkileyerek sizi yorar ve doğal uyku sürecinizi uzatır. Herhangi bir dolaşım bozukluğunuz varsa, sıcak banyo yaparken dikkatli olun. Böyle bir durum varsa, önce doktorunuza danışın.

Sıkı bir uyku düzeni kurun: Her gece aynı saatte yattığınız ve her sabah aynı saatte kalktığınız sıkı bir uyku düzenine sadık kalmak en iyi çözümdür.

Yatakta fazla kalmayın: İnsanların sıklıkla yaşadığı bir sorun da yatakta fazla uzun kalmaktır. Eğer sekiz saatlik bir uyku size yetiyorsa, yatakta dokuz-on saat kalmayın. En iyisi, yatakta sadece ihtiyacınız olan uyku sürelerince kalmaktır. Buna uyku kısıtlaması denir. Özellikle gece yarısı uzun süreler uyanık kalma ya da sabahın çok erken saatlerinde uyanma gibi bir sorununuz varsa, bu kısıtlama uykunuzu pekiştirecektir. Bunu yapmak için, gerçekte ne kadar zaman uykuya ihtiyacınız olduğunu belirleyen bir uyku günlüğü tutmanız gerekir. Çoğu insan, ihtiyacı olandan daha az süre uyuduğunu düşünür. İki hafta süreyle uyku günlüğü tutarak, bir gecedeki ortalama uyku sürenizi hesaplayabilirsiniz. Bunu hesapladıktan sonraki ilk beş-sekiz gün, uyuduğunuz süreyi, geçen iki hafta boyunca gerçekte uyuduğunuz ortalama süreye göre sınırlayın. Yatakta bulunduğunuz bütün süreyi uyuyarak geçirdiğiniz zaman, kendinize uyumak için tanıdığınız süreyi yavaş yavaş arttırın. Bu metod, uykunuzu güçlendirecek ve yatağınızı uykuyla bağdaştırmanızı sağlayacaktır. Bu sürecin başarıya ulaşması birkaç günden birkaç aya kadar uzayabilir. Bu metodun bir yan etkisi, önceden kalma uykusuzluğunuz nedeniyle gün içinde çok uykulu dolaşmanız olabilir.

Don'un uyku günlüğü, her gece saat 23.00'da yatağa yatıp, saat 00.30'a kadar uykuya dalamadığını gösteriyordu. Bunun sonucu olarak her sabah saat 7.00'da uyanıyordu. Her gece ortalama altı buçuk saat uyuyordu. Uyku kısıtlaması yöntemine başlayarak, bir hafta boyunca, yatakta bir gecede yalnız altı buçuk saat kalmaya ayarladı kendini. Bu bir haftanın sonunda, yatakta kaldığı bütün süreyi uyuyarak geçirmeye başladı. Sonra da yatakta kaldığı süreyi gittikçe arttırdı. Önce altı saat kırk beş dakikayla başladı, daha sonra da her birkaç gecede bir bu süreye on beş dakika ekledi. Kendisi için gerekli olduğunu düşündüğü sekiz saatlik uykuyu alması için birkaç hafta geçmesi gerekti. Ama sonunda çabucak uykuya daldığını ve yatakta olduğu bütün zamanı uyuyarak geçirdiğini fark etti.

Uyaran kontrolü: Eğer yirmi dakika içinde uykuya dalamıyorsanız, en iyisi yataktan çıkıp yatak odanızın dışında rahatlatıcı bir şeylerlerle uğraşmaktır (eğer size özel bir yatak odanız varsa). Kitap okuyun, televizyon izleyin ya da rahatlatıcı başka bir şey yapın ve tekrar yatağa dönün. Yirmi dakika içinde yine uyuyamazsanız, tekrar kalkın. Bu döngüyü uykuya dalana kadar devam ettirin.

Alkol ve uyuşturucu kullanımını azaltın: Alkol ve uyuşturucu kullanımı uyumada engelleyicidir. Alkol ya da uyuşturucu alan kişi, ayılmanın etkisiyle gece yarısı uyanabilir. Alkol ve uyuşturucu kullanımını bırakmak ya da azaltmak uykusuzlukla mücadelede etkilidir.

Saati kollayın ve olabildiğince uzun süre uyanık kalın: Bazı insanlar uykuya dalmaya çalışırken bir kısırdöngüye yakalanarak çılgına dönebilirler. Çılgına dönmenin uyumanıza bir faydası dokunmaz. Eğer sizin için de böyle bir durum söz konusuysa, saate dikkat etmek ve olabildiğince uzun süre uyanık kalmak bu döngüyü bozacaktır. Birkaç gece düzenli olarak bu taktiği uygularsanız, ertesi gün istediğinizden daha az süre uyuyarak da işlerinizi gayet iyi yürütebildiğinizi göreceksiniz. Ayrıca bu yöntemle bazı geceler uyuyamama endişenizi de azaltacaksınız. Bu öneri, kitap boyunca tavsiye ettiğimiz tüm önerilerle çelişiyor gibi görünebilir, ama herkes için olmasa da bazıları için işe yarayabilir.

Uyku hijyeni: İyi bir uyku hijyeni sağlayın. Geceleri iyi bir uyku çekmek için yapılması ve yapılmaması gerekenlerin en iyi listesi için 13. kısıma bakın.

Hatırlatmalar

- Yetişkinlerin yüzde 25 ila 30'u uyku bozukluğu yaşamaktadır.
- Uyku bozukluğunun tam ve dikkatli bir değerlendirmesi, doktorunuza bütün uyku alışkanlıklarınızı anlatmanızı, bir uyku günlüğünün tutulmasını ve muhtemelen bir gecelik polisomnografi gerektirir.
- Horlamak, sizin ve birlikte yaşadığınız insanların uykusunu bölen yaygın bir uyku bozukluğudur.
- Uyku apnesinde, nefesiniz uyku boyunca tekrarlanan aralıklarla durur ve sağlığınız için tehlikeli olabilir.
- Uykuda huzursuz bacak sendromu ve periyodik kol-bacak hareketleri rahatsızlığı, uykuya dalmayı zorlaştırır ve gece boyunca sık sık uyanmaya neden olabilir.
- Narkolepsi, gün içinde aşırı uykulu olma ve başka olağan dışı belirtiler gösteren, nadir görülen bir uyku bozukluğudur.
- İnsomniden şikâyetçi kişiler, uykuya dalmakta ve uykuda kalmakta zorlanırlar. Pek çok sebepten kaynaklanabilir fakat büyük ölçüde tedavi edilebilir bir bozukluktur.
- Tespit edilmiş seksenden fazla uyku bozukluğu vardır. Bu kitapta en yaygın olanları ele alınmıştır. Sizin ya da ailenizden herhangi birinin, teşhis ya da tedavi edilmeden uyku sorunu yaşamamasına dikkat edin. Herkesin iyi bir uyku çekebilmesi için yardım ve tedavi görün.